私の使命は「販路を拡大し、売上を拡大したい方に通信販売の正しい知識を伝える」ことです。本書では、通信販売事業に少しでも興味がある方に、通信販売の正しい知識を持っていただくために書きました。また、事業展開のきっかけをつくり、成功への近道の道しるべになるコツを書いています。それに加えて、通信販売支援企業とつき合う際の注意点も書かせていただきました。

読み終わった後には、自分たちに合った、通信販売事業の展開方法を考えていただけたら幸いです。

私に通信販売の楽しさと奥深さを教えてくれた、株式会社山田養蜂場の山田英生社長、コンサルタントのイロハを教えてくれた株式会社ダイレクトマーケティンググループの田村哲二社長、出版への入口を紹介してくれた株式会社ネクストフェイズの東川仁社長、書籍出版にご尽力いただいた同文舘出版株式会社の皆さま、通信販売実務の多くの経験を積ませてくれた取引先の皆さまには感謝の気持ちでいっぱいです。

はじめに

「インターネットの知識がない」

「お金がない」

「人手が足りない」

「商品原価が高い」

これらは、通信販売に興味を持っているものの、通信販売事業を展開していない企業の経営者からよく聞く声です。

「だから、通販をはじめることができない」、多くの方がこう認識しています。中小企業を支援する、国や都道府県の支援機関の担当者でさえ「インターネットじゃない通信販売ってどんなのがあるの？」と私に尋ねてきます。

しかし、これらは通信販売事業に対する大きな誤解で、とても残念な思いがします。

私は仕事で日本全国を飛び回っていますが、どこに行っても、たくさんの素晴らしい商品に出会います。そうした素晴らしい商品が、限定された狭い商圏の中で苦戦を強いられている場面も、同じくらい目にしています。

そんな時、いつも思うのが「通信販売を利用して事業展開すれば、必ず売上が上がるのに……」ということです。

通信販売事業のターゲットは日本全国にいますから、狭い商圏の中で同業他社と競い合う必要もありません。自分たちの身の丈に合った方法で事業展開すればいいのです。

ただし、やみくもに展開しては成功への道は遠ざかってしまいます。

ビジネス図解

通販のしくみがわかる本

リピート通販実務コンサルタント　大石 真［著］

同文舘出版

ビジネス図解 通販のしくみがわかる本 もくじ

2章 通信販売を立ち上げる前に知っておきたいこと

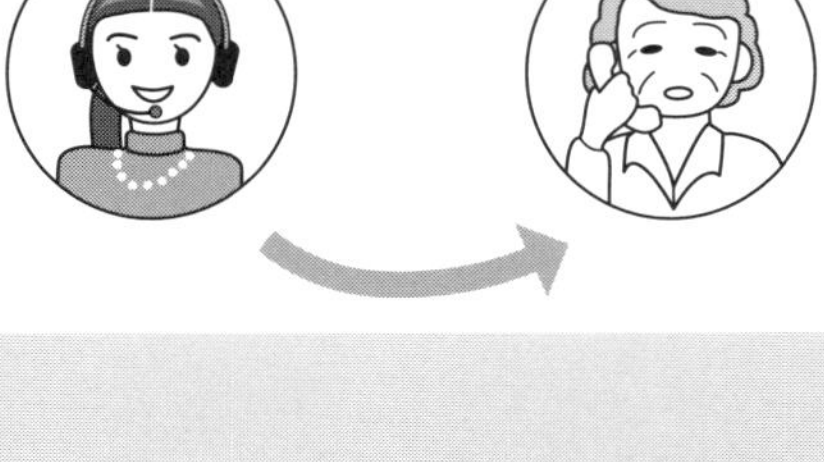

3章 通信販売の「商品開発」

4章 通信販売の「新規顧客獲得」

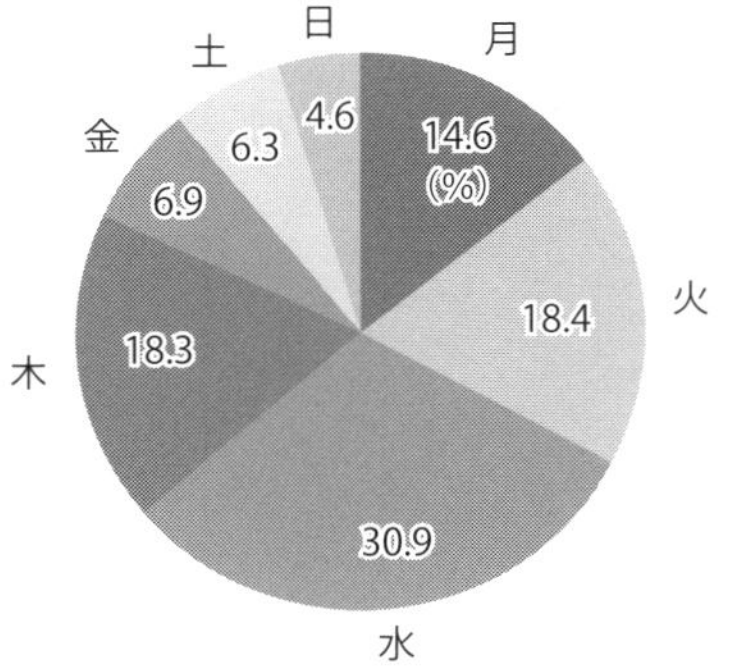

5章　通信販売の「リピート促進」

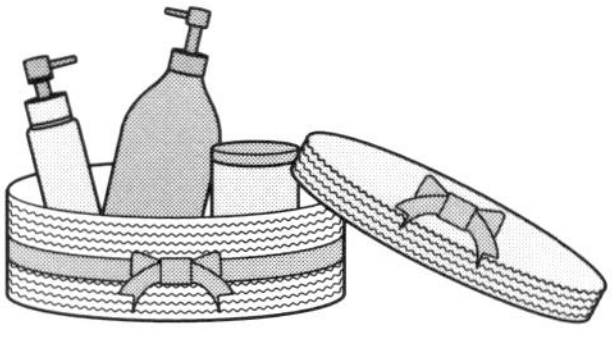

6章 通信販売の「顧客分析」

→ R（直近購入日）

↓ F（累計購入回数）

	～1ヶ月	～2ヶ月	～3ヶ月	～6ヶ月	～9ヶ月	～12ヶ月	～24ヶ月	25ヶ月～	計
1回	564	481	647	1,841	1,645	1,743	3,457	9,412	19,790
2回	203	149	123	445	349	413	1,754	4,123	7,559
3回	124	132	94	214	195	148	645	1,246	2,798
4回	92	45	101	56	42	56	314	745	1,451
5回	42	61	52	84	31	21	114	213	618
6回	21	24	13	14	22	7	23	16	140
7回	26	14	9	5	3	9	16	13	95
8回	14	9	11	2	4	2	4	0	46
9回	16	8	5	1	0	0	1	0	31
10回以上	24	4	3	0	1	1	0	0	33
計	1,126	927	1,058	2,662	2,292	2,400	6,328	15,768	32,561

7章 通信販売の「テレマーケティング」

8章 通信販売支援会社の選び方

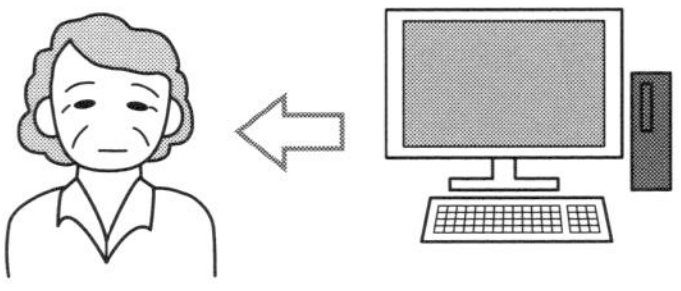

9章 これからの通信販売

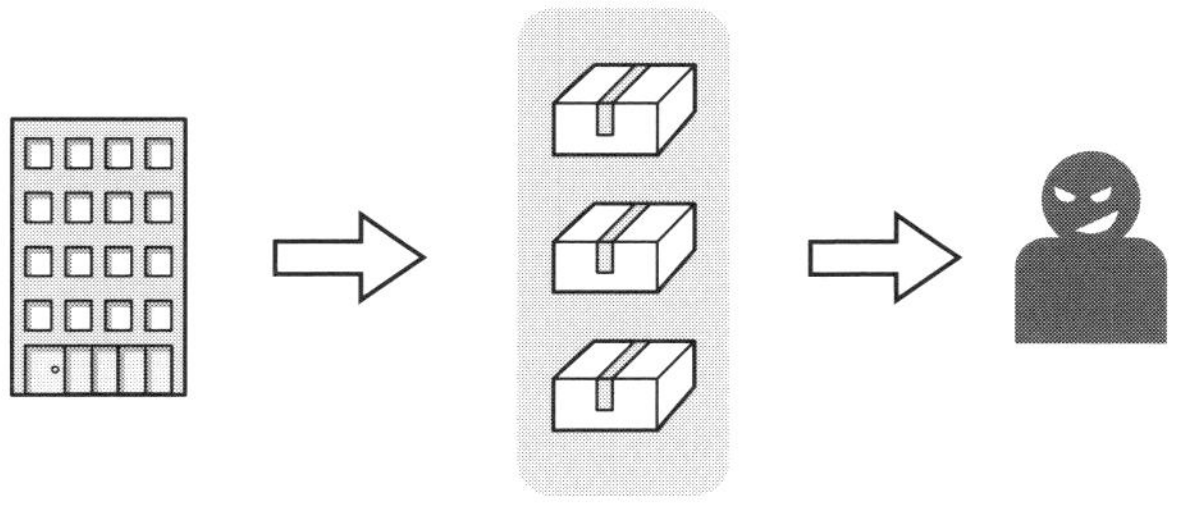

カバーデザイン　新田由起子
本文DTP・図版　エムツーデザイン

1
章

通信販売業界の概要

❶通信販売の市場規模は10年で２倍、約６兆円

❷通信販売の種類

❸通信販売が急成長しているのは必然的

❹通信販売市場を支える顧客

❺今後は男性市場の開拓が必須

❻通信販売のメリット

❼通信販売企業の多くが抱える問題点

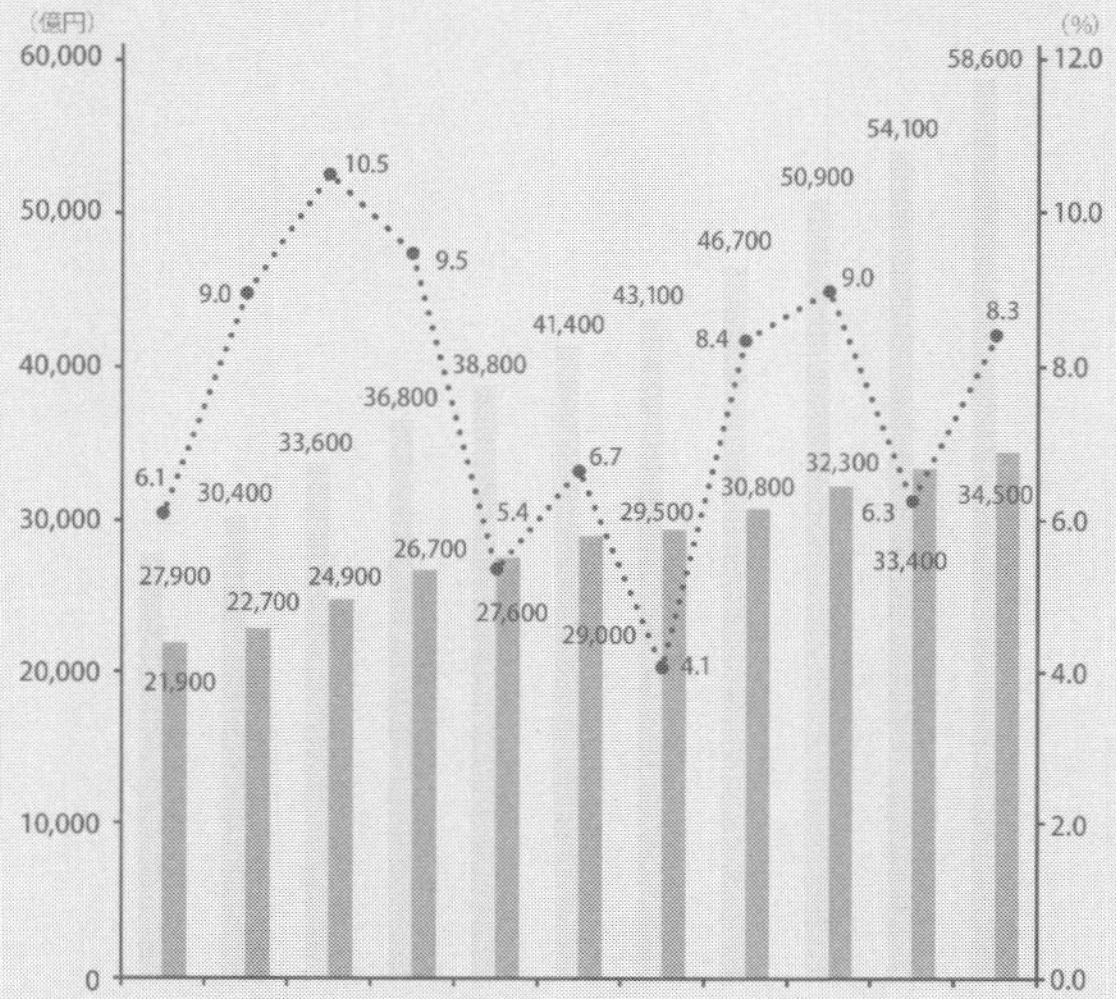

❶通信販売の市場規模は10年で2倍、約6兆円

●日本の通信販売市場

公益社団法人日本通信販売協会（ＪＡＤＭＡ）の発表によると、２０１３年度の通信販売市場の売上高は前年比8・3％増の5兆８６００億円、金額ベースでは４５００億円の増加となりました。10年前の売上高は2兆７９００億円ですから、この10年で約2倍になったわけです。

日本の通信販売は明治時代にはじめられたと言われています。しかし、一部の人だけを対象とした事業だったので、多くの人はその存在すら知りませんでした。

消費者が通信販売を認識しだしたのは、昭和50年代になってからです。カタログ通販がはじまり、雑誌や新聞に広告を掲載するようになったのがこの頃です。ただし、当時の通信販売は〝怪しさ満載〟で、多くの人は利用するのを拒んでいました。その後、市場が急成長したのは、宅配便など物流体制が整備されたことも大きな要因です。日本全国どこでも、1～3日程度で注文した商品が届くというスタイルが、市場の拡大を後押ししました。今や通信販売を利用したことのある人は全国民の7割強にものぼり、事業として十分に成立する規模になりました。

●成功しているのはひと握り

ＪＡＤＭＡに所属している通信販売事業者数は５００社弱ですが、少なくともその10倍の通信販売事業者が存在すると言われています。さらに個人で通販サイトを展開している人も含めると、少なく見積もっても1万社はあるでしょう。

では、その中で成功を収めている企業は何社くらいあるでしょうか。「成功を収めている」とは、売上の大きさだけでなく、利益を出して通信販売事業を展開している企業です。1万社のうち、成功しているのはほんのひと握り、1割にも満たないと考えられます。なぜなら、「通信販売事業は簡単に参入でき、簡単に売上をあげることができる事業」と思っている人が多く、事業参入はしたものの、通信販売事業の正しい展開方法を知らずに、参入してすぐに撤退するケースが非常に多いためです。

通信販売業界の売上高推移

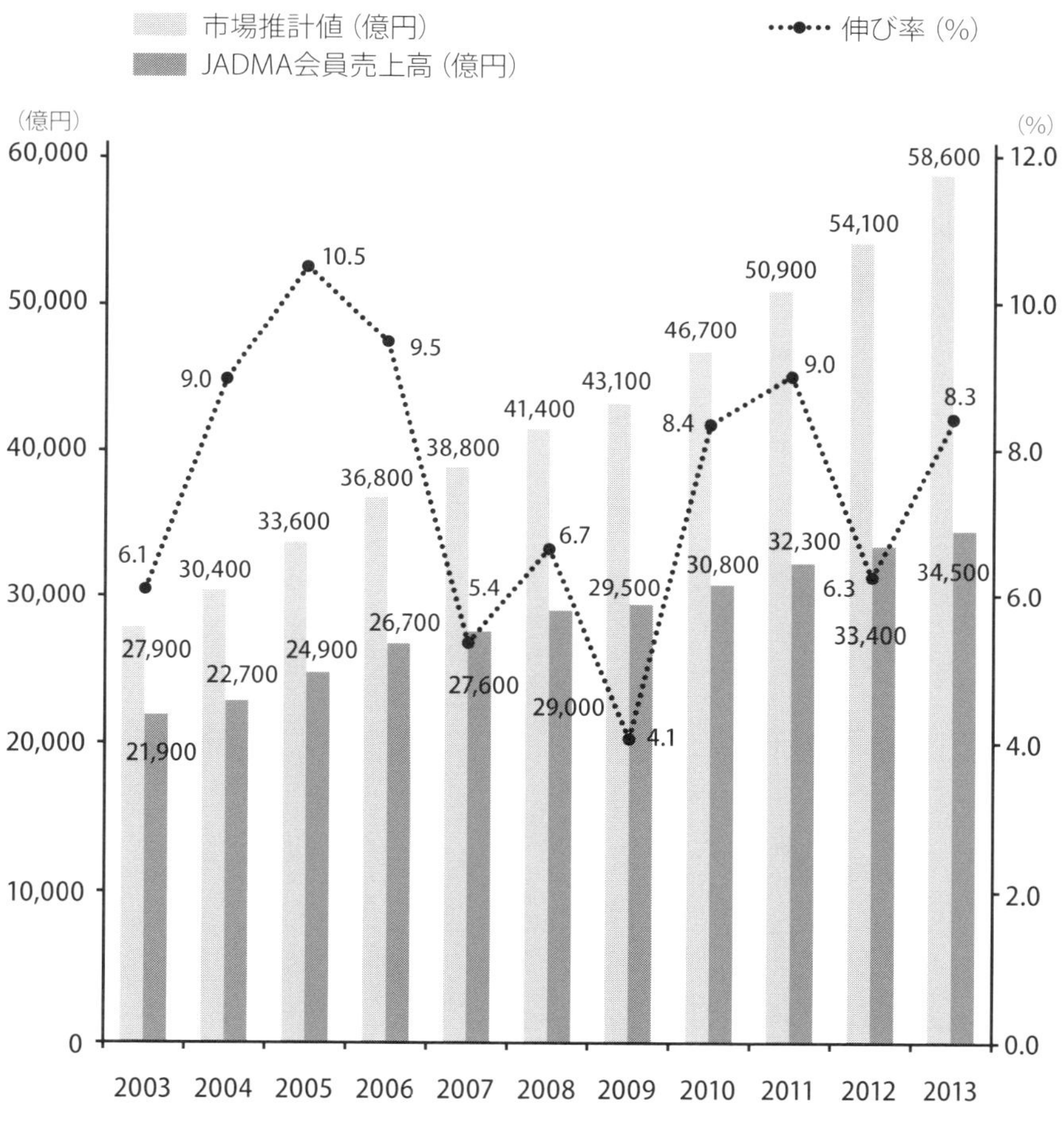

出所：公益社団法人日本通信販売協会（JADMA）

❷通信販売の種類

●「総合通販」と「単品通販」

通信販売は「総合通販」と「単品通販」に大きく分けられます。

「総合通販」は「ゼネラル通販」とも呼ばれ、市場に出回っている日常的な商品全般を取り扱う形態です。メリットは市場が大きく訴求しやすい商品が多いことで、デメリットは、類似品が多く他社と差別化しにくいために、価格競争に陥ったり、商品数が多くなりがちで、商品管理が煩雑になってしまうことです。

「単品通販」はひとつの商品だけを扱うという意味ではなく、ひとつのジャンルに特化する形態です。「食品」「健康食品」「化粧品」というジャンルもあれば、「健康」「女性」「シニア」というジャンルもあります。

単品通販は他社と差別化しやすいために適正価格で販売できることから、利益を十分に確保できるというメリットがあります。反面、市場規模が総合通販に比べて小さく、比較的、商品開発に時間が掛かるのがデメリットです。

●「売り切り型通販」と「リピート通販」

「売り切り型」か「リピート型」かという分類もあります。「売り切り型通販」とは読んで字のごとく、商品を売り切ってしまう形態です。アパレル関係商品や家電製品などを取り扱う企業がこれにあたります。売上単価が大きいのが特徴ですが、広告を出さなければ売上が上がらず、自転車操業に陥りがちという難点があります。

「リピート通販」は、広告などによって新規に獲得した顧客を、継続して購入させることで利益をあげていく形態です。食品や健康食品、化粧品、ヘアケア商品など、消費者が継続して使う商品はリピート通販に向いています。リピートする仕組みさえつくっておけば、事業を開始して何年か後に広告を出すのを止めても、継続顧客の売上だけで十分利益を確保できます。新規顧客獲得時の効率が悪いことが難点ですが、継続購入させることで利益は出てくるので、継続性のある商品を取り扱っているのであれば、リピート通販の形態で展開することが望ましいでしょう。

通信販売には「B to B」と「B to C」がある

B to B（Business to Business）

企業が企業向けに行なう事業

事業者向けの商品を取り扱う企業が、「営業マンによる営業」から「カタログを利用した通信販売事業」に切り替えたことでコストが大幅に削減され、効率よく利益を確保できた例が多くある。

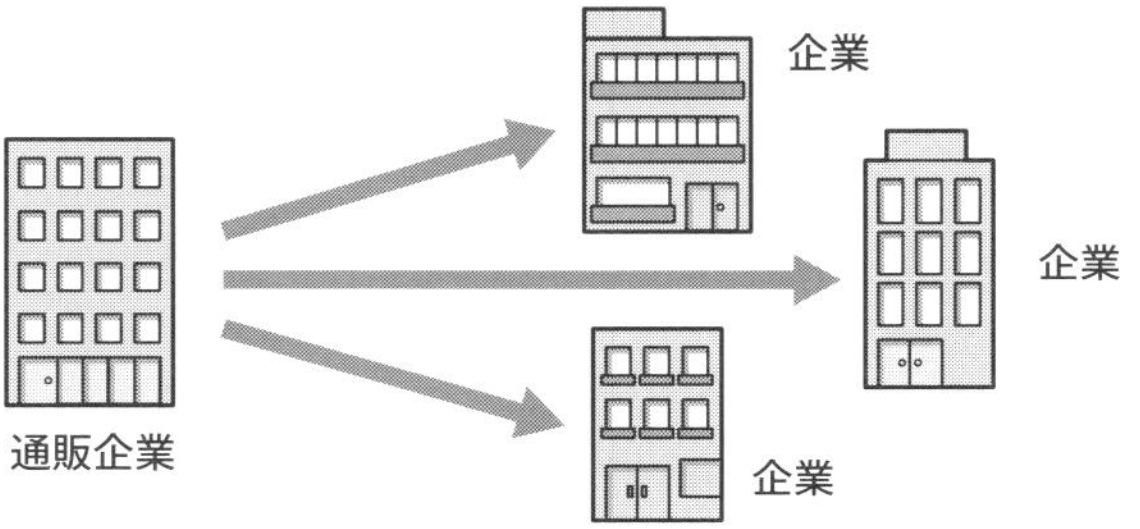

B to C（Bussiness to Consumer）

企業が一般消費者向けに行なう事業

多くの通信販売企業がとっているスタイル。

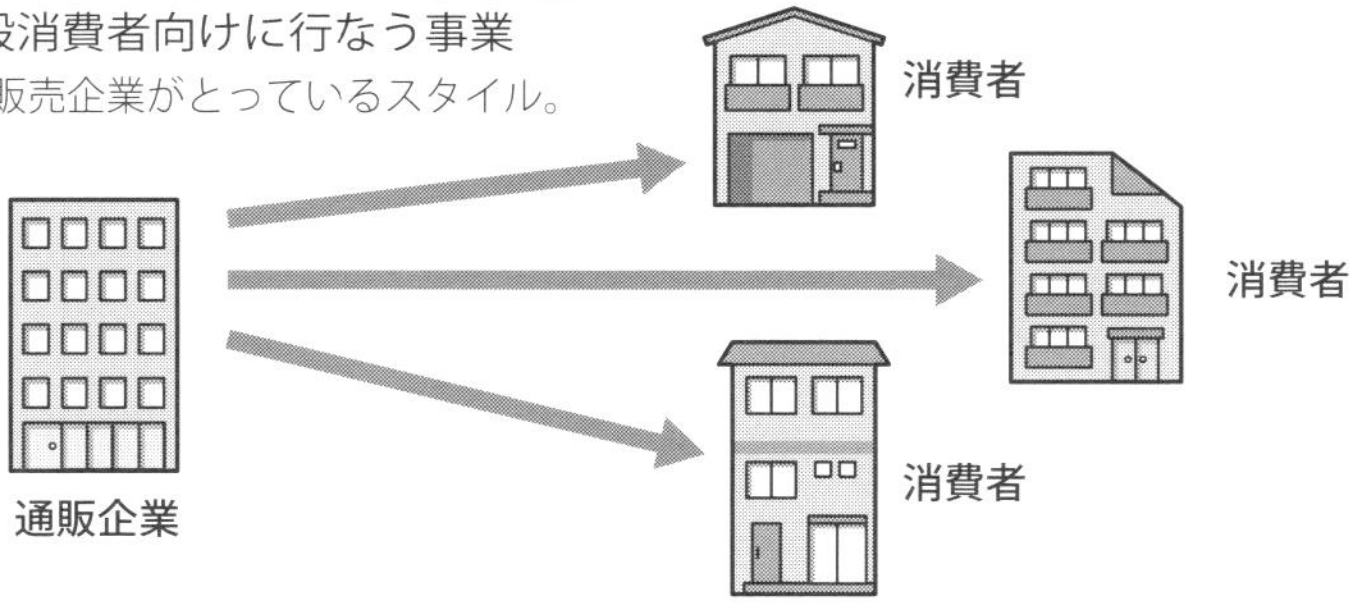

B to B to C（Business to Business to Consumer）

企業が企業を介して一般消費者に商品を販売する形態

たとえば銀行員向けの商品を取り扱っている場合、行員に直接アプローチするより、銀行に販促を掛けるほうが、商品の信頼度が高まる。

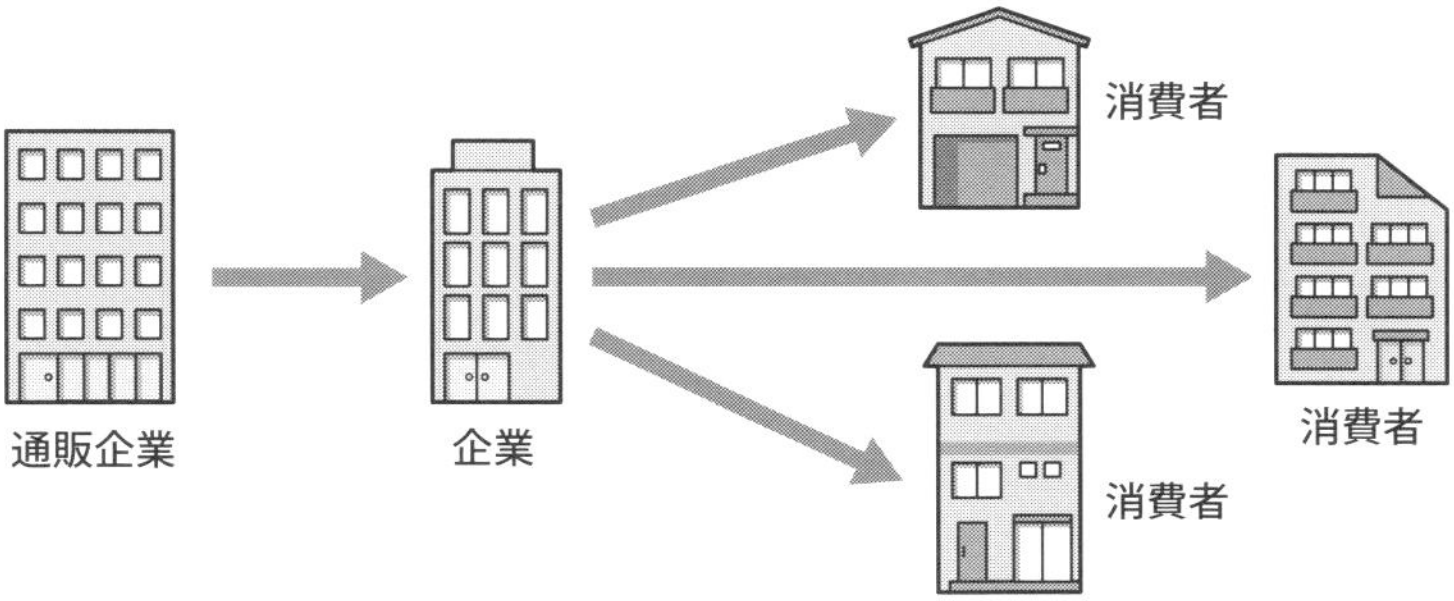

❸通信販売が急成長しているのは必然的

●生活環境の変化

現在、通信販売利用者の7割が女性です。通信販売事業躍進の理由は、女性の社会進出が増えてきたことにあります。昔に比べて高学歴の女性が増え、よい物を求め、よい物を見極める能力が高くなってきたこと、また、今まで家庭にいた主婦が働きに出るようになり、買い物に行く時間が少なくなったことなどがあげられます。

さらにカタログ通販により、お店で購入するより安い価格で同じ商品を購入できることも起爆剤になりました。わざわざお店に行かなくても、時間を気にせず、そして安い価格で気軽に自分の欲しい商品を購入できることから、通信販売事業が成長したのです。

通信販売事業は消費者の生活スタイルに合わせて発展してきました。逆に言えば、生活スタイルに合わせた事業展開をしていかなければ、成功する確率はぐんと低くなると言えます。

●インフラの発達

「高速道路網の整備」と「フリーダイヤルの導入」も、通信販売事業が大躍進した要因です。

昔の通信販売のネックは、商品を注文してから商品が届くまでの時間の長さにありました。昔は宅配便などはありませんでしたから、お客様から商品の注文が入ると運送会社が商品を引き取りに来て、それを国鉄の貨物基地まで持って行き、貨物列車で全国へ届ける。届け先の貨物基地に運送会社が来て、最終的にお客様の元へ届けるといった具合です。注文からお届けまで、最低でも1週間は要していました。それが全国の高速道路が整備され、どこからも1台のトラックで行くことができるようになりました。高速道路網の整備によって、宅配便という新たな運送形態も生まれました。これにより、平均お届け日数が大幅に短縮されるようになったのです。

もうひとつの理由がフリーダイヤルの導入です。フリーダイヤルの導入により、お客様が電話代を負担することがなくなったので、注文しやすくなりました。さらにパソコンの一般化やITの普及などが通信販売事業を後押ししています。

通信販売に対するイメージ

ひと昔前の通信販売

・多くは料金先払いで、お金を払ったのに商品が届かない
・広告とまったく違う商品が届く

●**通信販売事業者と直接対面しない** = どんな人が商売しているのかわからない
●**商品を手に取って見ることができない** = どんな商品かわからない

通信販売を利用するのは一種のチャレンジ

現在の通信販売

・代金引き換え払いやコンビニ決済などの導入
・印刷物の進化

●**通信販売事業者と直接対面しない**➡ 社長・社員の顔を広告や印刷物に載せて安心してもらう
●**商品を手に取って見ることができない**➡返品・返金対応を整備

通信販売に対する悪いイメージを払拭

④通信販売市場を支える顧客

●世帯利用率は8割超

企業によって販売する商品やターゲットが違うので一概には言えませんが、公益社団法人日本通信販売協会が発表した通信販売利用状況によると、年間の通信販売利用世帯は8割を超えています。個人利用率から見ると女性は8割、男性は5割が通信販売を利用しています。年齢別では、女性は30～50歳の利用率が高く、男性は20歳代と60歳以上が高くなっています。地域別で見ると都市圏も地方もほとんど変わらない割合で通信販売を利用しています。

店舗などの流通を介さずに企業から直接商品を購入したいという消費者は、インターネットのさらなる進歩、また、高齢化社会になるにつれて、年齢や性別などは今よりも拡大していくでしょう。

●女性顧客を把握する

現在の通信販売の利用客の7割は女性です。家庭の中で男性向け商品を購入するのも、主婦である女性なので、女性をターゲットに男性向け商品を販売するのも当然でしょう。購買特性から女性顧客を特定すると、大きく以下のように分けることができます。

●価格志向タイプ　商品を選ぶポイントは価格で、流行やブランドにはあまり興味がない。計画的で必要になった時に購買行動を起こす。

●ブランド志向タイプ　ブランド好きで流行や情報に大変敏感である。少々高くても気に入れば購入する。生活水準は比較的高い。

●感性志向タイプ　素材や色、外見などにこだわる傾向がある。自分をよりよく見せたい（見てもらいたい）という志向が強い。若い女性によく見られる。

●実質志向タイプ　商品の価値と価格から判断して自分が納得したものを選んで購入する。流行や情報にも敏感ではあるが、流れではなく自分できちんと判断して購入する。

●志向なしタイプ　状況によってケースバイケースで変わる。あまりこだわりがなく、気分によって価格や品質で購入する物を選ぶ。

女性心理を紐解く

OK 「その商品を使うと、自分がどのようになるのか」を見せる

化粧品

ダイエット食品

NG 「商品の成分や含有量」「どこでつくられたのか」を記載するだけ

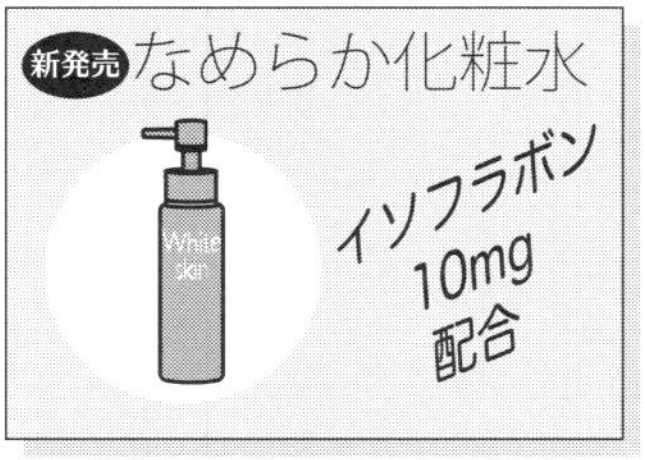

CHECK
女性が広告などを見てはじめて商品を購入する際には、男性では考えられない心理が働く。通信販売企業の企画担当者が男性であれば、女性心理について特に勉強が必要

❺今後は男性市場の開拓が必須

●女性をターゲットとする市場は飽和状態

今まで、通信販売事業は多くの女性顧客に支えられてきましたし、今後も女性をターゲットとする通信販売企業がさらに増加すると思われます。しかし、将来、日本の人口は減少していくわけですから、これまでと同じように女性ばかりをターゲットとしていては、大きな売上は期待しづらくなってきます。当然、今でも男性をターゲットとする商品は存在していますが、その多くは男性ターゲットの商品であっても、それを購入する女性を中心に訴求しています。しかし、今後、新たに通信販売事業に参入するつもりなら、競合がひしめく市場より、競争相手が少ない市場を狙うのが賢明です。男性向けの商品で、男性自身に購入してもらう市場はまだまだ競合は少ないでしょう。

男性をターゲットとする商品は、食品などの嗜好品やダイエット・健康食品といったものより、育毛剤や精力剤、身長を伸ばしたり体重を減らしたりする、いわゆる「お悩み商品」が適しています。

●男性ターゲットの通信販売はここに注意

通信販売事業がこれまで女性顧客によって支えられてきた大きな理由として考えられるのが、「男性はリピートしにくい」ことです。健康食品や化粧品のように毎日の継続使用が必要な商品の場合、女性はきちんと毎日使うのに、男性はすぐに飽きてしまって長続きしません。継続購入されている男性向け商品は、女性に購入してもらうことで、継続使用が実現していたのです。

このように、男性に継続使用してもらうのはかなり難易度が高いのですが、先ほどの「お悩み商品」であれば、その難易度はかなり低下します。奥様や彼女にも言えない悩みを解消できる商品であればなおさらです。

そのためには、商品を使った効果がきちんと体感できることが不可欠です。すぐに大きな効果が期待できる商品はほとんどありません。継続使用している期間で、初期に感じる小さな変化や効果を示し、少しずつでも効果が出ていることを実感してもらうことが、男性向け通信販売事業では特に大切です。

男性には「納得させる」

具体的な機能や効果を見せる

「当社比○○%UP」
「○○年の経験により実現した商品」
「(素材名)mg含有」
「医薬品製造認定工場で製造した商品なので品質に自信があります」
など

広告を見てはじめて商品を購入する時は、男性は女性に比べてとても単純。その商品に自分の望む機能や効果があり、その内容が価格と見合っていると感じれば購入してくれるため、具体的な機能や効果を見せる必要がある。女性に比べて理屈で購入を決定する確率が高いので、しっかり説得できる商品であれば、購入してくれる割合は高くなる

❻通信販売のメリット

●小規模でも参入できる

通信販売事業への参入をお勧めすると、多くの会社から「うちは通信販売をする資金がないから」という声が返ってきますが、通信販売事業は資金の大小にかかわらず、自分の背丈に合った方法で事業参入できます。販売する商品さえあれば、広告を出して新規顧客を獲得し、後は獲得した顧客にリピートしてもらうだけです。店舗を構える必要もないし、従業員を雇う必要もありません。テレビや全国紙（読売新聞や朝日新聞）に広告を出すとなったら数百万円の広告料が必要になりますが、地方紙なら10万円前後で広告を出すことができますし、もっとコストをかけずに新規顧客を獲得することも可能です（4章参照）。リピートさせるためにはリピートさせる仕組みを構築し、リピートさせるための印刷物（5章参照）と売上を分析するシステム（6章参照）にお金を掛ければいいのです。通信販売で売りたい商品が手元にあるのなら、数十万円からでもはじめられるので、「通信販売事業はお金が掛かる」と諦めないでください。

●全国が商圏

通信販売のもうひとつのメリットは、ターゲットとなるお客様が全国にいるということです。地元の商圏内で商売をしていると、お客様の数も限られているので、商品価格もまわりのお店に合わせなければ売れませんし、売り方も他社と同じような方法を取らざるを得ません。

こだわりのあるよい商品を持っていても、商圏が限られていると、自分が思うような価格や販売方法で商品を販売することは容易ではありません。

しかし、全国が対象となったら、あなたの会社がターゲットとしている層がたくさんいるはずです。その人たちに向けて商品を訴求すれば、利益を十分に出しつつ、思うような展開ができるのです。

「こだわりのあるよい商品を持っているんだけど、商圏内に購入してくれる人が少ないため、やむを得ず、わずかな利益で販売している」という方は、ぜひ通信販売事業に参入して全国のお客様へ目を向けていただきたいと思います。

1人でもできる通信販売事業

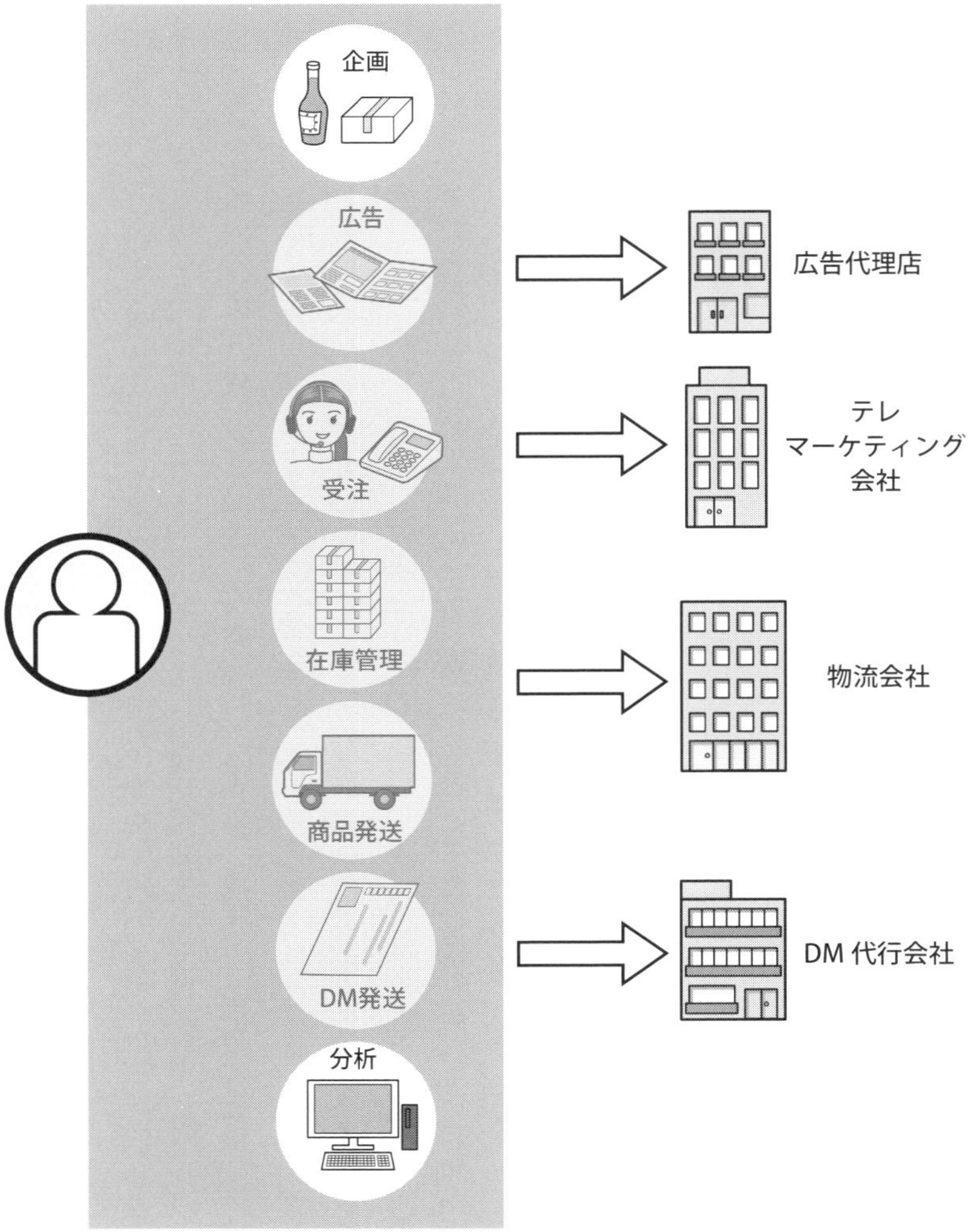

通信販売事業の躍進に合わせて、サポートする代行会社の数も増えた。当然、コストは掛かるが、代行会社はプロであるため、素人を採用して教育することを考えると、トータルでは安くなることもある

❼通信販売企業の多くが抱える問題点

●新規顧客がなかなか獲得できない

最近、新聞を開くと通信販売会社の広告がいやでも目に入ってきます。それも小さな広告ではなく、全面（1ページ）広告の数が多いのです。最近の新聞は、本来の新しい情報を購読者に伝えるのと同じくらいの比率で広告を掲載することが目的になっているようです。

このような状態になってしまったのは、元々小さなスペースでもレスポンスが獲得できた20年ほど前から、通信販売会社の数が増え、小さなスペースではレスポンスが取れなくなってきたからです。しかし、大きなスペースではコスト面で釣り合わず、広告掲載が控えられていたのですが、それでは新聞社の収入源がなくなってくるので、新聞社が広告の掲載価格を値下げしたという流れがあります。20年前では考えられない料金で全面広告が掲載できるのですから驚きです。

しかし、掲載料金が下がり、広告を掲載する企業数が増えたおかげで、1社ごとに見ると新規顧客は獲得しづらくなってきています。そして、レスポンスのよい媒体には多くの通信販売会社が殺到するので、掲載待ちも発生しています。

●利益を生むのはリピート売上

本来、通信販売事業は獲得した顧客をリピートさせることで利益を出します。顧客をリピートさせてつくった利益を、新規顧客を獲得する経費に充てるのが成功する秘訣ですが、昔も今も、多くの企業は新規顧客獲得（広告）に予算のほとんどをつぎ込んでいます。広告に予算をつぎ込むので、一番重要な「リピートさせるための仕組み」に掛ける予算がない。しかも現在は、ひと昔前に比べて、新規顧客獲得の効率がかなり悪くなってきているため、投じた予算が回収できずに大赤字をもたらし、事業撤退を余儀なくされています。

昔は広告を出せば利益がわずかながらでも出たものですが、今ではまずあり得ない話です。

これから通信販売事業に参入するのであれば、予算の半分以上は顧客をリピートさせる仕組みに割いてください。

広告出稿の流れ

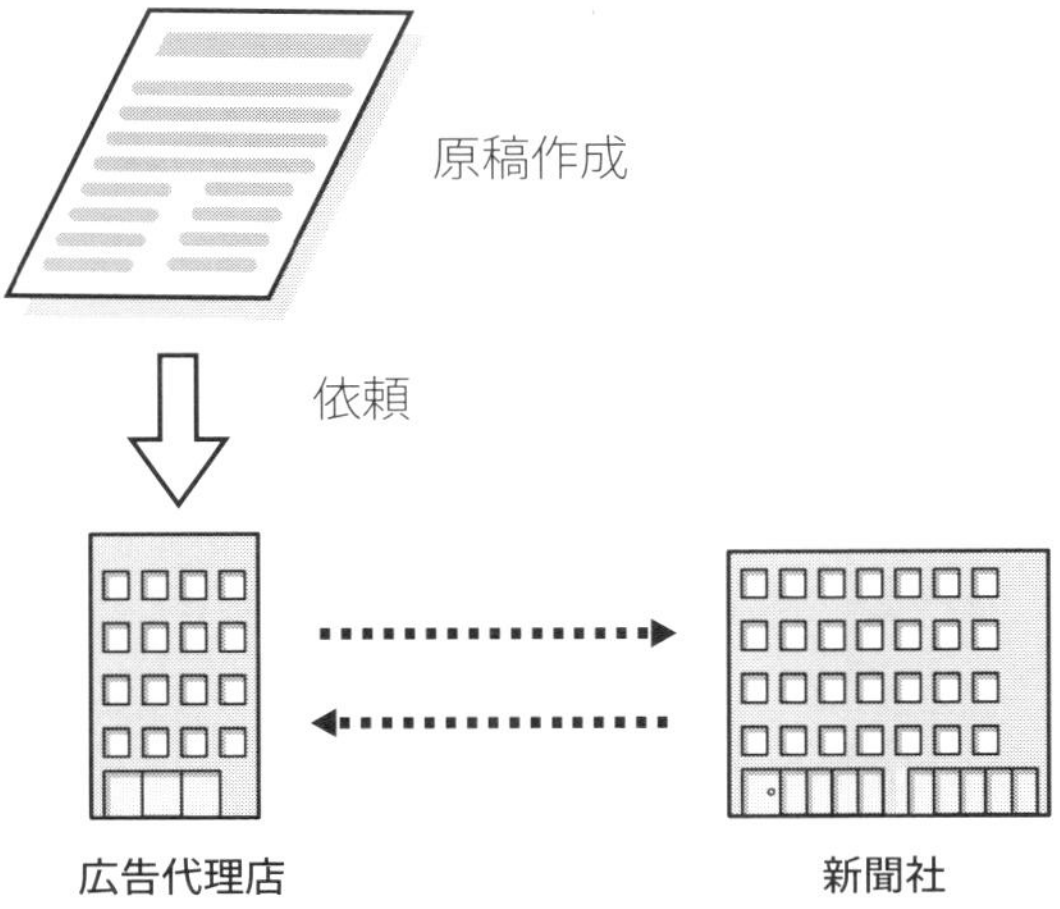

新聞広告の料金

高い　　　　　　　　　　　　低い

掲載面	テレビ面 ＞ 社会面 ＞ 中面
サイズ	二連版（見開き） ＞ 記事中
カラー	カラー ＞ 白黒
掲載日	掲載日指定 ＞ ピンチ枠

CHECK

ピンチ枠とは、掲載広告社のキャンセルにより、急に空いてしまった広告枠のこと。数時間の間に広告枠を埋めなければならないため、破格の料金で掲載することができる。ピンチ枠を利用するためには、ピンチ枠の情報が入ってくる広告代理店（すべての広告代理店にピンチ枠の情報が入るわけではない）とつながりを持ち、すぐに掲載できるように原稿を事前に準備しておく必要がある。数種類のサイズの原稿を用意しておくと掲載される確率が高くなる

Column

ワンマン社長が成功する理由

「うちの社長はワンマンだからやってられない」「うちはワンマンだから社長の好き勝手に動いている」という愚痴に近い声を聞くことがあります。しかし、多くの通信販売企業を見てきた経験から言えば、成功している通信販売企業はワンマン社長が多いのです。

なぜなら、通信販売事業には、商品や販促活動において経営者の強い想いや思い入れが必要で、ワンマン経営者のほうが、その想いがストレートにお客様に伝わるからです。

ワンマンでないと、スタッフの意見をあれもこれもと取り入れて経営していくことになり、経営者の想いとは違う方向に進んでしまうこともあります。

また、通信販売事業はスピードが命です。ワンマン経営の場合、経営者から現場のスタッフに指示が直接いくので、スピードについても申し分ありません。

ですから、ワンマン社長というだけで、通信販売事業が成功する可能性は高くなります。

成功している通信販売会社を指して「通信販売会社と宗教団体は紙一重だ」と言う人がいますが、あながち間違いではありません。宗教は教祖が崇拝されて成り立っている、それと同じように、通信販売会社も経営者がお客様から信頼されてこそ成り立つからです。

もし、通信販売事業で売上に悩んでいるのなら、経営者にグイグイ前に出てもらうのもひとつの手でしょう。

なお、一般的にワンマン経営で成り立つのは年商100億円までと言われています。年商100億円を超えると、経営者の想いだけで会社を運営していくことは難しくなるようです（中には例外もありますが）。

2
章

通信販売を立ち上げる前に知っておきたいこと

❶通信販売事業の売上構造を理解しておく

❷スムーズなフルフィルメントを構築する

❸常にトライ＆エラーで展開する

❹企業コンセプトと商品コンセプトを明確にしておく

❺販売ターゲットを明確にする

❻集客前にリピートさせる仕組みをつくっておく

❼定期的に購入してもらう仕組みは不可欠

❽テレマーケティングの活用

❾事業計画書とシミュレーションは必ずつくる

❿通信販売事業にまつわる法律を理解しておく

⓫個人情報保護に関するコンプライアンス

❶通信販売事業の売上構造を理解しておく

●利益はリピートさせることで生まれる

1章でも述べたように、通信販売事業の売上は「新規顧客売上」と「顧客リピート売上」のふたつで構成されます。「新規顧客売上」は広告などを出して新たに獲得した顧客による売上を指し、「顧客リピート売上」は獲得した顧客の2回目以降の売上です。

「新規顧客売上」は広告を出してはじめて売上が立ちます。逆に言えば、広告などの何らかのアクションを起こさなければ売上は立たず、売上を上げるためには大きなコストを掛けなければならないので、利益はほとんどありません。

「顧客リピート売上」を上げるためには販促をしなければなりませんが、掛かるコストは新規顧客獲得時に比べてはるかに安く、しかも費用対効果で見ると、売上は大きくなるので、利益は十分に取れます。通信販売事業で利益を生むためには、広告を出して新規顧客を獲得する以上に、獲得した顧客にいかに長く、いかにたくさん購入してもらうかを常に考える必要があります。

●1年目は赤字になる

通信販売事業では1年目で利益が出ることはほとんどありません。「新規顧客売上」と「顧客リピート売上」を足して、広告費とトントンになることをめざしますが、商品原価や人件費などの固定費、事務所の維持費などを考えていくと、利益は期待できません。「通販はあまりお金も掛からずに楽して儲かる事業だ」と思って参入し、1～2年で撤退していく企業が多いのは、こうした通信販売事業の売上構造をまったく理解していないからなのです。他の多くの事業では、1年で掛けた経費以上の売上が確保できないと失敗になりますが、通信販売事業では1年で利益は出ないと思ってください。しかし、獲得した顧客を上手にリピートさせることができれば、必ず3年目には黒字に転換していきます。その後は、無茶をしなければ、利益はどんどん増えていきます。リピート通販の計画をする際には、2年目後半から3年目に黒字になるように設計していきます。3年目で黒字に転換するようなら、通信販売事業としては大成功です。

通信販売事業の売上構造

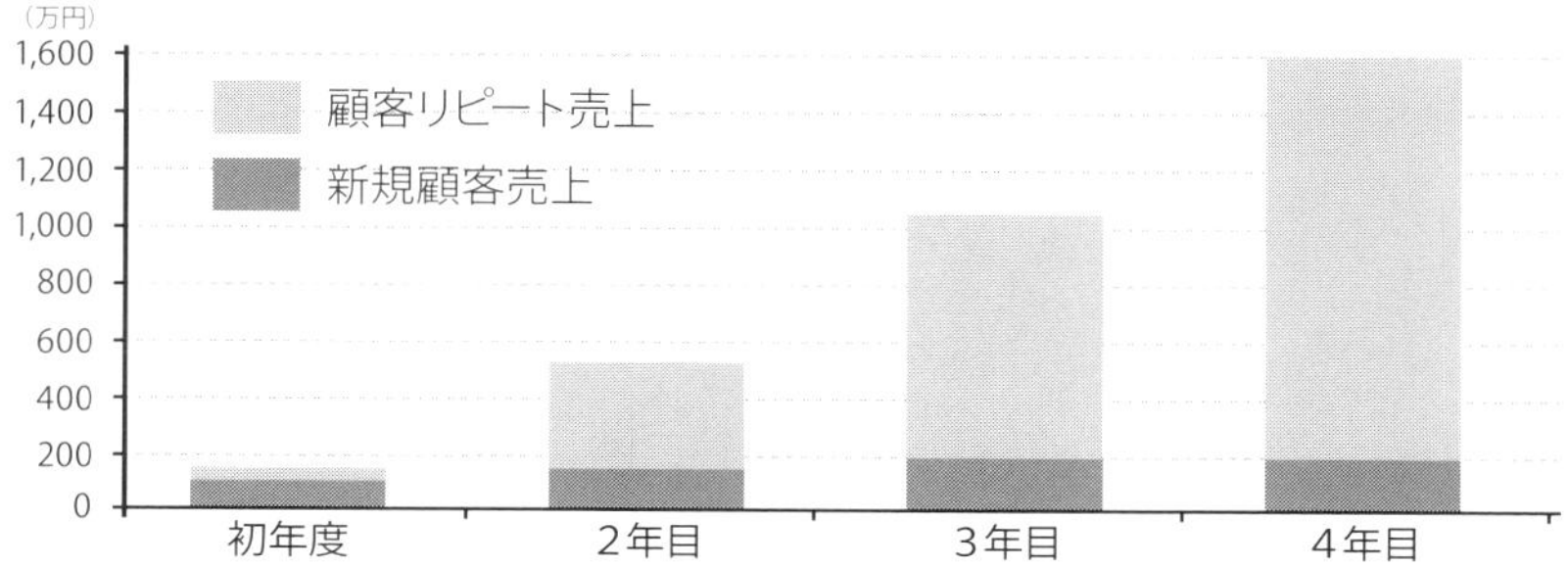

売上=新規顧客売上＋顧客リピート売上

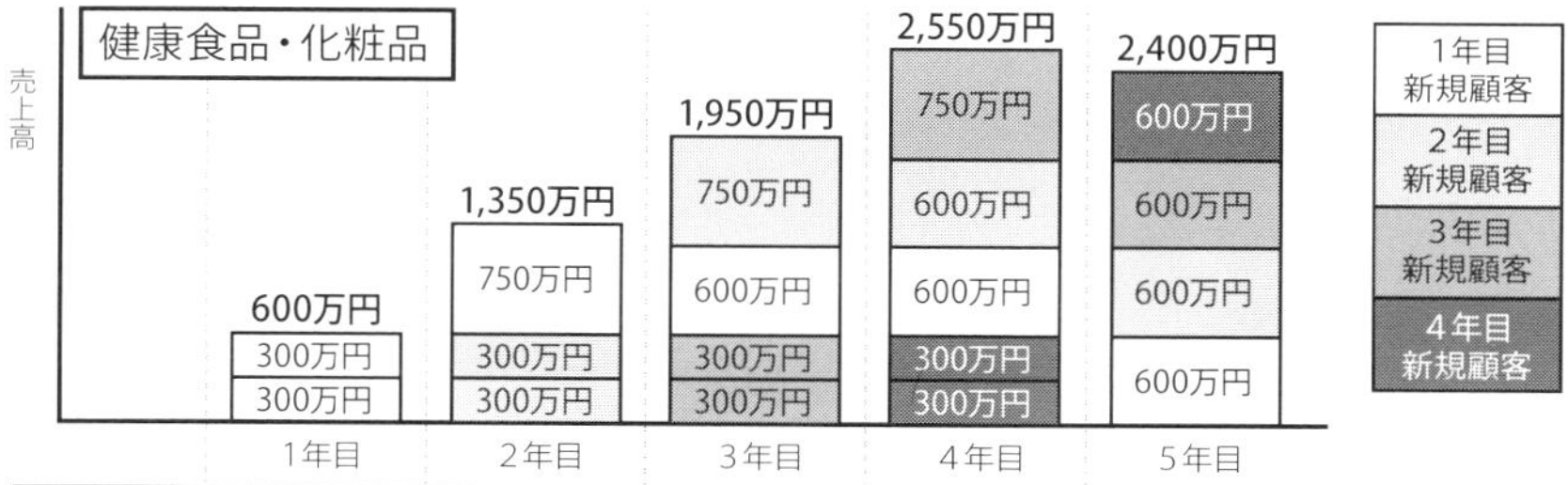

新規経費	1,000万円	1,000万円	1,000万円	1,000万円	0万円
販促経費	200万円	300万円	400万円	500万円	800万円
経費合計	1,200万円	1,300万円	1,400万円	1,500万円	800万円

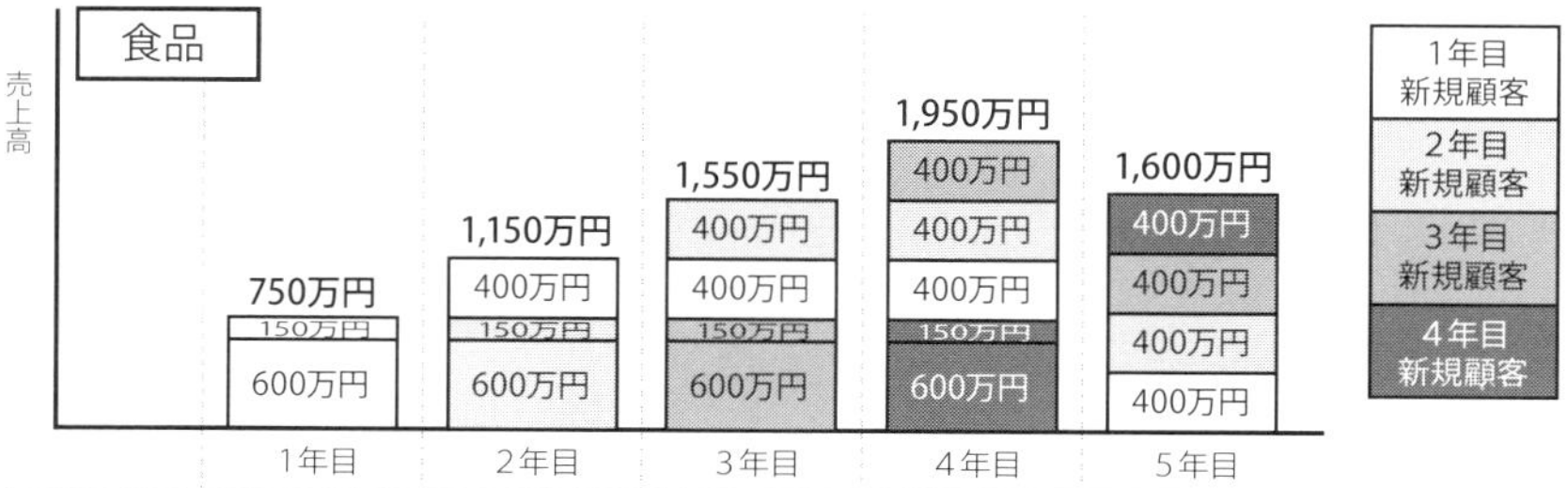

新規経費	1,000万円	1,000万円	1,000万円	1,000万円	0万円
販促経費	200万円	300万円	400万円	500万円	800万円
経費合計	1,200万円	1,300万円	1,400万円	1,500万円	800万円

初年度に新規に獲得した顧客は、初年度だけでなく、２年目以降もリピートしてくれる。

２年目に新規に獲得した顧客は、２年目だけでなく、３年目以降もリピートしてくれる。

事業が継続する限りリピート売上は蓄積され、５年目になると、新規顧客獲得を止めてもリピート分だけで十分に売上が上がる。

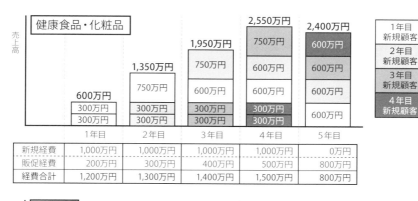

❷スムーズなフルフィルメントを構築する

●フルフィルメントとは

通信販売事業では受注から配送、代金回収までの業務の流れを「フルフィルメント」と呼んでいます。

流れをさらに細かく説明すると、「商品開発→広告企画・制作→広告展開→テストマーケティング→受注→商品発注・仕入れ→配送→顧客サービス→代金回収→効果測定・分析→効果検証」になります。

受注以外の場面では顧客と直接接することがなく、一般の事業では甘く見られがちな裏方の業務が多いのですが、通信販売事業では、このフルフィルメントの部分をいかに効率的にスムーズに流せるかが肝になる、一番重要な部分になります。

通信販売事業に携わるスタッフは、直接顧客に接していなくても、出荷、配送や代金回収などで間接的に接していますし、広告制作や広告展開も広告を通じて顧客に接していると言えます。ですから、どの場面でも見えないお客様を想像して、どのようにすればお客様が気持ちよく買い物ができるのかを常に考える必要があります。

●フルフィルメントの効率化が顧客満足度を高める

顧客に直接接する受注の場面は当然のこと、直接顧客に接することのない部分でも業務を効率よく遂行しなければ、顧客満足にはつながりません。

広告がわかりにくい、支払い方法が少ない、商品が期日に届かないなど、顧客が不満を持つ要素は数々あります。広告を見て商品に興味を持って注文してくれたお客様には、注文を受けた時だけでなく、商品が手元に届いた時や、代金を支払った時、さらにはリピートしてもらう時まで、十分に満足してもらう必要があるのです。「商品を売って、商品を届けて、商品代金を回収して」だけの流れでお客様との関係を終わらせては絶対にいけません。お客様が広告を見て商品を注文して、商品が手元に届くまでの時間が短くて、支払いもストレスなくスムーズに進めば、お客様にとって満足できる買い物になるでしょう。フルフィルメントを効率よく行なうことは、顧客満足が得られるだけでなく、企業の経営効率が高まることも覚えておいてください。

通信販売事業のフルフィルメント

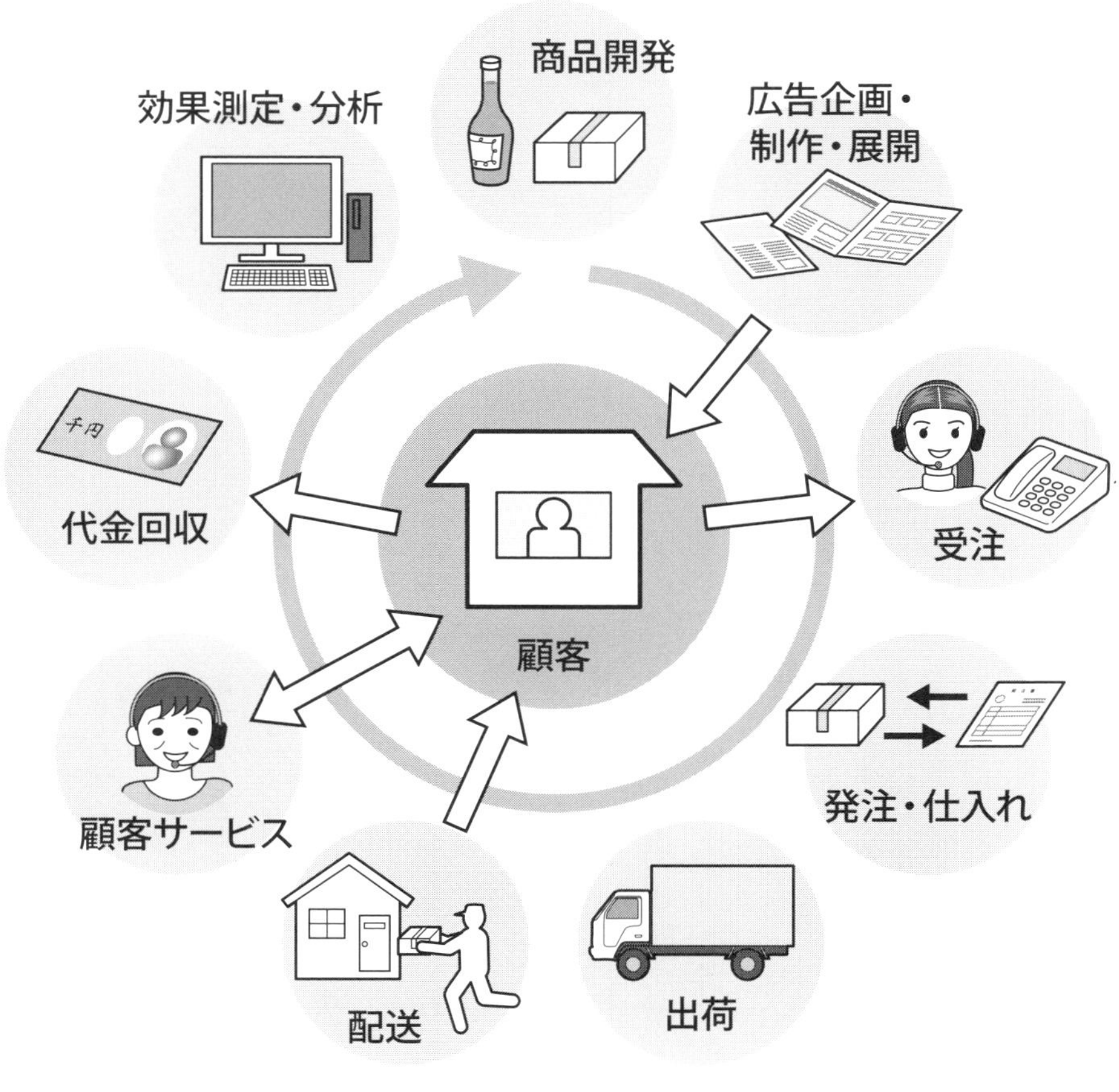

CHECK フルフィルメントをスムーズに動かすことで顧客満足につながる。逆にどこかひとつでも滞ると、顧客は不満足になる

❸常にトライ&エラーで展開する

●企画→実行→分析→検証→企画

新規顧客獲得方法や顧客リピート方法などに、「これで完全」というゴールはありません。結果が悪ければ、当然、結果をよくすることが必要ですが、結果が期待した通りであっても、さらによい数値を追求したり、効率を高める余地があります。成功している通信販売企業では、常にトライ&エラーを繰り返し、利益を増やすことをめざしています。

まず「こうすれば売れるであろう」という仮説を立て、企画を作成する。そして実行して結果を分析する。その後、仮説が正しかったのかどうか、分析数字や現場の声を聞いて検証する。結果が悪ければ、なぜ悪かったのかを検証し、新たな仮説を立てる。結果が期待通りの数字であっても、さらに数字・効率をよくするために企画を改善し、改善した企画内容で再度実行する——こうした流れを繰り返すのです。

●売上数百億円の企業も常に「トライ&エラー」

この「トライ&エラー」の繰り返しは、売上が上がっていない通信販売企業だけが実行するものではありません。売上数百億円規模の通信販売企業も常に実行していることなのです。

私が以前働いていた通信販売会社の企画部門では、勤務時間のほとんどを、この「トライ&エラー」で過ごしていました。1日で言うと作業や実務をする時間は2時間程度。後の時間は常に企画を考え、分析数字を検証していました。売上規模が大きい通信販売会社は、ほぼ毎日と言っていいほど企画会議を行なっています。広告を出したり、販促を実施した際に数字が予測よりも悪かった場合は、悪かった理由を明確にし、数字がよかった場合もそこで満足するのではなく、さらによい数字にするためにはどうすべきかを考えなければなりません。

悪い理由、よい理由を明確にしなければ、さらによい数字を出す企画を生むことはできません。そのためのトライ&エラーなのです。実務に追われ、企画・検証をまともにできていない企業に売上を伸ばすことは難しいでしょう。

テストのやり方

新規顧客獲得時のテスト

①ターゲットを決める

②使用メディアを決める

③訴求内容を決める

テストは数パターン試し、レスポンスがよい方法を確立させていく

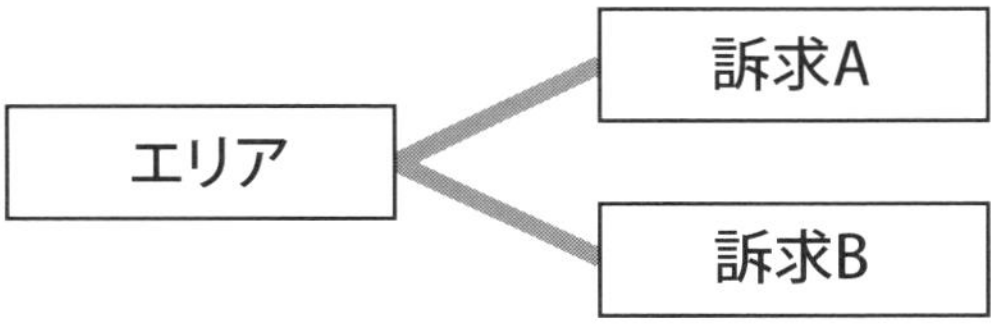

	パターン①	パターン②	パターン③	パターン④
訴求A	○	○	×	×
訴求B	○	×	○	×

エリアによって、上の４パターンに分かれる。

ペイライン上にあるのであれば、よりよい訴求方法で本展開する。パターン④の場合は、さらに違う訴求方法を考える。

使用する写真やクリエイティブの見せ方を変えるなどの工夫を。

顧客リピート（販促）時のテスト

販促のタイミングと内容をテストする。

チラシや冊子などで販促を行なう場合、**商品の掲載の大きさや掲載位置**によってもレスポンスが変わってくるので、掲載商品ごとの売上分析も必要。

❹企業コンセプトと商品コンセプトを明確にする

●企業コンセプト

通信販売企業にとって、「企業コンセプト」を明確にすることは特に大切です。同類商品がある場合、お客様はまず有名な会社（ブランド）かそうでないか、次にしっかりしたコンセプトがあるのか、ないのかで判断して商品を購入します。ですから、「うちの会社はどういった理由・背景でこの商品を取り扱っているのか」「この商品を利用してもらって、お客様にどうなってもらいたいのか」などをはっきりさせます。何でもいいから儲けたいと考えている通信販売企業は、この企業コンセプトがしっかりしていないので、成功する確率はかなり低くなってしまいます。企業コンセプトと関連のある商品を取り扱っていればいいのですが、たまに、企業コンセプトと関連性がまったくない商品を販売している会社も見られます。たとえば、事業展開当初は「東北地方のおいしい食品」を取り扱うというコンセプトを打ち出していた企業が、東北地方以外の食品や海外の食品を扱う〝何でも屋〟に変わってしまうなどのケースです。これでは何の通信販売会社か、お客様が迷ってしまいます。

●商品コンセプト

「企業コンセプト」と同様に大切なのが「商品コンセプト」です。なぜこの商品を売るのか、どういう想いでこの商品をつくったのかを明確にしておく必要があります。特別な想いから生まれたこだわりの商品であるほうがお客様の心に響き、購入してくれる確率がぐっと上がります。ですから商品開発をする時には、商品コンセプトをきちんとつくった上で開発を進めていくと、開発中はもちろん、販売する時も比較的楽になります。

以前、完成した商品の販売のお手伝いをしたケースで、どのような想いでこの商品をつくったのかを確認したところ、「癌に効く素材を組み合わせてみました」との答えが返ってきました。これでは薬事法に抵触するばかりか、そんな理由で開発したのでは、コンセプトなんて作成できませんし、販売することも難しくなります。薬事法を回避し、強引に商品コンセプトをつくったのですが、やはり販売するのにかなり手こずりました。

「使える売り文句」と「使えない売り文句」

使えない「売り文句」

「おいしい水と国産の小麦粉を使用」

「うどん王国、香川県のうどん」

「大好評」「評判がよい」

どのうどん屋にも当てはまる

使える「売り文句」

「備前焼の丼をセットにしたうどん」

「江戸時代から代々続くうどん」

「本場、香川県の『さぬきうどん』を完璧につくれるセット」

"うちならでは" で他社と差別化できる売り文句

❺販売ターゲットを明確にする

●誰に購入してもらいたいのか

企業コンセプトと商品コンセプトが決まれば、次に決めなければならないのが、「誰に販売していくのか」です。最低でも、男性なのか女性なのか、若者なのかシニア層なのかは決めておく必要があります。「これって誰をターゲットに販売しているんだろう」と思われる商品だと、商品を見たお客様が「私には関係のない商品だ」と考えてしまいます。

商品を購入してもらうためには、「私に関係のある商品」「私にふさわしい商品」と思ってもらうことが大切です。性別や年齢、趣味、収入などの属性をなるべく細かく設定しておくと、ピンポイントでターゲットに訴求することができます。

●ターゲットを明確にすると集客方法や見せ方が決まる

販売ターゲットによって、その後の展開が変わってきます。男女によって変わるのは、商品の訴求内容や商品パッケージのデザインです。男性と女性では日々悩むことが異なりますから、訴求内容も当然変わってきます。

そして商品の見た目も男性向けと女性向けとでは違ってきます。男性に好まれるデザイン、女性に好まれるデザインは異なるので、販売ターゲットに合わせたデザインや色遣いが必要になります。デザインは商品パッケージだけでなく広告や印刷物などにも影響します。

そして、年齢によって変わるのは、集客方法や表現方法(見せ方)です。4章で詳しく書きますが、年齢によって合うメディア、合わないメディアがあるので、年齢に合わせた集客方法を実施することが必要になってきます。ここでメディアの使い方を間違ってしまうと、せっかくお金を掛けて広告を出したのに、全然レスポンスがないこともあるので注意が必要です。

表現方法も年齢によって変える必要があります。文章の内容や表現の仕方だけでなく、文字の大きさや色遣いなども、年齢によって好まれる表現が違います。

ですから、効率よくレスポンスを取り、売上を上げるためには、販売ターゲットを明確にしておくことがとても大切なのです。

誰に買ってもらいたいか、どんなイメージをもってもらいたいかでパッケージをデザインする

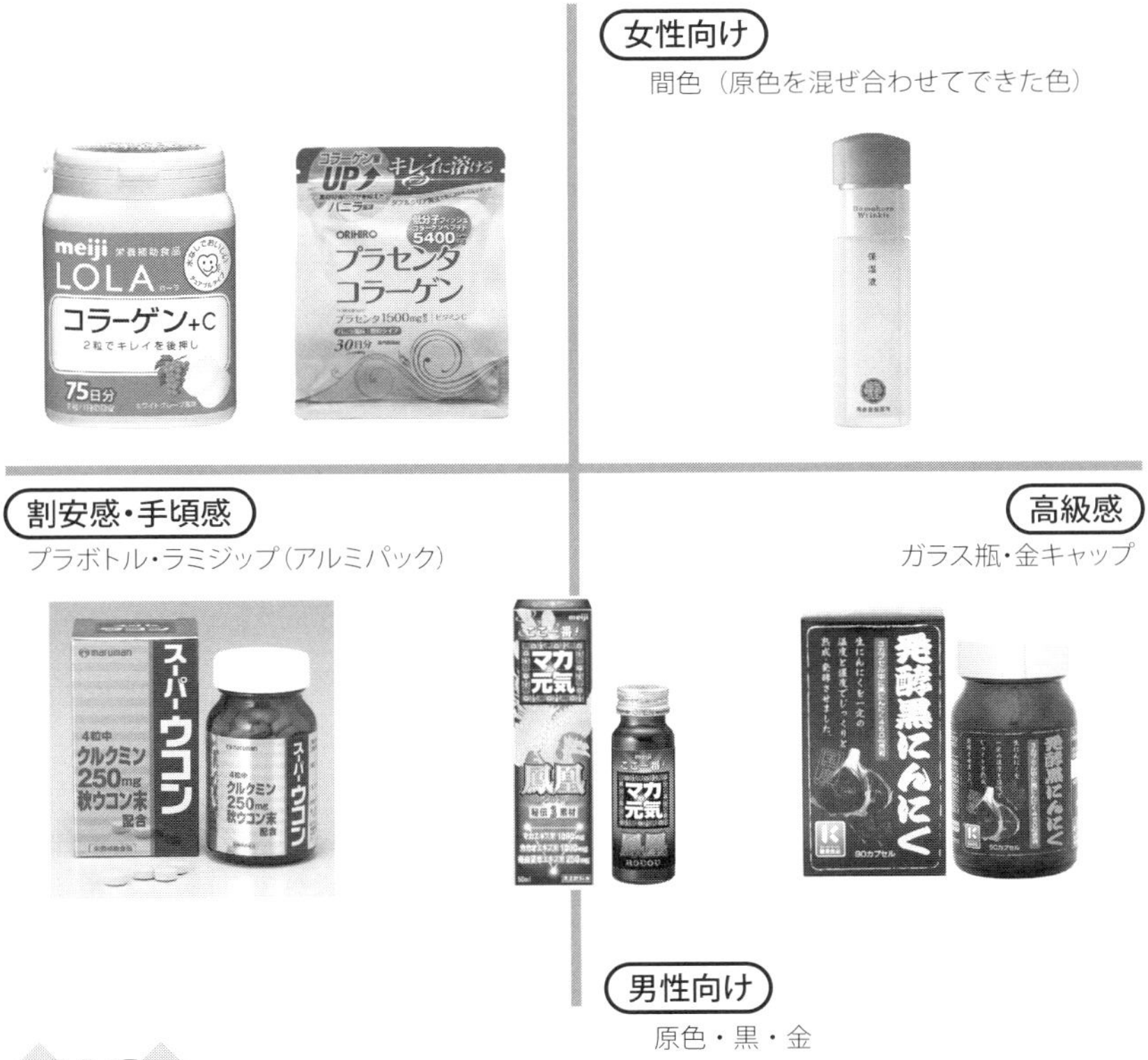

NG

「うちの商品は老若男女を問わず、誰にでも受け入れてもらえる商品だから、すべての人に向けて告知したい」

CHECK

新規顧客獲得時に入り口を広げすぎると、ターゲットがぶれてしまい、どのターゲットに対しても告知内容が中途半端となる。広範囲のターゲットに告知して新規顧客を獲得したいのであれば、若年層、中年層、シニア層、男性、女性と、それぞれに合わせた告知を分けて行なう

❻集客前にリピートさせる仕組みをつくっておく

●リピートさせる仕組みとは

通信販売事業において、リピートさせる仕組みは事業展開前に必ずつくっておかなければならないものです。リピートさせる仕組みとは、広告などを見て新規に獲得した顧客をいかに長く継続的に購入していただくかを決める非常に重要な仕組みです。

リピートさせる仕組みには、お客様へお届けする注文商品の中に同梱する印刷物、定期的に実施する販促企画、実購入者に対しての販促企画、購入顧客へのフォロー体制といったものがあり、それぞれの漏れをなくし、スムーズに実行していくために、リピートプログラムなどを作成していきます（詳しくは5章）。

●集客前につくる理由

私は支援先やセミナーで「集客前に必ずリピートさせる仕組みをつくること」の重要性をいつも語っているのですが、それでも集客ばかりに力を注いで、リピート施策はほったらかしの会社があります。コンサルティング時にリピート施策の重要性を聞いた会社でもこのような状態なので、通信販売事業を知らない会社なら、なおさらでしょう。リピート施策を実施していない企業の多くが言う理由は、「とりあえず顧客をたくさん獲得しないと売上が上がらないから」というものです。しかし、いくら売上が上がっても、利益は出ていないはずです。売上効率は当然、「新規顧客獲得＜顧客リピート」になりますから、顧客を増やしつつ、獲得した顧客をきちんとリピートさせていかなくては、利益は出ません。

それがわかっていてしないのは、面倒臭いからです。広告を出せば、新規顧客者がある程度は獲得できます。そして広告のプロ（広告代理店など）は日本全国に多くいるので、そのプロのアドバイス通りに広告を出せば、ある程度の新規顧客は獲得できます。しかし、獲得した顧客をリピートさせるための方法は会社ごとに異なるので、基本的には自分たちで売上データや顧客データを見て分析し、企画を考えなければなりません。つまり、手間が掛かるのです。そんな理由で多くの企業はリピートさせる仕組みをないがしろにしているのが現状です。

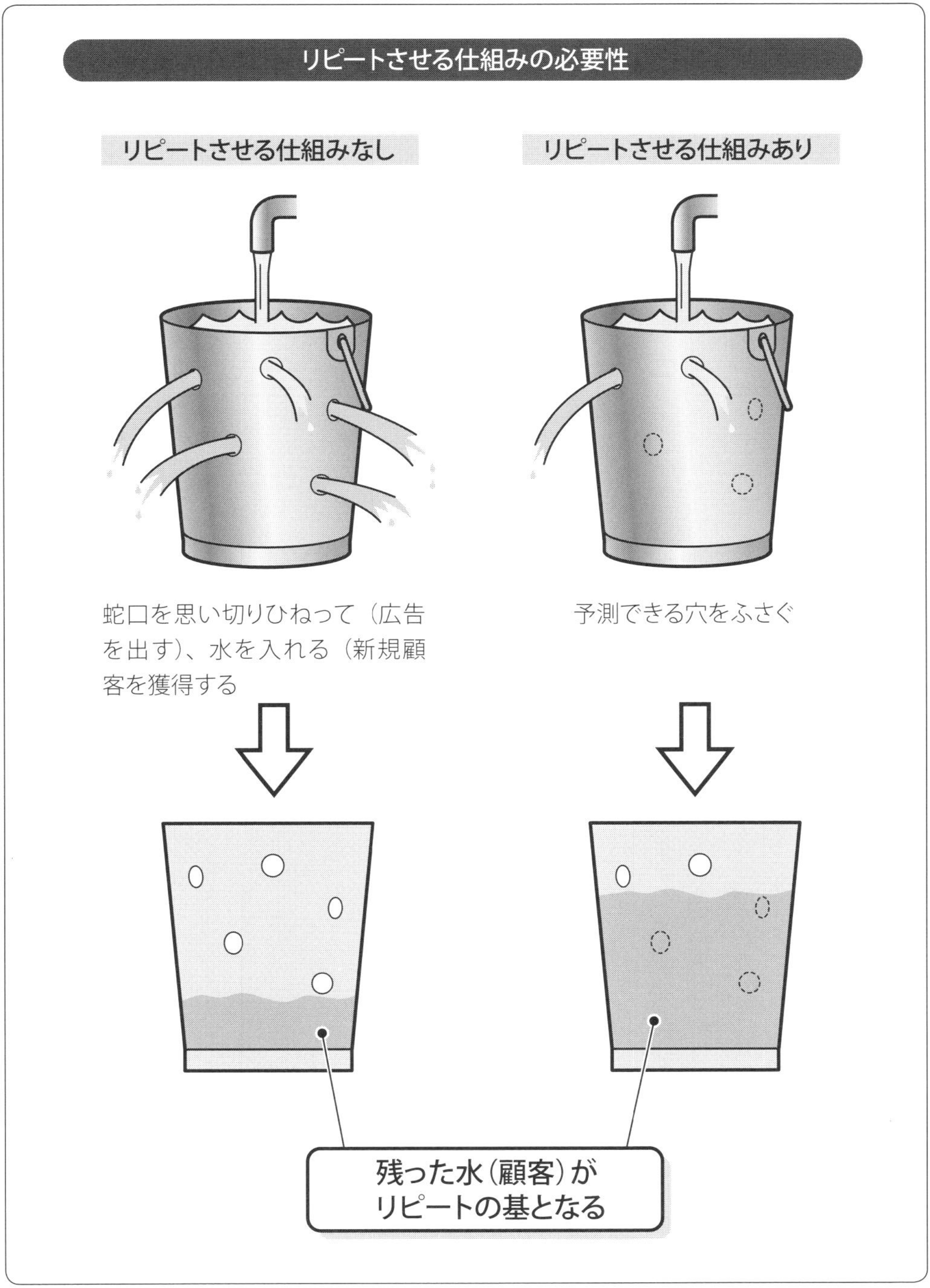
リピートさせる仕組みの必要性
リピートさせる仕組みなし
リピートさせる仕組みあり
蛇口を思い切りひねって（広告を出す）、水を入れる（新規顧客を獲得する
予測できる穴をふさぐ
残った水（顧客）が
リピートの基となる

❼定期的に購入してもらう仕組みは不可欠

●継続性の高い商品には

健康食品や化粧品、食品の中でも毎日使う必要のあるお米や味噌、醤油などは定期購入制度を導入すると、コンスタントに売上が上がって事業展開が楽になります。

お客様からその都度、注文をいただかなくても、毎月、または隔月で自動的に商品をお届けする仕組みです。お客様から中止の連絡をいただかない限り、永遠に商品をお届けできるので、毎月安定した売上が上がります。

定期的に購入してくれる顧客は企業にとって優良顧客ですから、お礼の意味を込めて、何らかのメリットを付与することが必要です。新規で獲得した顧客の半分程度が定期購入制度に入ってくれるような仕組みを、まずはめざしましょう。

しかし、いくら定期購入制度をつくっても、顧客の購入スタイルがそれぞれあるわけですから、全員に定期購入制度に加入してもらえるわけではありません。このため、定期購入制度に加入しない顧客をリピートさせるために、前項のリピートさせる仕組みを構築しなければならないのです。

●継続性の低い商品には

食品は、お米や味噌、醤油などのように、毎日利用する商材よりも、毎日利用しない商材のほうが多いでしょう。定期購入制度はあくまでも毎日利用することが基本なので、そうでない商品は定期的に商品を購入する仕組みをつくることはできません。

しかし、毎日利用しない商材を取り扱う企業でも、毎月安定して売上を確保できる仕組みがあります。それは「頒布会」という仕組みです。

たとえば、東北の食品通販会社であれば、東北地方の旬の食品を月ごとにお届けしたり、食卓まわりのグッズを取り扱う企業なら、茶碗や箸、箸置きやランチョンマット等を毎月お届けし、1年で一人分のお食事セットが完成するという頒布会を行なっているところもあります。旬に合わせた商品を届けるのが、お客様にとっても購入しやすい仕組みになるでしょう。価格帯も何種類か用意しておくとよいでしょう。

定期購入制度をつくる際に注意すること

定期購入制度

その都度、注文していただかなくても継続して売上が上がる仕組み

①**間口を広げる**　定期購入制度はお客様にとっても大きなメリットがあり、デメリットが少ないことが必要

②**契約期間の縛りの有無**　縛りがあると更新時に離脱が多くなり、縛りがないと途中退会が多くなる

	加入	半年後	12ヶ月後	13ヶ月後	24ヶ月後
契約期間の縛りがある（1年）	100人	98人	95人	40人	38人
契約期間の縛りがない（いつでも中止できる）	200人	120人	70人	70人	65人

間口が広いほうが多くの顧客が加入する（加入）

契約が終わった時点で半分以上が離脱（13ヶ月後）

長い目で見ると、縛りがないほうが多くの顧客が残る（24ヶ月後）

❽テレマーケティングの活用

●電話の悪いイメージを払拭する

通信販売企業のうち、健康食品や化粧品を取り扱う企業の多くは電話を利用して、顧客とコミュニケーションを取っています。しかし一部の企業のおかげで、世間では通信販売会社からの電話営業には悪いイメージがついてしまっています。そもそも、テレマーケティングとは「電話を利用した」「マーケティング活動」の意味で、セールス目的ではありません。セールス目的の電話であれば、それはテレフォンセールスになってしまいます。一部の企業はテレマーケティングとテレフォンセールスをごちゃ混ぜに捉えているために、商品を販売するための電話と化しているのです。

テレマーケティングの本来の形は、お客様の要望や悩みを聞き、お客様一人ひとりに合った商品の使い方や購入方法を提案してあげるという、コミュニケーションです。違う言葉で言うとカウンセリングのようなものです。特に健康食品や化粧品は年齢や性別、肌の状態や健康状態によって使用方法が異なります。お客様ごとに最適な情報を印刷物で届けることは不可能なので、電話を使って情報を提供する必要があるのです。

●テレマーケティングの重要性

お客様ごとに最適な情報を提供して、お客様に満足してもらうこと以外にも、テレマーケティングの利用によって売上改善につながることが多くあります。

たとえば、DMを出した時、注文した人の意見や感想を聞くことは、電話で注文してきた場合可能ですが、企業にとって知っておきたいことは、「注文してくれない人の声」です。DMが読まれていないのか、商品がよくないのか、価格が高いのか……さまざまな原因が考えられますが、推測のまま改善しても売上は上がりません。お客様の率直な声を聞くことが売上改善の近道です。

ずっと継続して購入してくれていたお客様の多くが、急にまとまって購入を止めたような場合、原因をはっきりさせず、ほったらかしにしていると顧客全員がいなくなってしまうこともあります。原因を明確にするためには、顧客一人ひとりに電話をする必要があります。

お客様の声を知る有効な活用方法

テレフォンセールス

≠

テレマーケティング

- **お客様ごとに最適な情報を届けられる**
  電話でお客様と会話のキャッチボールをすることで、「お客様の理解度に合わせて、お客様に合った最適な説明をする」ことができる。印刷物（文字）だけで伝えるより、お客様にはるかに多くの情報が伝わる

- **注文のないお客様の声を吸い上げることができる**
  注文してくれるお客様の声はほとんどが「よい声」になるが、企業にとって本当に大切なのは、「購入してくれない人の声」。テレマーケティングを利用しなければ集めることができない、企業にとって最も重要な声

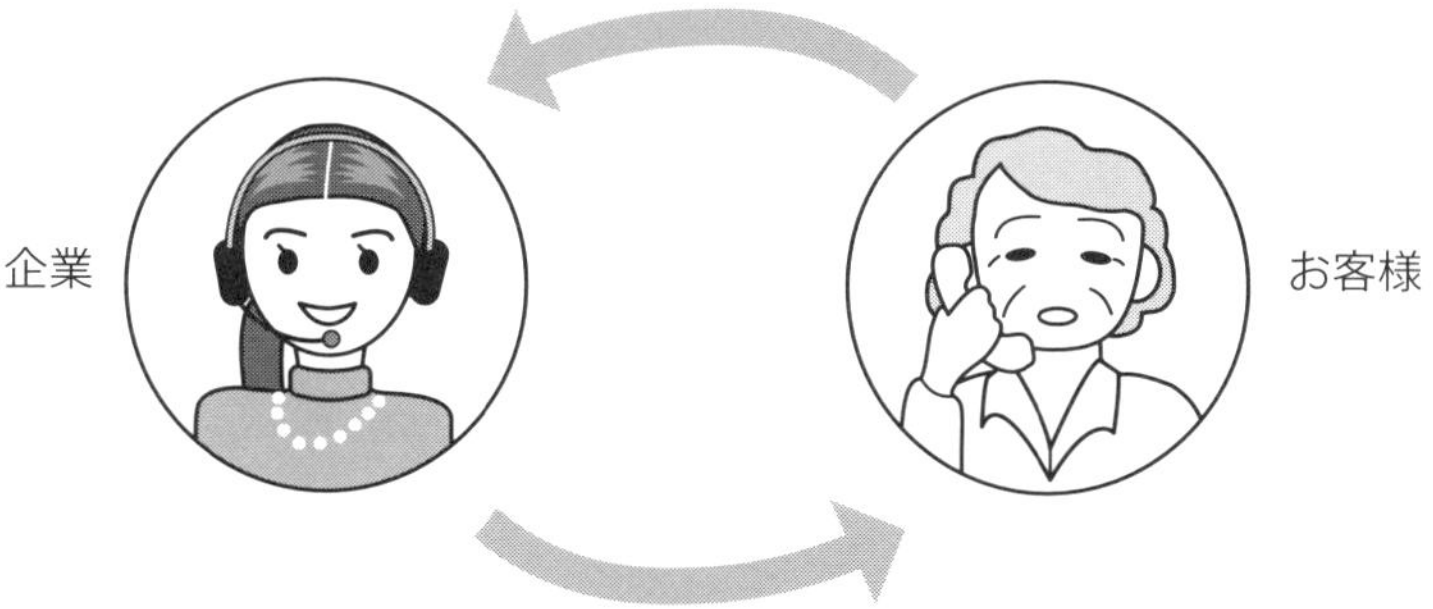

CHECK 情報の伝わり方は、「対面＞声＞文字」と言われている。通信販売事業では、対面（顔を合わせて伝える）はほぼ不可能。商品に同梱する販促物やＤＭなどで情報を伝えようとしても、お客様がそれを理解してくれたかどうかを確認することはできないため、テレマーケティングが有効

❾事業計画書とシミュレーションは必ずつくる

●3年後に利益が出なければ失敗

企業コンセプト・商品コンセプト・販売ターゲット・売上を獲得する仕組みなどの基本戦略が決まれば、そこですぐに通信販売事業展開ができるわけではありません。事業展開をする前に事業計画を作成し、売上シミュレーションを立てる必要があります。何度も書きますが、通信販売事業で初年度から黒字にするのはかなり難しいことです。しかし、3年目で黒字に転換しなければ、成功したとは言えません。ですから、遅くても事業開始から3年目に黒字にする必要があります。

まず、初年度に投資できる金額を決め、商品開発費用、商品原価、各種販促ツール作成費、広告費、販促費、コンピュータシステム経費、人件費等を算出します。通信販売事業からすぐに撤退する企業の多くは、使える予算のほとんどを商品まわりの経費と広告費、人件費に充て、各種販促ツール作成費や販促費、コンピュータシステム経費には割いていません。売上シミュレーションには顧客リピート売上も入ってくるので、販促に関わる経費が必要だということも自ずとわかるでしょう。

後の章で詳しく書きますが、通信販売事業では分析が非常に重要な要素となるので、コンピュータシステム経費も考えておく必要があります。

●経験のある支援者に助けてもらおう

事業計画書と売上シミュレーションを作成する際、通信販売事業をまったく経験したことがない人がつくると、机上の空論になってしまい、現実味のある計画書は作成できません。ですから必ず通信販売事業の実務経験者に支援してもらうことが必要です。自分たちが机上の空論で導いた計画が現実になるのか、夢物語で終わってしまうのかを的確に判断してくれるでしょう。

ここで大切なのは、必ず通信販売事業の現場での実務経験がある人に手伝ってもらうということです。現場での実務経験がなければ、自分が支援した成功例だけが成功と勘違いし、たとえあなたの会社に成功する要素があっても、「成功する見込みはない」と決めつけられ、事業計画を修正させられることもあります。

売上シミュレーション

	展開月		単価	
広告展開	0)リーチ数(広告)			発行部数・視聴者人数
サンプル	1)レスポンス1		0.005%	広告を見てサンプルを注文
	2)新規見込客数	0)×1)		
	3)初回サンプル数	0)×1)		
	4)サンプル経費	3)×	600	サンプルセット一式(商品・印刷物・資材)
	5)DM販促経費	3)×	30	
	6)通信費(郵便・電話)	3)×	100	
	7)新規見込客獲得直接費計	4)+5)+6)		
直商品	8)レスポンス2		0.002%	広告を見てサンプルを注文せず直接商品を購入
	9)新規顧客数(注文数)	0)×8)		
	10)販売単価		12,000	
	11)商品売上1	9)×10)		
	12)DM販促経費	9)×	30	
	13)通信費(郵便・電話)		150	
	14)商品原価1	11)×	30.00%	商品一式(商品・印刷物・資材)
	15)第1新規獲得直接費計	12)+13)+14)		
引き上げ	16)通信費2(郵便・電話)	2)×	200	
	17)レスポンス3		30.00%	見込み客から顧客への引き上げ
	18)引上新規顧客数(注文数)	2)×17)		
	19)販売単価		12,000	
	20)商品売上2	18)×19)		
	21)DM販促経費2	18)×	30	
	22)商品原価2	20)×	30.00%	商品一式(商品・印刷物・資材)
	23)第2新規獲得直接費計	16)+21)+22)		
	24)新規顧客総数	9)+18)		
	25)新規売上	11)+20)		
	26)新規獲得直接費合計	7)+15)+23)		
	27)新規通販粗利	25)-26)		
リピート	28)リピート売上			金額ベースで算出
	2回目リピート率(金額)		40%	
	3回目リピート率(金額)		35%	
	4回目リピート率(金額)		35%	
	5回目リピート率(金額)		30%	
	6回目リピート率(金額)		30%	
	7回目リピート率(金額)		25%	
	8回目リピート率(金額)		25%	
	9回目リピート率(金額)		20%	
	10回目リピート率(金額)		20%	
	11回目リピート率(金額)		20%	
	12回目リピート率(金額)		20%	
	13回目リピ			
	金額)		20	最低でも3年の中期計画を作成すること
	26回目リピート率(金額)		20%	
	27回目リピート率(金額)		20%	
	28回目リピート率(金額)		20%	
	29回目リピート率(金額)		20%	
	30回目リピート率(金額)		20%	
	31回目リピート率(金額)		20%	
	32回目リピート率(金額)		20%	
	33回目リピート率(金額)		20%	
	34回目リピート率(金額)		20%	
	35回目リピート率(金額)		20%	
	36回目リピート率(金額)		20%	
	29)リピート購入単価		10,000	
	30)リピート件数	28)÷29)		
	31)DM販促経費	30)×	30	
	32)通信費3(郵便・電話)	30)×	160	
	33)商品原価3	28)×	30.00%	
	34)リピート売上直接費計	31)+32)+33)		
	35)リピート粗利	28)-34)		
月度数値	36)売上合計	25)+28)		
	37)原価(商品)	4)+14)+22)+33)		
	38)販促経費	5)+12)+21)+31)		
	39)通信費	6)+13)+16)+32)		
	40)人件費		150,000	
	41)販売ツール			
	42)開発費			
	43)その他			
	44)原価・販売・開発費合計	37)+38)+39)+40)+41)+42)+43)		
	45)広告費(新規獲得費)			
	46)収支	36)-(44)+45))		

08年8月	2008年9月	2008年10月	2008年11月	2008年12月	2009年1月	2009年2月	2009年3月	2009年4月	2009年5月	2009年6月	2009年7月	2009年8月	2009年9月	2009年10月	2009年11月	2009年12月	2010年1月	2010年2月	2010年3月	計
,000,000	10,000,000	15,000,000	15,000,000	15,000,000	15,000,000	15,000,000	15,000,000	30,000,000	30,000,000	30,000,000	30,000,000	30,000,000	30,000,000	30,000,000	30,000,000	30,000,000	30,000,000	30,000,000	30,000,000	567,500,000
500	500	750	750	750	750	750	750	1,500	1,500	1,500	1,500	1,500	1,500	1,500	1,500	1,500	1,500	1,500	1,500	5,875
500	500	750	750	750	750	750	750	1,500	1,500	1,500	1,500	1,500	1,500	1,500	1,500	1,500	1,500	1,500	1,500	5,875
300,000	300,000	450,000	450,000	450,000	450,000	450,000	450,000	900,000	900,000	900,000	900,000	900,000	900,000	900,000	900,000	900,000	900,000	900,000	900,000	3,525,000
15,000	15,000	22,500	22,500	22,500	22,500	22,500	22,500	45,000	45,000	45,000	45,000	45,000	45,000	45,000	45,000	45,000	45,000	45,000	45,000	176,250
50,000	50,000	75,000	75,000	75,000	75,000	75,000	75,000	150,000	150,000	150,000	150,000	150,000	150,000	150,000	150,000	150,000	150,000	150,000	150,000	587,500
365,000	365,000	547,500	547,500	547,500	547,500	547,500	547,500	1,095,000	1,095,000	1,095,000	1,095,000	1,095,000	1,095,000	1,095,000	1,095,000	1,095,000	1,095,000	1,095,000	1,095,000	4,288,750
150	150	225	225	225	225	225	225	450	450	450	450	450	450	450	450	450	450	450	450	1,763
,800,000	1,800,000	2,700,000	2,700,000	2,700,000	2,700,000	2,700,000	2,700,000	5,400,000	5,400,000	5,400,000	5,400,000	5,400,000	5,400,000	5,400,000	5,400,000	5,400,000	5,400,000	5,400,000	5,400,000	21,150,000
4,500	4,500	6,750	6,750	6,750	6,750	6,750	6,750	13,500	13,500	13,500	13,500	13,500	13,500	13,500	13,500	13,500	13,500	13,500	13,500	52,875
22,500	22,500	33,750	33,750	33,750	33,750	33,750	33,750	67,500	67,500	67,500	67,500	67,500	67,500	67,500	67,500	67,500	67,500	67,500	67,500	264,375
540,000	540,000	810,000	810,000	810,000	810,000	810,000	810,000	1,620,000	1,620,000	1,620,000	1,620,000	1,620,000	1,620,000	1,620,000	1,620,000	1,620,000	1,620,000	1,620,000	1,620,000	6,345,000
567,000	567,000	850,500	850,500	850,500	850,500	850,500	850,500	1,701,000	1,701,000	1,701,000	1,701,000	1,701,000	1,701,000	1,701,000	1,701,000	1,701,000	1,701,000	1,701,000	1,701,000	6,662,250
100,000	100,000	150,000	150,000	150,000	150,000	150,000	150,000	300,000	300,000	300,000	300,000	300,000	300,000	300,000	300,000	300,000	300,000	300,000	300,000	1,175,000
150	150	225	225	225	225	225	225	450	450	450	450	450	450	450	450	450	450	450	450	1,763
,800,000	1,800,000	2,700,000	2,700,000	2,700,000	2,700,000	2,700,000	2,700,000	5,400,000	5,400,000	5,400,000	5,400,000	5,400,000	5,400,000	5,400,000	5,400,000	5,400,000	5,400,000	5,400,000	5,400,000	21,150,000
4,500	4,500	6,750	6,750	6,750	6,750	6,750	6,750	13,500	13,500	13,500	13,500	13,500	13,500	13,500	13,500	13,500	13,500	13,500	13,500	52,875
540,000	540,000	810,000	810,000	810,000	810,000	810,000	810,000	1,620,000	1,620,000	1,620,000	1,620,000	1,620,000	1,620,000	1,620,000	1,620,000	1,620,000	1,620,000	1,620,000	1,620,000	6,345,000
644,500	644,500	966,750	966,750	966,750	966,750	966,750	966,750	1,933,500	1,933,500	1,933,500	1,933,500	1,933,500	1,933,500	1,933,500	1,933,500	1,933,500	1,933,500	1,933,500	1,933,500	7,572,875
300	300	450	450	450	450	450	450	900	900	900	900	900	900	900	900	900	900	900	900	3,525
3,600,000	3,600,000	5,400,000	5,400,000	5,400,000	5,400,000	5,400,000	5,400,000	10,800,000	10,800,000	10,800,000	10,800,000	10,800,000	10,800,000	10,800,000	10,800,000	10,800,000	10,800,000	10,800,000	10,800,000	42,300,000
,576,500	1,576,500	2,364,750	2,364,750	2,364,750	2,364,750	2,364,750	2,364,750	4,729,500	4,729,500	4,729,500	4,729,500	4,729,500	4,729,500	4,729,500	4,729,500	4,729,500	4,729,500	4,729,500	4,729,500	18,523,875
,023,500	2,023,500	3,035,250	3,035,250	3,035,250	3,035,250	3,035,250	3,035,250	6,070,500	6,070,500	6,070,500	6,070,500	6,070,500	6,070,500	6,070,500	6,070,500	6,070,500	6,070,500	6,070,500	6,070,500	23,776,125
,684,000	10,512,000	11,286,000	12,780,000	14,130,000	15,480,000	16,740,000	18,000,000	19,170,000	22,500,000	25,470,000	28,440,000	31,140,000	33,840,000	36,270,000	38,700,000	40,860,000	43,020,000	45,180,000	47,340,000	
144,000	144,000	144,000	144,000	144,000	144,000	144,000	144,000	144,000	144,000	144,000	144,000	144,000	144,000	144,000	144,000	144,000	144,000	144,000	144,000	
144,000	144,000	144,000	144,000	144,000	144,000	144,000	144,000	144,000	144,000	144,000	144,000	144,000	144,000	144,000	144,000	144,000	144,000	144,000	144,000	
144,000	144,000	144,000	144,000	144,000	144,000	144,000	144,000	144,000	144,000	144,000	144,000	144,000	144,000	144,000	144,000	144,000	144,000	144,000	144,000	
108,000	108,000	108,000	108,000	108,000	108,000	108,000	108,000	108,000	108,000	108,000	108,000	108,000	108,000	108,000	108,000	108,000	108,000	108,000	108,000	
288,000	288,000	288,000	288,000	288,000	288,000	288,000	288,000	288,000	288,000	288,000	288,000	288,000	288,000	288,000	288,000	288,000	288,000	288,000	288,000	
288,000	288,000	288,000	288,000	288,000	288,000	288,000	288,000	288,000	288,000	288,000	288,000	288,000	288,000	288,000	288,000	288,000	288,000	288,000	288,000	
504,000	504,000	504,000	504,000	504,000	504,000	504,000	504,000	504,000	504,000	504,000	504,000	504,000	504,000	504,000	504,000	504,000	504,000	504,000	504,000	
504,000	504,000	504,000	504,000	504,000	504,000	504,000	504,000	504,000	504,000	504,000	504,000	504,000	504,000	504,000	504,000	504,000	504,000	504,000	504,000	
504,000	504,000	504,000	504,000	504,000	504,000	504,000	504,000	504,000	504,000	504,000	504,000	504,000	504,000	504,000	504,000	504,000	504,000	504,000	504,000	
630,000	504,000	504,000	504,000	504,000	504,000	504,000	504,000	504,000	504,000	504,000	504,000	504,000	504,000	504,000	504,000	504,000	504,000	504,000	504,000	
630,000	630,000	504,000	504,000	504,000	504,000	504,000	504,000	504,000	504,000	504,000	504,000	504,000	504,000	504,000	504,000	504,000	504,000	504,000	504,000	
756,000	630,000	630,000	504,000	504,000	504,000	504,000	504,000	504,000	504,000	504,000	504,000	504,000	504,000	504,000	504,000	504,000	504,000	504,000	504,000	
1,080,000	1,080,000	900,000	900,000	720,000	720,000	720,000	720,000	720,000	720,000	720,000	720,000	720,000	720,000	720,000	720,000	720,000	720,000	720,000	720,000	
1,260,000	1,080,000	1,080,000	900,000	900,000	720,000	720,000	720,000	720,000	720,000	720,000	720,000	720,000	720,000	720,000	720,000	720,000	720,000	720,000	720,000	
1,260,000	1,260,000	1,080,000	1,080,000	900,000	900,000	720,000	720,000	720,000	720,000	720,000	720,000	720,000	720,000	720,000	720,000	720,000	720,000	720,000	720,000	
,440,000	1,260,000	1,260,000	1,080,000	1,080,000	900,000	900,000	720,000	720,000	720,000	720,000	720,000	720,000	720,000	720,000	720,000	720,000	720,000	720,000	720,000	
3,600,000	1,440,000	1,260,000	1,260,000	1,080,000	1,080,000	900,000	900,000	720,000	720,000	720,000	720,000	720,000	720,000	720,000	720,000	720,000	720,000	720,000	720,000	
	3,600,000	1,440,000	1,260,000	1,260,000	1,080,000	1,080,000	900,000	900,000	720,000	720,000	720,000	720,000	720,000	720,000	720,000	720,000	720,000	720,000	720,000	
		5,400,000	2,160,000	1,890,000	1,890,000	1,620,000	1,620,000	1,350,000	1,350,000	1,080,000	1,080,000	1,080,000	1,080,000	1,080,000	1,080,000	1,080,000	1,080,000	1,080,000	1,080,000	
			5,400,000	2,160,000	1,890,000	1,890,000	1,620,000	1,620,000	1,350,000	1,350,000	1,080,000	1,080,000	1,080,000	1,080,000	1,080,000	1,080,000	1,080,000	1,080,000	1,080,000	
				5,400,000	2,160,000	1,890,000	1,890,000	1,620,000	1,620,000	1,350,000	1,350,000	1,080,000	1,080,000	1,080,000	1,080,000	1,080,000	1,080,000	1,080,000	1,080,000	
					5,400,000	2,160,000	1,890,000	1,890,000	1,620,000	1,620,000	1,350,000	1,350,000	1,080,000	1,080,000	1,080,000	1,080,000	1,080,000	1,080,000	1,080,000	
						5,400,000	2,160,000	1,890,000	1,890,000	1,620,000	1,620,000	1,350,000	1,350,000	1,080,000	1,080,000	1,080,000	1,080,000	1,080,000	1,080,000	
							5,400,000	2,160,000	1,890,000	1,890,000	1,620,000	1,620,000	1,350,000	1,350,000	1,080,000	1,080,000	1,080,000	1,080,000	1,080,000	
								10,800,000	4,320,000	3,780,000	3,780,000	3,240,000	3,240,000	2,700,000	2,700,000	2,160,000	2,160,000	2,160,000	2,160,000	
									10,800,000	4,320,000	3,780,000	3,780,000	3,240,000	3,240,000	2,700,000	2,700,000	2,160,000	2,160,000	2,160,000	
										10,800,000	4,320,000	3,780,000	3,780,000	3,240,000	3,240,000	2,700,000	2,700,000	2,160,000	2,160,000	
											10,800,000	4,320,000	3,780,000	3,780,000	3,240,000	3,240,000	2,700,000	2,700,000	2,160,000	
												10,800,000	4,320,000	3,780,000	3,780,000	3,240,000	3,240,000	2,700,000	2,700,000	
													10,800,000	4,320,000	3,780,000	3,780,000	3,240,000	3,240,000	2,700,000	
														10,800,000	4,320,000	3,780,000	3,780,000	3,240,000	3,240,000	
															10,800,000	4,320,000	3,780,000	3,780,000	3,240,000	
																10,800,000	4,320,000	3,780,000	3,780,000	
																	10,800,000	4,320,000	3,780,000	
																		10,800,000	4,320,000	
																			10800000	0
968	1,051	1,129	1,278	1,413	1,548	1,674	1,800	1,917	2,250	2,547	2,844	3,114	3,384	3,627	3,870	4,086	4,302	4,518	4,734	16,544
29,052	31,536	33,858	38,340	42,390	46,440	50,220	54,000	57,510	67,500	76,410	85,320	93,420	101,520	108,810	116,100	122,580	129,060	135,540	142,020	496,314
154,944	168,192	180,576	204,480	226,080	247,680	267,840	288,000	306,720	360,000	407,520	455,040	498,240	541,440	580,320	619,200	653,760	688,320	722,880	757,440	2,647,008
2,905,200	3,153,600	3,385,800	3,834,000	4,239,000	4,644,000	5,022,000	5,400,000	5,751,000	6,750,000	7,641,000	8,532,000	9,342,000	10,152,000	10,881,000	11,610,000	12,258,000	12,906,000	13,554,000	14,202,000	49,631,400
3,089,196	3,353,328	3,600,234	4,076,820	4,507,470	4,938,120	5,340,060	5,742,000	6,115,230	7,177,500	8,124,930	9,072,360	9,933,660	10,794,960	11,570,130	12,345,300	13,034,340	13,723,380	14,412,420	15,101,460	52,774,722
6,594,804	7,158,672	7,685,766	8,703,180	9,622,530	10,541,880	11,399,940	12,258,000	13,054,770	15,322,500	17,345,070	19,367,640	21,206,340	23,045,040	24,699,870	26,354,700	27,825,660	29,296,620	30,767,580	32,238,540	112,663,278
3,284,000	14,112,000	16,686,000	18,180,000	19,530,000	20,880,000	22,140,000	23,400,000	29,970,000	33,300,000	36,270,000	39,240,000	41,940,000	44,640,000	47,070,000	49,500,000	51,660,000	53,820,000	55,980,000	58,140,000	781,668,000
4,285,200	4,533,600	5,455,800	5,904,000	6,309,000	6,714,000	7,092,000	7,470,000	9,891,000	10,890,000	11,781,000	12,672,000	13,482,000	14,292,000	15,021,000	15,750,000	16,398,000	17,046,000	17,694,000	18,342,000	78,266,400
53,052	55,536	69,858	74,340	78,390	82,440	86,220	90,000	129,510	139,500	148,410	157,320	165,420	173,520	180,810	188,100	194,580	201,060	207,540	214,020	994,314
327,444	340,692	439,326	463,230	484,830	506,430	526,590	546,750	824,220	877,500	925,020	972,540	1,015,740	1,058,940	1,097,820	1,136,700	1,171,260	1,205,820	1,240,380	1,274,940	6,226,383
98,690	98,690	148,036	148,036	148,036	148,036	148,036	148,036	296,071	296,071	296,071	296,071	296,071	296,071	296,071	296,071	296,071	296,071	296,071	296,071	2,047,827
																				0
																				0
																				0
4,764,386	5,028,518	6,113,020	6,589,606	7,020,256	7,450,906	7,852,846	8,254,786	11,140,801	12,203,071	13,150,501	14,097,931	14,959,231	15,820,531	16,595,701	17,370,871	18,059,911	18,748,951	19,437,991	20,127,031	87,534,924
7,000,000	7,000,000	10,000,000	10,000,000	10,000,000	10,000,000	10,000,000	10,000,000	20,000,000	20,000,000	20,000,000	20,000,000	20,000,000	20,000,000	20,000,000	20,000,000	20,000,000	20,000,000	20,000,000	20,000,000	383,500,000
1,519,614	2,083,482	572,980	1,590,394	2,509,744	3,429,094	4,287,154	5,145,214	-1,170,801	1,096,929	3,119,499	5,142,069	6,980,769	8,819,469	10,474,299	12,129,129	13,600,089	15,071,049	16,542,009	18,012,969	310,633,076

	展開月		単価	2007年4月	2007年5月	2007年6月	2007年7月	2007年8月	2007年9月	2007年10月	2007年11月	2007年12月	2008年1月	2008年2月	2008年3月	2008年4月	2008年5月	2008年6月	2008年7月
広告展開	0)リーチ数(広告)			2,000,000	2,000,000	2,000,000	1,500,000	4,000,000	4,000,000	7,000,000	7,000,000	7,000,000	7,000,000	7,000,000	7,000,000	10,000,000	10,000,000	10,000,000	10,000,00
サンプル	1)レスポンス1		0.005%																
	2)新規見込客数	0)×1)		100	100	100	75	200	200	350	350	350	350	350	350	500	500	500	50
	3)初回サンプル数	0)×1)		100	100	100	75	200	200	350	350	350	350	350	350	500	500	500	50
	4)サンプル経費	3)×	600	60,000	60,000	60,000	45,000	120,000	120,000	210,000	210,000	210,000	210,000	210,000	210,000	300,000	300,000	300,000	300,00
	5)DM販促経費	3)×	30	3,000	3,000	3,000	2,250	6,000	6,000	10,500	10,500	10,500	10,500	10,500	10,500	15,000	15,000	15,000	15,00
	6)通信費(郵便・電話)	3)×	100	10,000	10,000	10,000	7,500	20,000	20,000	35,000	35,000	35,000	35,000	35,000	35,000	50,000	50,000	50,000	50,00
	7)新規見込客獲得直接費	4)+5)+6)		73,000	73,000	73,000	54,750	146,000	146,000	255,500	255,500	255,500	255,500	255,500	255,500	365,000	365,000	365,000	365,00
直商品	8)レスポンス2		0.002%																
	9)新規顧客数(注文数)	0)×8)		30	30	30	23	60	60	105	105	105	105	105	105	150	150	150	15
	10)販売単価		12,000																
	11)商品売上1	9)×10)		360,000	360,000	360,000	270,000	720,000	720,000	1,260,000	1,260,000	1,260,000	1,260,000	1,260,000	1,260,000	1,800,000	1,800,000	1,800,000	1,800,00
	12)DM販促経費	9)×	30	900	900	900	675	1,800	1,800	3,150	3,150	3,150	3,150	3,150	3,150	4,500	4,500	4,500	4,50
	13)通信費(郵便・電話)		150	4,500	4,500	4,500	3,375	9,000	9,000	15,750	15,750	15,750	15,750	15,750	15,750	22,500	22,500	22,500	22,50
	14)商品原価1	11)×	30.00%	108,000	108,000	108,000	81,000	216,000	216,000	378,000	378,000	378,000	378,000	378,000	378,000	540,000	540,000	540,000	540,00
	15)第1新規獲得直接費計	12)+13)+14)		113,400	113,400	113,400	85,050	226,800	226,800	396,900	396,900	396,900	396,900	396,900	396,900	567,000	567,000	567,000	567,00
引上げ	16)通信費2(郵便・電話)	2)×	200	20,000	20,000	20,000	15,000	40,000	40,000	70,000	70,000	70,000	70,000	70,000	70,000	100,000	100,000	100,000	100,00
	17)レスポンス3		30.00%																
	18)引上新規顧客数(注文数)	2)×17)		30	30	30	23	60	60	105	105	105	105	105	105	150	150	150	15
	19)販売単価		12,000																
	20)商品売上2	18)×19)		360,000	360,000	360,000	270,000	720,000	720,000	1,260,000	1,260,000	1,260,000	1,260,000	1,260,000	1,260,000	1,800,000	1,800,000	1,800,000	1,800,00
	21)DM販促経費2	18)×	30	900	900	900	675	1,800	1,800	3,150	3,150	3,150	3,150	3,150	3,150	4,500	4,500	4,500	4,50
	22)商品原価2	20)×	30.00%	108,000	108,000	108,000	81,000	216,000	216,000	378,000	378,000	378,000	378,000	378,000	378,000	540,000	540,000	540,000	540,00
	23)第2新規獲得直接費計	16)+21)+22)		128,900	128,900	128,900	96,675	257,800	257,800	451,150	451,150	451,150	451,150	451,150	451,150	644,500	644,500	644,500	644,50
	24)新規顧客総数	9)+18)		60	60	60	45	120	120	210	210	210	210	210	210	300	300	300	30
	25)新規売上	11)+20)		720,000	720,000	720,000	540,000	1,440,000	1,440,000	2,520,000	2,520,000	2,520,000	2,520,000	2,520,000	2,520,000	3,600,000	3,600,000	3,600,000	3,600,00
	26)新規獲得直接費合計	7)+15)+23)		315,300	315,300	315,300	236,475	630,600	630,600	1,103,550	1,103,550	1,103,550	1,103,550	1,103,550	1,103,550	1,576,500	1,576,500	1,576,500	1,576,50
	27)新規通販粗利	25)−26)		404,700	404,700	404,700	303,525	809,400	809,400	1,416,450	1,416,450	1,416,450	1,416,450	1,416,450	1,416,450	2,023,500	2,023,500	2,023,500	2,023,50
リピート	28)リピート売上			0	288,000	540,000	792,000	936,000	1,449,000	1,881,000	2,754,000	3,492,000	4,239,000	4,887,000	5,544,000	6,102,000	7,092,000	7,974,000	8,856,00
	2回目リピート率(金額)		40%	720,000	288,000	252,000	252,000	216,000	216,000	180,000	180,000	144,000	144,000	144,000	144,000	144,000	144,000	144,000	144,00
	3回目リピート率(金額)		35%		720,000	288,000	252,000	252,000	216,000	216,000	180,000	180,000	144,000	144,000	144,000	144,000	144,000	144,000	144,00
	4回目リピート率(金額)		35%			720000	288,000	252,000	252,000	216,000	216,000	180,000	180,000	144,000	144,000	144,000	144,000	144,000	144,00
	5回目リピート率(金額)		30%				540,000	216,000	189,000	189,000	162,000	162,000	135,000	135,000	108,000	108,000	108,000	108,000	108,00
	6回目リピート率(金額)		30%					1,440,000	576,000	504,000	504,000	432,000	432,000	360,000	360,000	288,000	288,000	288,000	288,00
	7回目リピート率(金額)		25%						1,440,000	576,000	504,000	504,000	432,000	432,000	360,000	360,000	288,000	288,000	288,00
	8回目リピート率(金額)		25%							2,520,000	1,008,000	882,000	882,000	756,000	756,000	630,000	630,000	504,000	504,00
	9回目リピート率(金額)		20%								2,520,000	1,008,000	882,000	882,000	756,000	756,000	630,000	630,000	504,00
	10回目リピート率(金額)		20%									2,520,000	1,008,000	882,000	882,000	756,000	756,000	630,000	630,00
	11回目リピート率(金額)		20%										2,520,000	1,008,000	882,000	882,000	756,000	756,000	630,00
	12回目リピート率(金額)		20%											2,520,000	1,008,000	882,000	882,000	756,000	756,00
	13回目リピート率(金額)		20%												2,520,000	1,008,000	882,000	882,000	756,00
	14回目リピート率(金額)		20%													3,600,000	1,440,000	1,260,000	1,260,00
	15回目リピート率(金額)		20%														3,600,000	1,440,000	1,260,00
	16回目リピート率(金額)		20%															3,600,000	1,440,00
	17回目リピート率(金額)		20%																3,600,00
	18回目リピート率(金額)		20%																
	19回目リピート率(金額)		20%																
	20回目リピート率(金額)		20%																
	21回目リピート率(金額)		20%																
	22回目リピート率(金額)		20%																
	23回目リピート率(金額)		20%																
	24回目リピート率(金額)		20%																
	25回目リピート率(金額)		20%																
	26回目リピート率(金額)		20%																
	27回目リピート率(金額)		20%																
	28回目リピート率(金額)		20%																
	29回目リピート率(金額)		20%																
	30回目リピート率(金額)		20%																
	31回目リピート率(金額)		20%																
	32回目リピート率(金額)		20%																
	33回目リピート率(金額)		20%																
	34回目リピート率(金額)		20%																
	35回目リピート率(金額)		20%																
	36回目リピート率(金額)		20%																
	29)リピート購入単価		10,000																
	30)リピート件数	28)÷29)			29	54	79	94	145	188	275	349	424	489	554	610	709	797	88
	31)DM販促経費	30)×	30		864	1,620	2,376	2,808	4,347	5,643	8,262	10,476	12,717	14,661	16,632	18,306	21,276	23,922	26,56
	32)通信費3(郵便・電話)	30)×	160		4,608	8,640	12,672	14,976	23,184	30,096	44,064	55,872	67,824	78,192	88,704	97,632	113,472	127,584	141,69
	33)商品原価3	28)×	30.00%		86,400	162,000	237,600	280,800	434,700	564,300	826,200	1,047,600	1,271,700	1,466,100	1,663,200	1,830,600	2,127,600	2,392,200	2,656,80
	34)リピート売上直接費	31)+32)+33)			91,872	172,260	252,648	298,584	462,231	600,039	878,526	1,113,948	1,352,241	1,558,953	1,768,536	1,946,538	2,262,348	2,543,706	2,825,06
	35)リピート粗利	28)−34)			196,128	367,740	539,352	637,416	986,769	1,280,961	1,875,474	2,378,052	2,886,759	3,328,047	3,775,464	4,155,462	4,829,652	5,430,294	6,030,93
月度数値	36)売上合計	25)+28)		720,000	1,008,000	1,260,000	1,332,000	2,376,000	2,889,000	4,401,000	5,274,000	6,012,000	6,759,000	7,407,000	8,064,000	9,702,000	10,692,000	11,574,000	12,456,00
	37)原価(商品)	4)+14)+22)+33)		276,000	362,400	438,000	444,600	832,800	986,700	1,530,300	1,792,200	2,013,600	2,237,700	2,432,100	2,629,200	3,210,600	3,507,600	3,772,200	4,036,80
	38)販促経費	5)+12)+21)+31)		4,800	5,664	6,420	5,976	12,408	13,947	22,443	25,062	27,276	29,517	31,461	33,432	42,306	45,276	47,922	50,56
	39)通信費	6)+13)+16)+32)		34,500	39,108	43,140	38,547	83,976	92,184	150,846	164,814	176,622	188,574	198,942	209,454	270,132	285,972	300,084	314,19
	40)人件費		150,000	19,738	19,738	19,738	14,804	39,476	39,476	69,083	69,083	69,083	69,083	69,083	69,083	98,690	98,690	98,690	98,69
	41)販売ツール																		
	42)開発費																		
	43)その他																		
	44)原価・販売・開発費合計	37)+38)+39)+40)+41)+42)+43)		335,038	426,910	507,298	503,927	968,660	1,132,307	1,772,672	2,051,159	2,286,581	2,524,874	2,731,586	2,941,169	3,621,728	3,937,538	4,218,896	4,500,25
	45)広告費(新規獲得費)			1,500,000	1,500,000	1,500,000	1,000,000	3,000,000	3,000,000	5,000,000	5,000,000	5,000,000	5,000,000	5,000,000	5,000,000	7,000,000	7,000,000	7,000,000	7,000,00
	46)収支	36)−(44)+45))		−1,115,038	−918,910	−747,298	−171,927	−1,592,660	−1,243,307	−2,371,672	−1,777,159	−1,274,581	−765,874	−324,586	122,831	−919,728	−245,538	355,104	955,74

⑩通信販売事業にまつわる法律を理解しておく

●関連する法律

通信販売に関する基本的な法律は、「特定商取引に関する法律」です。通信販売を利用する顧客にとって通信販売で商品を購入するかどうかを決めるのは広告です。広告だけが商品情報や取引の条件を確認する唯一の手段であることから、基本的な事項（情報）をわかりやすく表示することが必要になってきます。

「特定商取引法」では「著しく事実に相違する」「実際のものより著しく優良、もしくは有利であると誤認させる」虚偽・誇大広告を禁止しています。誇大広告に該当するか否かは、取り扱う業界の慣行や表示する事業者によって判断されるのではなく、消費者に「著しく優良」と認識されるか否かで判断されるのも注意しておきたい点です。「著しく優良」である商品を表示する場合、その表示内容を裏づける合理的な根拠がなければなりません。

その他に「景品表示法」「ＰＬ法」「個人情報保護法」など、取り扱う商品によって関連する法律があります。健康食品や化粧品には「薬事法」「健康増進法」、食品には「食品衛生法」、酒類には「酒税法」「酒類業組合法」などです。さらに業界によっては表示が禁止されている表現方法の規制もありますから、自社が取り扱う商品の法律を把握しておくことが必要です。分割払いをする場合には「割賦販売法」も関係します。

●特に気をつけたい法律

特に注意が必要な法律は、健康食品や化粧品などに関係する「薬事法」です。健康食品や化粧品は薬のような〝医薬品〟ではなく、あくまでも食品や化粧品なので、「○○に効果がある」「○○が治る」などの表現をすることができません。もし、本当に効果がある商品であれば〝医薬部外品〟として厚生労働省の認可を受ければ、効能効果を謳うことができます。〝医薬部外品〟として認可を受けていない商品の宣伝文句に効能効果を表示すれば法律違反になります。具体的な効能効果は書けませんので、お客様に想像させるように表現します。健康食品や化粧品を取り扱う通信販売企業は、その表現方法を常に考えています。

注意しておきたい取扱商品とその関連法規

薬事法 健康増進法 食品衛生法	医薬品 医薬部外品 化粧品 健康食品 食品 医療機器 健康機器 
農林物資の規格化及び品質表示の適正化に関する法律（JAS法）	食品 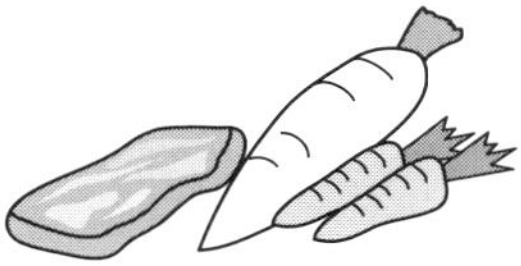
消費生活用製品安全法	生活用品 
家庭用品品質表示法	繊維製品 合成樹脂加工品 電気機械器具 雑貨工業品等 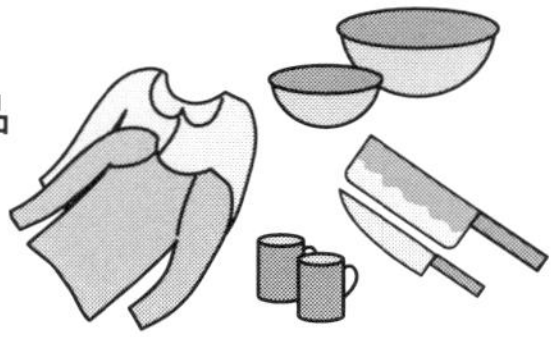
計量法	生活用品 電気用品 食品等 
酒税法 酒類業組合法	酒類 

その他、取扱商品の業界ごとの取り決めがあることも。事業展開前に調べておく必要がある

⑪個人情報保護に関するコンプライアンス

●個人情報を取り扱う企業の責任

「個人情報の保護に関する法律（個人情報保護法）」は、平成15年に成立した比較的新しい法律です。５０００件以上の顧客の個人データを取り扱う企業は個人情報取扱事業者とされ、個人情報の保護や改善措置をとらなかった場合、刑事罰が科せられます。法案成立当初は多くの通信販売企業で対策が練られましたが、ここ数年はあまり「個人情報保護法」に関する動きを聞かなくなりました。しかし、消費者は「個人情報保護法」成立後、プライバシーに関して敏感になっており、「個人情報に関する考えがしっかりと社内に構築されていない企業は信頼できる企業ではない」という認識が広がっています。

通信販売企業は顧客データをパソコンや紙で管理しているため、個人情報を守る必要があります。個人情報とは氏名・住所・電話番号・生年月日・年齢などの基本情報の他に、購入商品の情報なども含まれます。また、グループ企業内で個人データを共有するのなら、その旨を顧客登録した時点で顧客に通達しなければなりません。

〝個人情報が流れた〟というニュースをたまにに耳にしますが、その多くは自社内からではなく、取引している協力（支援）企業から漏れています。社員やパートなどのスタッフはきちんと管理していても、協力（支援）企業の管理はお粗末なところも見受けられます。協力（支援）企業が個人情報を漏らしたとしても、お客様の大切な個人情報を預かっているのはあなたの会社なので、当然あなたの会社に罰が科せられます。

●プライバシーマークの取得は必要か

「個人情報法護法」が成立した平成15年から数年間は〝プライバシーマーク〟を取得しようという動きが活発でしたが、最近は〝プライバシーマーク〟取得の話をほとんど聞かなくなりました。１００万件以上の顧客データを有する企業なら、〝プライバシーマーク〟を取得する必要もあるかと思いますが、それほど顧客データを有しない中小企業なら、取得はあまりお勧めしません。〝プライバシーマーク〟を取得するには時間と経費が掛かるからです。

社内コンプライアンスをつくっておく

パソコンで顧客データを管理する場合

・そのパソコンを利用できる人を限定する
・閲覧は全員できても、入力や修正は一部の人しかできないように
アクセス制限を設ける

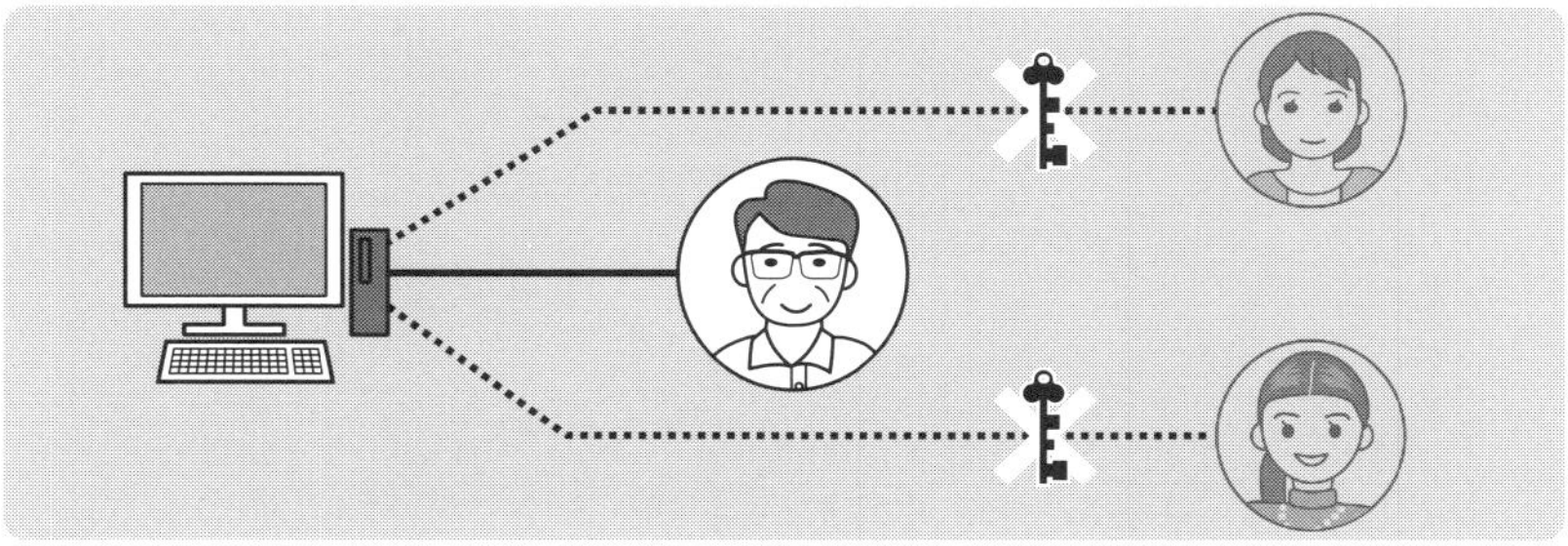

紙で顧客データを管理する場合

・使用中：終業後、個人の机に入れず、鍵の掛かるロッカーで保管する
・使用後：シュレッダーで破棄する

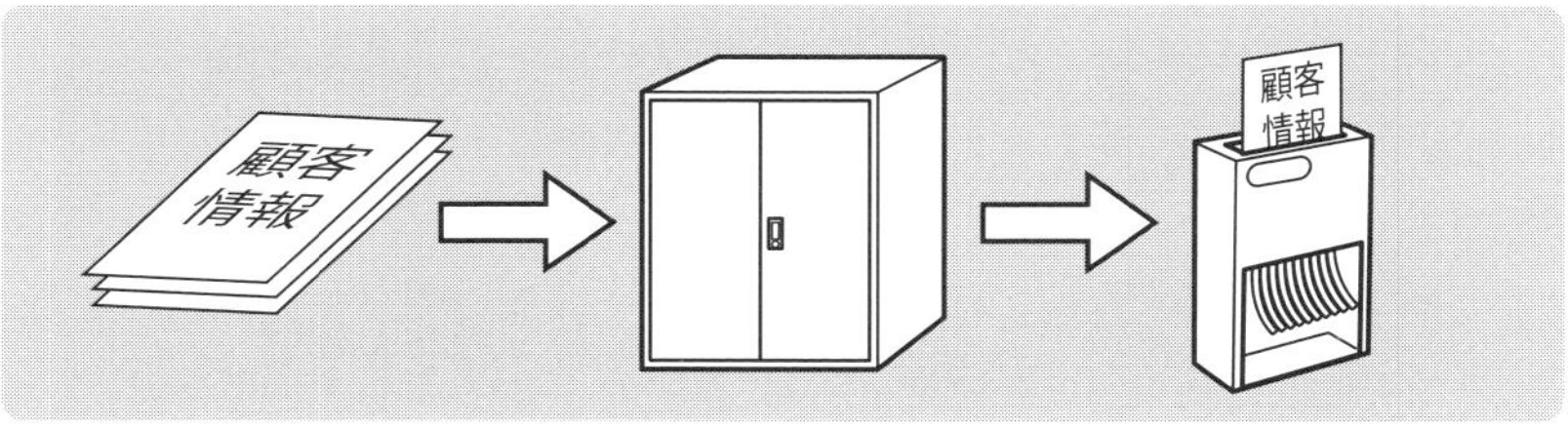

外部業者へ委託する場合

・個人情報に関わる内容を契約書に入れておく
・万が一、情報が漏洩した場合の罰則も契約書内に謳っておくとなおよい

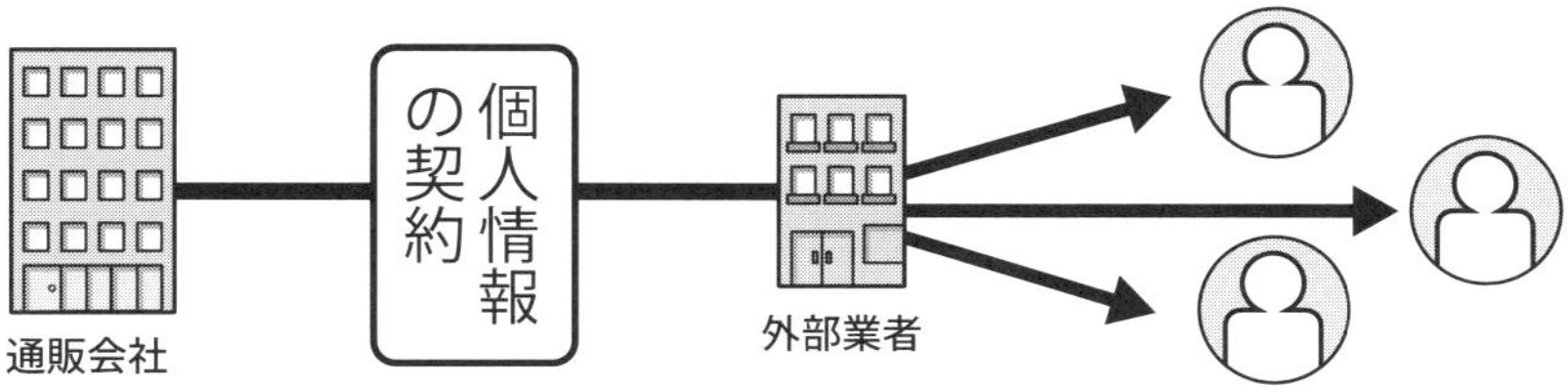

Column

私がラジオショッピング本番に立ち会う理由

私の取引先がラジオショッピングに出演する場合、可能な限り、本番に立ち会うようにしています。収録場所が北海道であっても沖縄であっても、交通費や日当をいただくことなく立ち会います。

なぜそこまでするのか？　それは今までの経験から、立ち会うことがレスポンスに大きく関わることがわかっているからです。

あるラジオ局では、スタジオの外が打ち合わせスペースになっていて、そのすぐ横に喫煙部屋が設けられています。その局のラジオショッピングのスケジュールは、番組全体の最後のほうでしたので、通常なら放送中にアナウンサーと打ち合せをすることはできません。

ただし、５分だけ“チャンス”があったのです。

ラジオショッピングコーナーの前に曲が１曲かかり、その後、交通情報とＣＭが入ります。ラジオショッピングコーナーの前に５分強、アナウンサーが関わらない時間があるのです。その時間にメインパーソナリティのアナウンサーがタバコを吸いに外に出てきます。

私の取引先はブースの中でスタンバイしているので、広告代理店の人と一緒にタバコを吸いに喫煙部屋の中に入って、アナウンサーにあいさつをしたり、商品や会社に関連する世間話をします。すると、毎回ではないものの、喫煙部屋の中で交わした、台本には書かれていないネタを本番中に話してくれる時が結構あるのです。

ラジオ局によって立ち会う理由は多少異なりますが、立ち会う価値が十分にあるのです。

3章

通信販売の「商品開発」

❶通信販売で売れない商品はない

●通信販売では何でも売れる

通信販売で売られている商品と言えば、衣料品や家電製品、健康食品、化粧品、ダイエット食品などを多くの人が思い浮かべるでしょう。確かに通信販売事業はこれらの商品によって業界の規模が大きくなったと言っても過言ではありませんが、その他の商品でも通信販売事業で売ることができます。「うちの会社の商品は通信販売に向かないから通信販売事業に参入できない」という声をたまに聞きますが、それは大きな間違いです。通信販売ではどんな商品でも売ることが可能です。

過去に私が出会った通信販売商品には、前述の商品はもちろん、自動車、自転車、キャンピングカー、グランドピアノ、バイオリン、仏壇、墓石、線香、精米器等々があります。自動車は国産車以外に1000万円以上もする高級外車が通信販売で販売されています。

ただし、今、自分たちのお店で売っている商品そのままだと、通信販売では売れません。しかし「あること」をすれば必ず売れるようになります。あることとは、次の項で詳しく書きますが、今ある商品にちょっと手を加えることで、通信販売事業で売れる商品に変えることができるのです。

●リピート通販に適した商品とは

リピート通販に適した商品は、当然継続性のある商品になります。毎日利用する健康食品や化粧品、ダイエット食品、お米や醤油、味噌などがリピート通販には一番向いています。

その他の食品や嗜好品も、毎日利用するものでなくても、定期的に使っていただくように提案することはできるので、リピート通販に向いている商品です。

衣料品や家電製品は、着られなくなったり、故障したりするまで買い換えることがありませんが、これらの商品を取り扱っている企業でも、顧客リピート売上を確保することは可能です。

同じ商品を何度も購入してもらうのは難しいことですが、取り扱っている別の商品を購入してもらい、継続購入へとつなげることは可能です。

「新たな商品」をつくるのではなく、「今ある商品」を売る

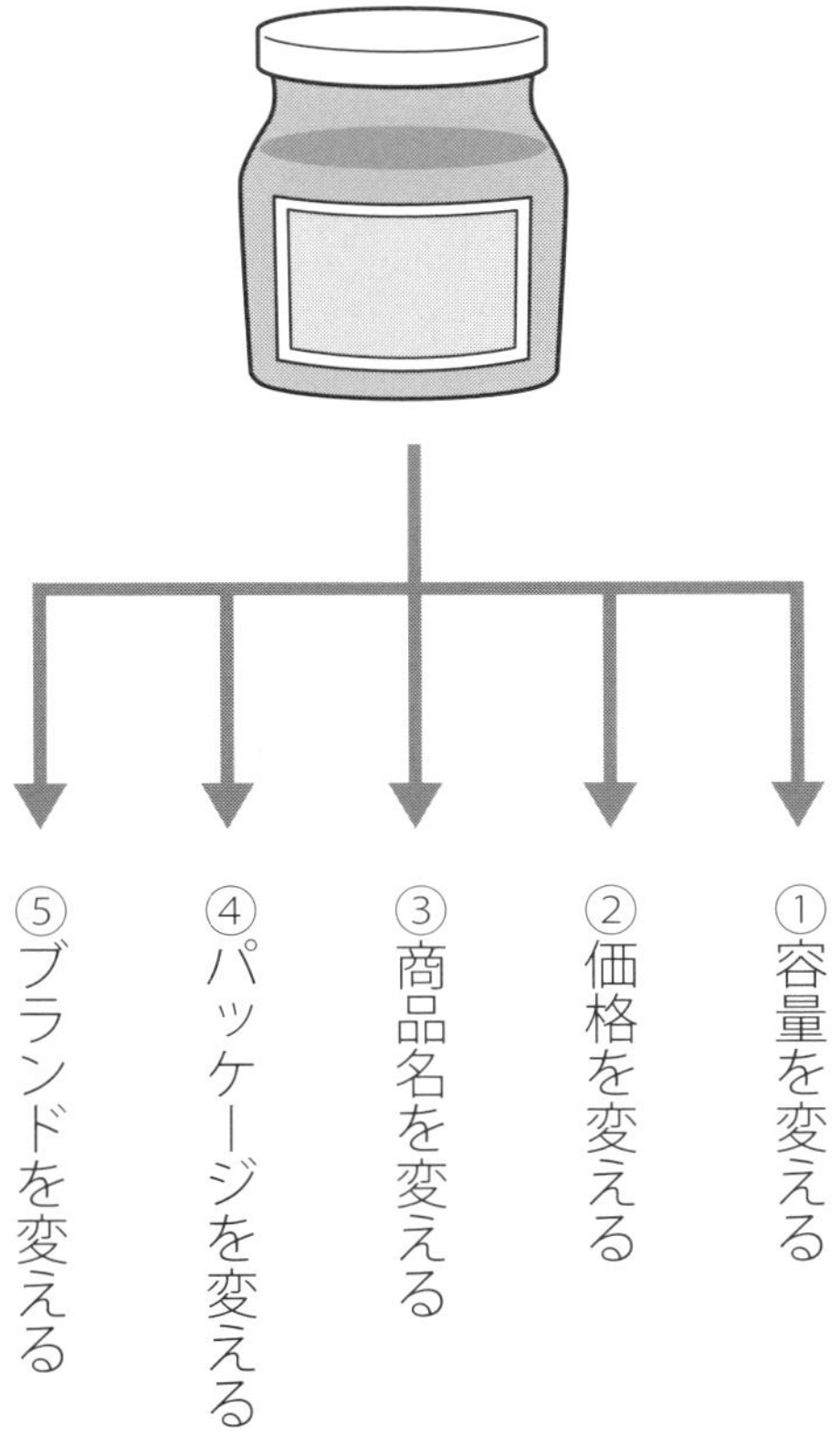

今ある商品とは違う、通信販売専用の商品にする

❷わざわざ通信販売で買う理由が必要

●どこにでもある商品は売れない

前項で「通信販売ではどんな商品でも売れる」と書きましたが、〝どこにでもある商品〟は売れません。どこにでもあるのであれば、わざわざ通信販売で時間と手間を掛けてまで購入する必要がないからです。通信販売で商品を購入するということは、ある程度、時間と手間が掛かります。ですから、その会社でしか売っていない商品にする必要があるのです。

〝どこにでも売っている〟〝オリジナリティがない〟商品を取り扱っているのであれば、そのままで売るのは難しいでしょうが、通信販売の事業展開をする前に〝ここにしか売っていないオリジナリティがある商品〟にすればいいのです。商品自体は何も変えずに、コンセプトや商品ストーリーを考えるだけで売れることもあります。

●卸している商品を通販でも販売したい

製造メーカーから「店舗に卸している商品を、通信販売でも売りたい」と相談されることがありますが、これは絶対に止めたほうがいいでしょう。店頭で買える商品なら、わざわざ通信販売で購入する必要もありません。通信販売で販売するために店頭価格より価格を下げて販売すればいいのですが、そうすると卸し先とのトラブルが必ず起こります。

さらに店頭で販売している場合は、たまに目玉商品として原価を割って販売することもあります。そのため、同じ商品を通信販売で扱っていると値崩れが起こり、商品価値が下がってしまいます。店頭で安く買えるものをわざわざ通信販売で購入してくれるお客様はほとんどいません。

卸している商品を通信販売で売りたいのなら、店頭で販売する商品と通信販売で取り扱う商品を別物にしましょう。別物と言っても、商品そのものを変えるのではなく、商品パッケージや内容量を変えて価格を変えれば、別の商品になりますから、商品価値を維持したままで、通信販売事業で販売することもできますし、取引先とのトラブルもなくなります。

通信販売で売れる商品の原則

①お店には売っていない商品

→ 通信販売でしか買うことができない

②オリジナル商品

→ その会社・お店でしか売っていない

③アイデア商品

→ ちょっとした工夫で便利な商品

④市場より低価格商品

→ お得に購入できる

⑤利用して価値がある商品

⑥新しい機能がある商品

⑦生活提案できる商品

⑧実用性のある商品

⑨説得型商品

→ そのままでは使い道がわからないが、使い方を説明することで価値が出る商品

⑩ターゲットを絞り込んだ商品

→ 特定の人だけに合わせた商品

⑪店頭で買いにくい商品

→ 店員と面と向かっては恥ずかしくて買えない商品

❸わかりくい商品を売るには工夫が必要

●売りやすい商品

売りやすい商品とは、ズバリ「わかりやすい商品」です。お客様が広告やチラシを見て、その効果や使い方が想像できる商品は売りやすい商品です。衣料品・家電製品や食品は全般的に売りやすい商品ですが、健康食品や化粧品には前述の薬事法という法律があるので、商品を伝える際、効能効果を打ち出すことはできません。そのため、商品や成分を見たときにどんな効果が期待できるのかがわかりやすい商品である必要があります。

昔から日本の食生活でなじみのある食品（納豆、大豆、麦、魚介類等）由来のものであれば、多くの人がその効果を想像できるので売りやすいですし、テレビや雑誌等で紹介されていたり、CMなどでなじみがある商品（コンドロイチン、グルコサミン、ブルーベリー、カルシウム、ビタミン、ヒアルロン酸等）も比較的売りやすい商品と言えます。

●売りにくい商品

逆に売りにくい商品とは、今まで見聞きすることのなかった新しい素材や成分の商品です。素材に含まれる成分がビタミンや鉄分などのわかりやすいものであればいいのですが、成分さえもはじめて聞くようなものであれば、まず売ることは難しいでしょう。ただ、そのような商品でも売るための工夫はあります。

ひとつ目は、薬事法に触れない表現方法でお客様に効能効果を想像してもらう方法です。具体的な効能効果は書かずに、それを利用して普段の生活や悩みがどう変わるのかを表現することで、お客様に効能効果を想像してもらえます。ただ、具体的なことは書けないので、どのような表現をすればお客様に想像してもらえるのかは試行錯誤する必要があります。

二つ目はテレビや雑誌等でその商品（素材）のことを伝えてもらう方法です。画期的な商品であれば取材形式で紹介してもらえることもありますが、稀なことなので取材してもらうことは期待しないほうがいいでしょう。制作費を払って商品を取り扱ってもらうのが一般的ですが、それなりに経費が掛かります。

メディアの使い分けも重要

売りやすい商品（わかりやすい商品）→新聞

わかりやすい商品はどんなメディアでも利用できるので、あまり資金が掛からず効率のよい「新聞」がお勧め。

・パッケージも合わせて伝えたい場合は写真も載せる
・食品などシズル感を見せたい場合は、新聞でもカラー広告を選ぶ（全国紙でのカラー広告は高価格だが、地方紙やフリーペーパーでは抑えた価格で出稿できる）

売りにくい商品（わかりにくい商品）→テレビ・ラジオ

商品名や原料名を書いてもわかりにくい商品を売りたい場合は、「第三者にそれを伝えてもらう」とよい。適しているのはテレビやラジオの電波媒体。プロのアナウンサーが説明してくれることで、仮に商品そのもののことが伝わらなくても、よさや効果を想像させてくれる

❹売る商品を決める①

●すでにある商品を通信販売で扱う場合

58ページにも書きましたが、店舗で販売している商品そのままでは、通信販売で販売することは難しくなります。お店で買える商品なら、わざわざ通信販売で買う必要がないからです。そのために、店舗で販売している商品と通信販売で売る商品は違うものにして、「通信販売でしか買えない商品」にする必要があります。別商品を開発するのではなく、今ある商品を少し変えるだけで構いません。「容量」「価格」「商品名」「パッケージ」「ブランド」を変えれば、今ある商品と違う別商品になります。

資金が限られているのであれば、今ある商品の「商品名」と「価格」を変えるだけでも違う商品になります。

通信販売専用商品にできたら、その商品の販売価格を決めます。販売価格は高めに設定することが目的ではありません。適正に販売できる価格にするということですから、付加価値と合わせて決めるといいでしょう。

●新たに商品を開発する場合

販売している商品がない場合、一から商品を開発するか、商品を仕入れる必要がありますが、巷で売れているからといって、同様に売れるわけではありません。

まずは、自分がどんな想いで通信販売事業を展開するのかを明確にしてください。「地元の名物を全国に届けたい」「海外で有名なブランドを日本にも広げたい」「全国の人の笑顔が見たい」など、いろいろあるでしょう。どんな想いでも構いません。その想いを実現するためにはどんな商品を売ればいいのかを決めます。想いがなければ、企業ストーリーや商品ストーリーをつくることはできません。

何を売るかを決めたら、次は他社で扱っている商品の強みや販売価格、訴求方法などを調査します。他社がすでに販売している商品であるなら、それ以上の付加価値がなければ売ることは難しいので、調査には力を入れてください。

売る商品が決まれば、次はどこで製造するか（仕入れるか）を考えます。小ロットからでもＯＥＭ商品を製造してくれる会社もたくさんあります。

重量・容量を変えて通販専用商品に

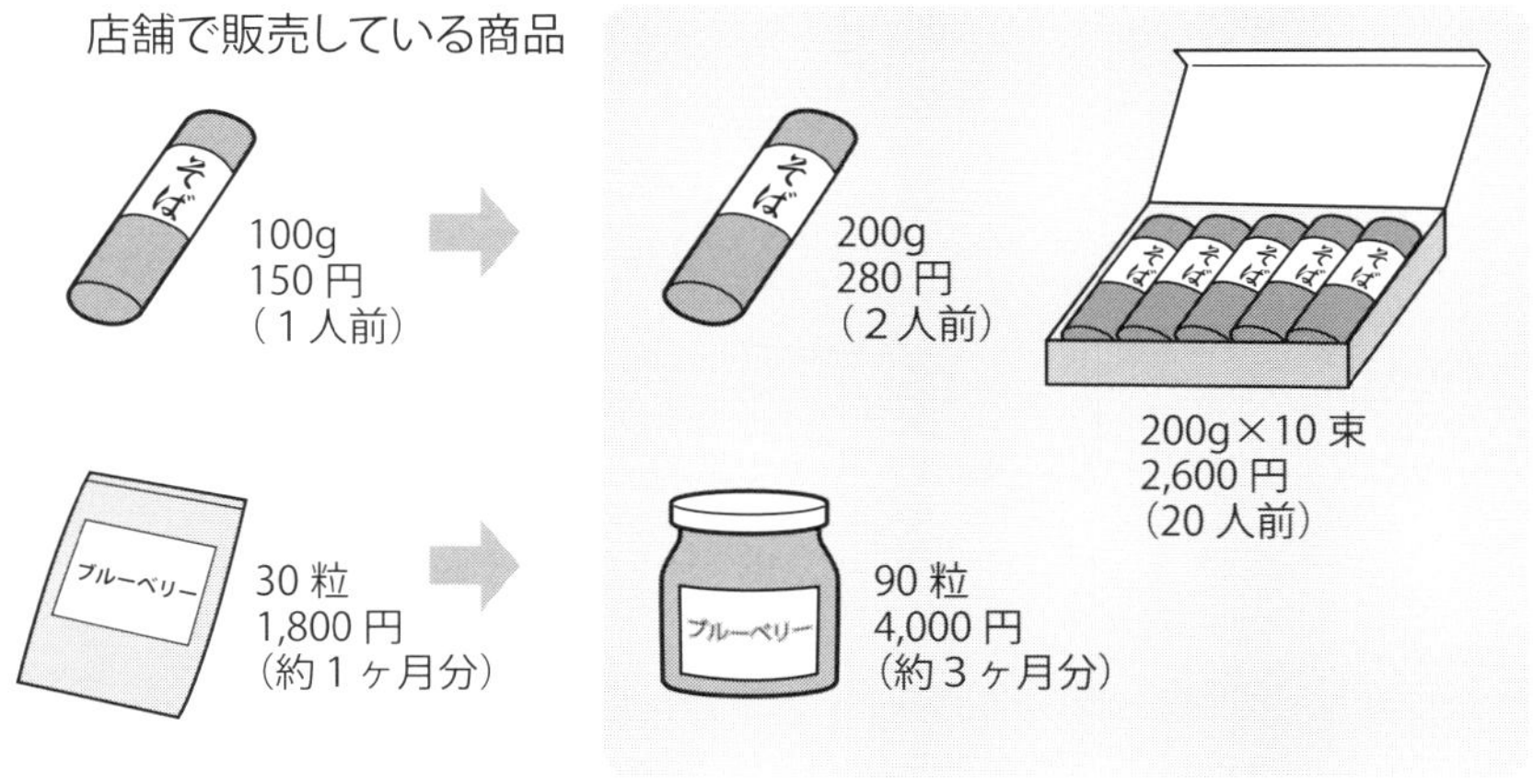

「商品名」と「価格」を変えて通販専用商品に

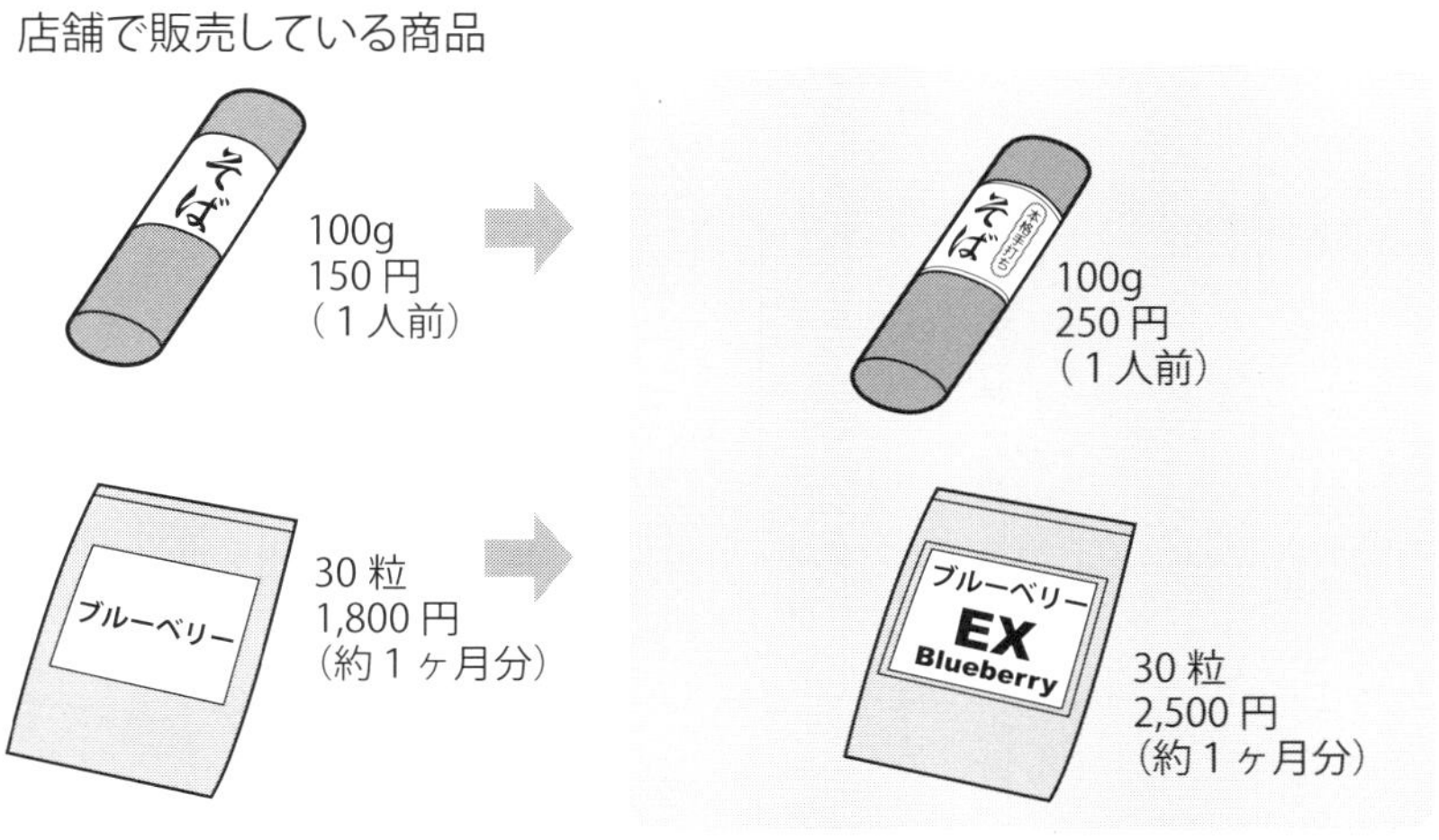

⑤売る商品を決める②

●入り口商品を決める

通信販売で売る商品がひとつしかなければ、その商品で新規顧客を獲得していかなければなりませんが、複数の商品を持っている場合は、どの商品を「入り口商品」とするかを決めなければなりません。

実店舗だと、入り口周辺にワゴンが置かれ、セール商品や季節の商品などが買いやすい価格で販売されています。ワゴンのところでお客様に立ち止まってもらい、ワゴンの中の商品を見てもらい、店舗の中に入ってもらうという目的で置かれているものです。

新聞や雑誌には、多くの通信販売企業の広告がひしめき合っています。その中でお客様の興味を引き、その広告に目を留めてもらうための商品が「入り口商品」です。実店舗のワゴンのようなもの、と考えてください。

そのために、どの商品を利用して新規顧客を獲得していくのかを決める必要があります。一般的には「わかりやすい商品」「画期的な商品」を選択しますが、どの商品を「入り口商品」とするのかは、何パターンかテストしてみてから決めるのもいいでしょう。

●セルフピッキング

通信販売事業では、「ひとつの広告でひとつの商品を販売する」方法が主流ですが、時々、複数の商品を一度に掲載している広告を見かけます。

これは「セルフピッキング」と呼ばれる広告で、お客様自身に商品を選んで購入してもらうものです。多くの商品を取り扱っていて、どの商品も同じように販売したい場合や、自社の商品ラインナップをお客様に知ってもらいたい場合に使う広告です。

多くの商品を取り扱っていて、どの商品をメインに販売すればいいかわからない場合は、「セルフピッキング」での販売もいいでしょう。

しかし、複数の商品を訴求するので、商品ごとの訴求のボリュームは少なくなります。また、「セルフピッキング」で商品を販売する場合、企業のコンセプトをお客様に受け入れてもらうことが前提になります。

店舗の入り口商品

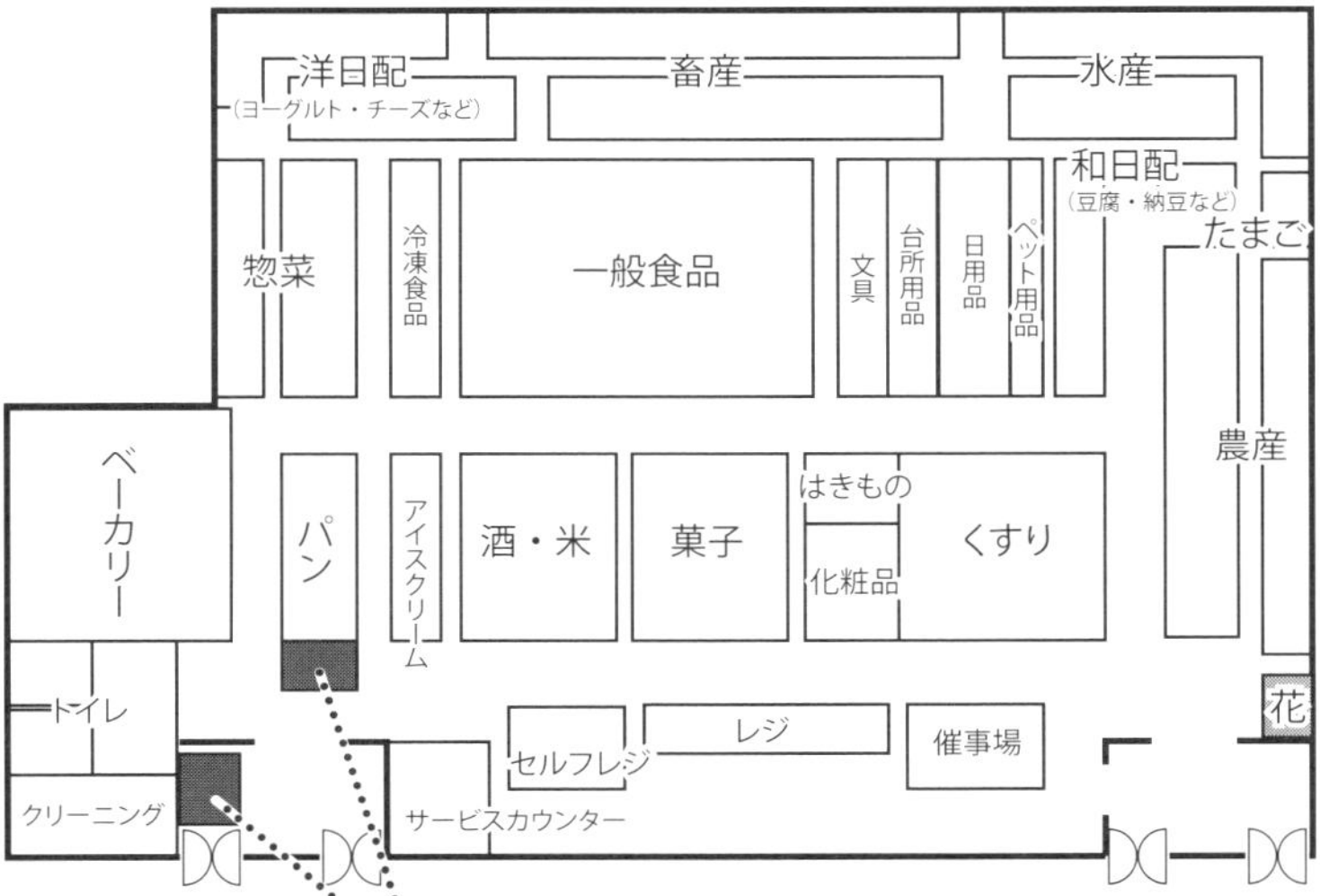

①ワゴンの商品に興味を持ってもらう
②店舗に入ってもらい商品を購入してもらう

通信販売の入り口商品

①入り口商品で訴求　　②顧客に告知して購入してもらう

❻付加価値をつける

●付加価値とは

通信販売で売れる商品の原則は前述しましたが、それに該当しない商品を売る場合には〝オリジナリティのある商品〟にする必要があります。その〝オリジナリティのある商品〟にするためには、今ある商品に付加価値をつけます。付加価値とはお客様がその商品を通信販売でわざわざ購入する意義のあるものと思わせるものです。付加価値をつけることでその商品にオリジナリティが生まれ、他社商品との差別化ができます。

●価値はこうやって見つけよう

付加価値はお客様が他社商品と違う商品だと認識できる要素で、ひとつだけでなく、いくつも存在します。

たとえば、〝農家がつくった健康食品〟や〝漁師がつくった化粧品〟。どちらも一般人ではなくその道のプロですから、素材を見る目は確かです。

〝農家がつくった健康食品〟は、「まわりの農家と比べて私の家は先祖代々、長生きの家系だった。周りと何が違うのかと思ってたら、我が家だけ○○を栽培しており、出荷で余った○○を家族みんなでまかないとして食べていた。『もしや、これか』と思い、いろいろ研究してみると、○○にはこんな成分が含まれており、これが我が家の寿命を延ばしていた……」という商品ストーリーまでつくることができれば完璧でしょう。

たとえ今、取り扱っている商品に付加価値となるものがなくても、諦めないでください。何らかの付加価値をつけて他社と差別化できれば、通信販売事業に参入することは可能です。

ただし、商品ストーリーをつくるときには、必ず事実を基につくることを忘れないでください。農家でも何でもない人が、「私は農家出身で」というストーリーを謳ったら大嘘になりますし、「私の娘が幼くして亡くなった悲しみを胸にこの商品をつくった」ことも、そもそも自分に娘がいなかったり、亡くなっていないのなら大嘘になってしまいます。これは詐欺以外の何ものでもありませんから、注意してください。嘘でコンセプトやストーリーをつくったら、いずれ世間にバレて大問題になります。

付加価値はこうしてつける

自分の生い立ち、会社を興すきっかけ、この商品をつくった（売る）きっかけを洗い出す

↓

・どういった想いで商売をはじめたのか

・商品を通じてお客様に何を伝えたいのか、どうなってもらいたいか、ストーリーをつくる

↓

お客様の心に響き、共感してもらえるように、肉づけ・修正をほどこす

↓

完成

❼付加価値をつければ適正価格で販売できる

●適正価格とは

商品の適正価格とは何を基準にしているのかを考えたことがあるでしょうか。

適正価格を辞書で調べると、「原価・利潤などを考慮に入れて、その経済価値に見合った社会的に妥当な価格」と出てきます。スーパーではスーパーでの適正価格、高級食材店では高級食材店の適正価格、百貨店では百貨店の適正価格になっています。つまり、どこのお店を利用するかで、商品の価格は変わってきます。

もし、高級食材店で適正な価格で販売している商品をそのままスーパーに並べたら、まったく売れません。それはスーパーを利用する人にとっては、適正な価格ではないからです。逆にスーパーで販売している商品をそのまま高級食材店に持って来ても、同じくまったく売れません。スーパーで購入するお客様と高級食材店で購入するお客様は、商品の価値観が異なるからです。

●適正価格と思わせるものが付加価値

商品に付加価値をつければ、一般市場価格より高めの価格を設定することが可能になってきます。

たとえば、ただの大量生産品で特にこだわりのない商品があったとします。その商品は一般市場価格として1000円が妥当な価格です。しかし、大量生産品でなく、その道の専門家が一つひとつ手間暇掛けてつくっていたらどうでしょう。当然、優れているでしょうし、どこの誰がつくっているのかもわかるので安心できます。この付加価値によって、2000円や3000円で販売することも可能になってきます。

通信販売事業では全国が商圏になりますから、大量生産品を好んで購入する人も、高級志向の人も存在します。付加価値をつけて価格を高めに設定した商品なら、高級志向のお客様に販売すればいいだけです。「うちの店の商品は原価が高くて通信販売事業には参入できない」と言う経営者の方がいらっしゃいますが、それなら商品に付加価値をつけ、上代を上げればいいだけです。上代を上げれば当然、原価率は下がるので、通信販売事業で展開することが可能になります。

市場価格を知ろう

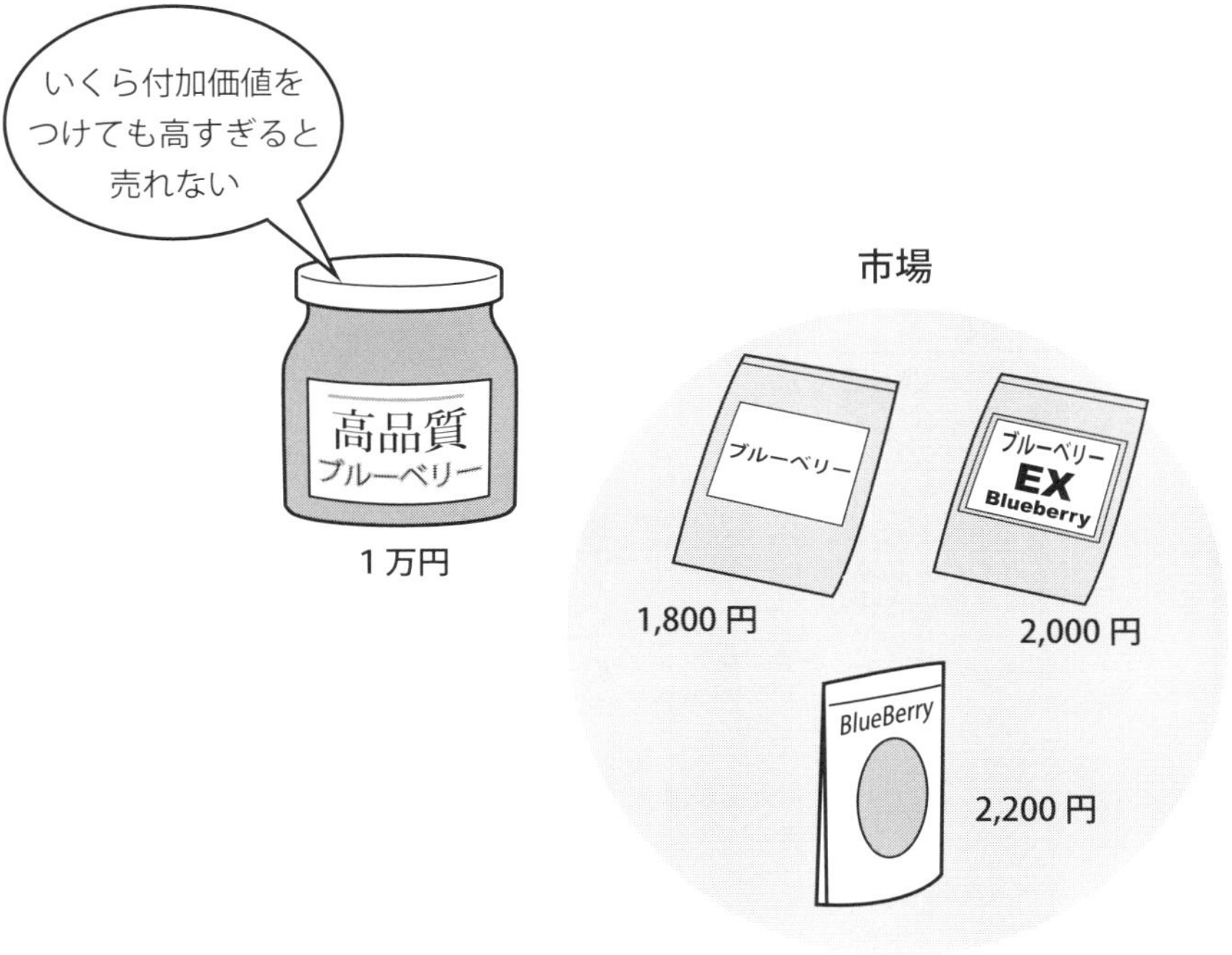

CHECK あまりにも高価格で、市場価格と大きな差が出てしまうと、売れ行きが落ちる。たとえば「ブルーベリー」の健康食品は2,000円前後の商品が主流なので、かなりインパクトのある付加価値をつけたとしても、１万円で販売するのはかなり難しい。消費者の頭の中に「ブルーベリーは2,000円前後が当たり前」という考えが根づいているため。高くても「市場価格の２倍強」くらいと覚えておく

❽売りたい商品に魅力はあるか

●今ある商品を見つめ直す

今、取り扱っている商品が通信販売事業で売ることができるかどうかは、その商品に通信販売で購入するだけの魅力があるかどうかにかかっています。せっかく売れる商品を持っているのであれば、経費や労力を使わずに、まずはその商品を通信販売で売ることを考えてください。

そのためには、今ある商品を再度見つめ直すことが欠かせません。その商品をつくったり、売るようになったのには、何らかの想いや考えがあったからこそだと思います。その熱い想いを付加価値としてお客様に説明できるような商品ストーリーをつくることができれば、どんな商品でも通信販売事業で売れるのです。

たとえ、今、通信販売事業以外では全然売れていない商品でも大丈夫です。今の商圏ではその商品を求めているお客様が少ないだけなので、安心してください。

●顧客に伝わらない付加価値は役に立たない

ごく稀な話ですが、「この商品を当社で取り扱ってるのは、原価が安くて粗利が多いからです」とおっしゃる方がいらっしゃいます。しかし、この理由だけでは、商品を購入するお客様側のメリットはまったくありません。商品に付与する付加価値というものは、購入するお客様に何らかのメリットを与えるものだと理解してください。

粗利が大きくても小さくても、お客様側にメリットがある商品でなければ、通信販売事業では売れません。付与した付加価値をお客様に説明し、お客様がその内容を理解し、納得しないと、設定した商品価格は適正な価格にはならないのです。

ですから、専門的な言葉を並べてお客様を煙に巻くようなストーリーや、意味のわからない経営者の想いをいくら伝えても、その内容がお客様に伝わらなければ、有効な付加価値にはなりません。お客様が理解するかどうかをまったく無視して、会社の言いたいことや経営者の熱すぎる想いだけを熱弁するのは単なる〝想いの押し売り〟になってしまいますので、注意が必要です。

お客様の心に響くストーリーのつくり方

ストーリー例

1. 私たちの「思い」

こだわっているのは“自然と伝統から生まれる食”です。

「日本の伝統的な食品」といわれるものの多くは、「食＝健康」という図式が成り立っていました。しかし、昨今の日本の食生活を考えると、この図式が曖昧になりつつあります。そのような現代社会の中で、私たちマルサンヘルスサービス株式会社は、一貫して**「食から健康生活をご提案する」**ことをテーマに商品開発を行なっています。現代人が失った多くの知恵や逞しさを、商品を通じてより多くの皆様にお伝えしていきたいと考えています。

2. 大豆よ、ありがとう。～ 創業者 徳山 高光 の思い

創業者の徳山高光は、昭和16年広島県海田市に4人兄弟の長男として生まれました。戦時中の混沌とした時代から 間もなく終戦を迎えましたので、私の過ごした少年期は世の中が物資の乏しい最中でした。母は家族の 健康を気遣い、少しでも栄養のあるものをという理由から、「納豆・豆腐・味噌・醤油」などの「大豆」食品をいつも食べさせてくれました。そのお陰で私達兄弟は大きな病気にかかることなく成長することができたのです。

その後、農業大学に進学し、「大豆」がいかに「健康生活」に重要な影響を与えているかをあらためて学び、卒業後も一貫して「食」に携わる仕事、「大豆食品」や「水産物加工食品」の製造販売に従事してまいりました。

そして昭和62年3月にマルサンヘルスサービス株式会社を設立した後も、一貫して**「安全で身体にも良い食品」**の開発・販売を心掛けてまいりました。

今までの経験から培った数多くの知見を活かし、**「健康生活創造企業」として皆様の「健康生活」のお手伝いをしたいという願いが、会社の理念として受け継がれています。**

■■■ 大豆よ、ありがとう。■■■

マルサンヘルスサービス株式会社／ http://www.mh-s.jp/company.html

ストーリーのつくり方

- “儲かりそうだから”“売れそうだから”ではなく、その商品を取り扱うようになった理由を探す
- 自社の歴史を創業当時からすべて洗い出す（創業時は別の事業を展開していても構わない）
- 古い事業資料や印刷物、写真などがあればさらによい
- 洗い出した情報からストーリーの骨組みを作成する
- 骨組みに、お客様の心に響くような情報を肉づけしていく

CHECK 企業ストーリー、商品ストーリーは、お客様の心に響くようなものでなければならない。お客様はそのストーリーに共感し、商品を購入してくれるため

Column

独りよがりな想いでクレーム多発！

通信販売で商品を売れるようにするには「商品に“想い”を乗せる必要がある」と書きました。とは言え、想いが強すぎて失敗するケースもあります。

私がお手伝いした、果実飲料の製造メーカーで実際にあった話です。

そのメーカーは、普段は桃やブドウなどの果実を自社工場で搾取した果実飲料をつくっていました。ある時、社長が東南アジアのとある果実に出会い、個人的に加工して飲むようになりました。社長の家族も一緒に飲んでいたのですが、継続的に飲むうちに、体にさまざまなよい変化が生まれました。そこで果実を研究してみたところ、体に有効な成分が多く含まれていることがわかり、その果実を原料にした健康飲料を自社工場で製造することになりました。

問題は、その果実がものすごく臭かったこと。

日本国内でその果実を原料にした健康飲料を製造する企業は他にも数社あったのですが、臭いが強烈なため、いずれもブドウやリンゴのジュースで薄めて飲みやすくしていました。

ところが、この社長は「そんなことをしたら、せっかくの有効成分がなくなってしまう。この果実のみで健康飲料をつくりたい」と押し通してしまいました。

私には、いくら何でもこのまま販売しても売れないという思いが強かったので、本格販売の前に地方紙を利用して「100名様にプレゼント」という企画を考えました。

その結果は、商品をプレゼントした100名のうち、83名のお客様から「腐っている」とクレームが入ったのです。

「自分の想いが強くても、お客様に理解していただけない」と悟った社長は、他社同様、飲みやすい味に改良して販売することにしました。

4章

通信販売の「新規顧客獲得」

❶販売ターゲットに合わせた集客方法を選ぶ

❷初期レスポンスの高いメディア・リピートのよいメディアを把握する

❸メディア1　新聞

❹メディア2　雑誌

❺メディア3　折込みチラシ

❻メディア4　同梱チラシ・同封チラシ

❼メディア5　テレビ

❽メディア6　ラジオ

❾メディア7　インターネット(ウェブ)

❿口コミ

⓫社内に眠っている顧客リストを使う

⓬対面での集客方法

⓭リリース記事の活用

⓮通信販売の広告①

⓯通信販売の広告②

⓰通信販売の広告③

❶販売ターゲットに合わせた集客方法を選ぶ

●ターゲットに合っていない集客方法が多すぎる

新たに顧客を獲得しようとする場合、主な方法は広告を出すことです。

しかし、やみくもに広告を出してもお金が掛かるだけで注文が増えることはありません。通信販売事業では新規顧客を獲得する場面に一番コストが掛かるので、新規顧客獲得時にいかにコストを掛けずに効率よく顧客を獲得できるかが非常に重要になってきます。効率よく新規顧客を獲得するためには、まずは、販売ターゲットに合わせた集客方法を選択することです。

私は通信販売の仕事に携わるようになってから、毎日たくさんの通信販売の広告やウェブを見てきましたが、その多くは販売ターゲットに合わない集客をしています。資金に余裕があるのか、知らないでお金をドブに捨てているかのいずれかです。

販売ターゲットに合わせたメディアの活用が、通信販売事業を成功させるか、失敗に終わらせるかの分かれ道になります。

●新規顧客獲得の効率は年々悪化

新聞や雑誌などの紙媒体を使って新規顧客を獲得する場合、1人の顧客を獲得するコストは今や数万円（食品なら数千円）です。20年前は1万円前後（食品なら1000円前後）でしたから、今は5倍ほどのコストが掛かっていることになります。

購入してくれるお客様の数は変わらないのに、商品を売る会社の数は増えているのだから当然です。お客様は広告を見てもどの商品を購入したらいいのかわからない状態になっています。これから先、通信販売企業はますます増え、購入してくれるお客様の数は減少していくので、さらに効率が悪くなるでしょう。いくら獲得した顧客をリピートさせればいいと言っても、新規顧客獲得コストに10万円も掛かってしまうと、利益が出るのは早くても5年後になってしまいます。そのためにまず考えなければいけないのは、いかに少ない投資で多くの顧客を獲得できるか、すなわち、購入してもらいたい顧客が多く存在するメディアに広告を出すことなのです。

ターゲットに適した媒体

ターゲット	適した媒体	適さない媒体
20〜30代	TV・インターネット・フリーペーパー・雑誌	新聞・チラシ
40〜50代	新聞・チラシ・TV・フリーペーパー・雑誌・ラジオ・インターネット（40代）	インターネット（50代）
60代〜	新聞・チラシ・TV・フリーペーパー・雑誌・ラジオ	インターネット

どんな顧客を獲得したいのか

①何が何でも数を取りたい（レスポンス重視）

②質のよい顧客を獲得したい（リピート重視）

目的	適した媒体	訴求方法
レスポンス重視	インターネット・TV・新聞	値引き・プレゼント
リピート重視	新聞・チラシ・フリーペーパー・雑誌・ラジオ	有料トライアル・商品

CHECK

上記は一般的な分類なので、販売商品や販売方法によって変わる場合もある。また、ひとつのメディアの中にもターゲット層が異なるものもあるので、「合う・合わない」が出てくる

❷初期レスポンスの高いメディア・リピートのよいメディアを把握する

●顧客リストを増やすのか、リピート率を高めたいのか

新規顧客を集客する際、まずやるべきことは、自社が販売したいターゲットに合わせたメディアを選択すること、と前項で述べました。その次に考えなければならないことは、「どんな顧客を獲得したいのか」です。

ハウスリスト（自社顧客）の数を増やしたいのか、獲得数は少なくても、初回購入後も継続して購入してもらえる質のよい顧客を獲得したいのか。

つまり、〝質より量〟なのか〝量より質〟なのかです。〝量も質も〟いいのがベストですが、そんなメディアはなかなかありません。自社が獲得したい顧客層を明確にし、最適な利用メディアを選択することで効率的に新規顧客を獲得することができるのです。

●メディアによって初期レスポンスとリピートが変わる

利用するメディアによって、初期レスポンスとその後のリピートの仕方に大きな違いがあります。メディアによって獲得できる層が違うのです。

そのため、初期レスポンスが高いメディアばかり利用していて、1年後に蓋を開けてみるとリピートがほとんどなく赤字だった、ということがよくあります。

反対に、初期レスポンスが少々悪くても、その後のリピート率が高く、多くの利益が出ることもよくあります。

利用するメディアによって初期レスポンスの高低、リピート率の高低があるため、まずは、メディアごとの特性をきっちり把握し、商品やターゲットに合わせて利用することが大切です。

〝量〟をたくさん獲得したいのであれば、初期レスポンスが高いメディアを利用すればいいですし、〝質〟のよい顧客を獲得したいのであれば、リピート率が高いメディアを利用すればいいのです。

左表のようにリピート率が高い顧客を獲得できるメディアは初期レスポンスがあまり高くないので、獲得する顧客数はあまり期待できません。ただし、リピート売上は顧客数がベースになるため、ある程度の顧客数は必要になってきます。そのため、複数のメディアを組み合わせて利用する必要があります。

媒体による初期レスポンス・リピートの違い

	初期レスポンス	リピート
新聞	△	○
雑誌	△	△
折込みチラシ	△	○
同梱チラシ※	○	○
ラジオ	△	◎
テレビ	◎	×
インターネット（自社）	△	△
インターネット（モール）※	○	×

◎非常によい　○よい　△普通　×悪い

※同梱チラシ　他社通販の送付カタログや商品に同梱するチラシ（84ページ参照）
※インターネット（モール）　楽天市場やYahoo！ショッピングなど

メディアには2種類ある

マスメディア

誰でも見る（聴く）ことのできるメディア

【例】新聞、雑誌、テレビ、ラジオ、折込みチラシ等

クローズドメディア

限られた人しか見ることのできないメディア

【例】会員誌、同梱チラシ等

❸メディア1　新聞

●新聞広告の特徴

新聞に広告が載っているというだけで、会社の信頼度はぐんとアップします。実際、新聞に広告を掲載する際には、登記簿謄本や取扱商品等を新聞社に提出して審査してもらわなければ広告を出稿できません。申し込んだすべての会社が新聞に広告を掲載できるわけではないのです。

読者も新聞に載っている会社は信頼できると思っているので、会社の認知度が低い状態であっても、新聞に掲載すれば会社の信頼度は上がります。

新聞広告は電波媒体と違って、お客様が自分で広告を見て、自分で広告の文章を読んで購入を決めるので、購入した商品が自分に合っていると確信できた場合は、続けて購入する確率が高くなります。

また、日常的に新聞を読んでいる顧客は文字を読むのに慣れていますから、初回購入後に送る販促物にもじっくり目を通す傾向があります。つまり、新聞を見て商品を購入するお客様はリピートしやすいとも言えるのです。

●新聞広告出稿と原稿作成の注意点

出稿する新聞、掲載スペースによって広告料金はまちまちです。同じ新聞であっても〝純広〟と〝記事体〟とで料金は変わります。〝純広〟は掲載日、掲載スペースや掲載面の希望を出すことができます。

また、〝中央紙〟は全国で発行されますが、発行拠点は国内に何ヶ所かあるので、拠点ごとの出稿が可能です(朝日・毎日は北海道版、東京版、中部版、大阪版、九州版の5拠点、読売新聞は北陸版を加えた6拠点等)。

〝中央紙〟や〝地方紙〟には地域面が1～2ページ用意されているので、そこに掲載すれば、さらに少ない部数に掲載することもできます。

新聞の購読者は年齢が高めなので、文字の大きさに気をつけ、文章を読めば商品やサービスのことがわかるように原稿を作成することが大切です。最低でも新聞記事と同程度の大きさの文字にすればいいでしょう。

配布エリアによって訴求内容や表現方法を変えたほうがいい場合もあります。

新聞の種類

種類		エリア	新聞例
一般紙	中央紙（全国紙）	全国	読売新聞、朝日新聞、毎日新聞など
	ブロック紙	複数の県にまたがる	北海道新聞、西日本新聞など
	地方紙（県紙）	府県ごと	山陽新聞、神奈川新聞、河北新報など
	スポーツ紙	全国	報知新聞、日刊スポーツ、サンケイスポーツなど
	夕刊紙	全国	日刊ゲンダイ、夕刊フジなど
宗教紙		全国	聖教新聞、佼成新聞、芸生新聞など
専門紙（業界紙）		全国	日本農業新聞、日刊工業新聞、食品産業新聞など
フリーペーパー		発行エリア内	リビング新聞、ぱど、タウンニュースなど

新聞原稿の種類

種類	特徴
純広	サイズは自由に選べる（全15段、全５段、半５段、全３段など） 掲載できる場所は豊富（記事下、突き出し、表題など） 価格は掲載段数、掲載面によって変わる
記事体	サイズは新聞社ごとの独自サイズ（基本的にサイズは選べない） 文字数に制限がある（掲載スペース内に商品価格や注文方法を入れる必要あり） 一枠の価格が新聞社ごとに決まっている

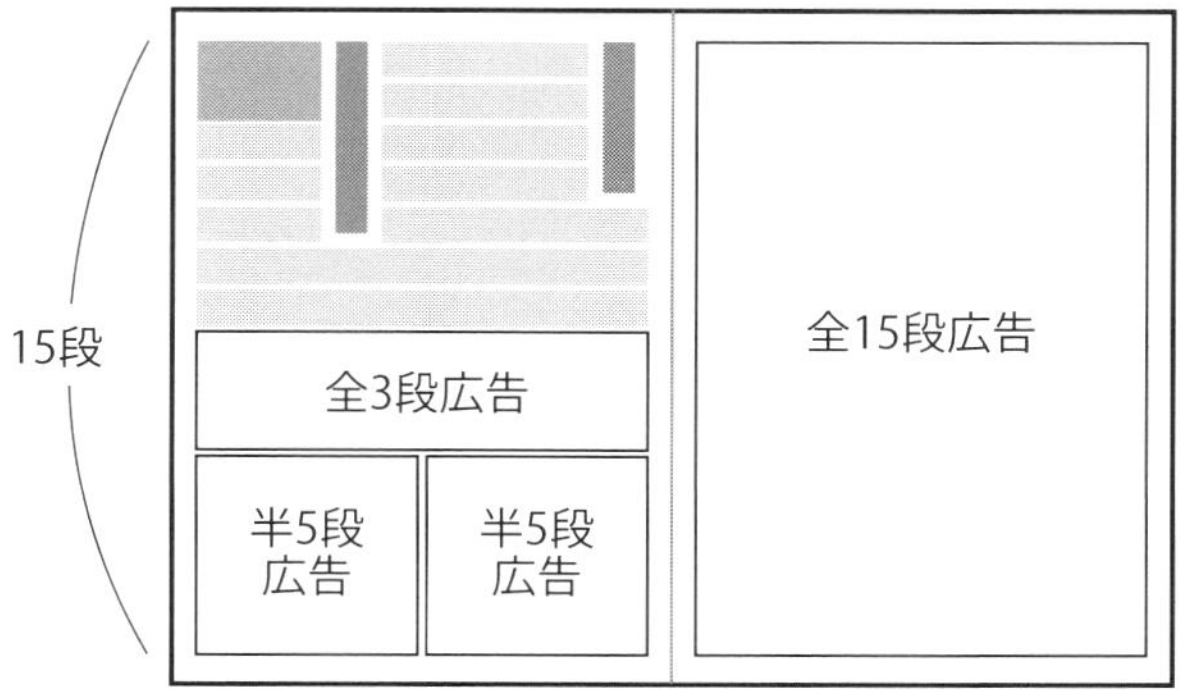

新聞は15の段（一部の新聞は12の段）で構成されていて、
いくつの段（スペース）を占めるかによって料金が変わる

❹メディア2　雑誌

●雑誌広告の特徴

新聞と同様、雑誌に掲載する際にも企業審査があるため、雑誌に掲載されている会社も信頼度はぐんと上がります。新聞と比べて写真やイラストを多く使えるので、文字や簡単な図だけでは商品の魅力が伝えにくい商品は、新聞広告よりも雑誌広告がいいでしょう。

新聞に比べて、雑誌ごとにターゲットがはっきりセグメント（30代の女性、健康に関心がある層など）されているので、特定のターゲットに訴求したい場合は雑誌広告のほうが適しています。編集記事と広告をセットにしたタイアップ広告も利用できます。

ただし、新聞と比較すると発行部数は多くありません。また、リピート面に関しても新聞と同じく、お客様は自分の判断で商品を購入しますから、商品がよければリピートする確率は高くなります。しかし、新聞と比べて文字を読むことが習慣化されていない層には、リピート施策によってはリピート率が悪くなることがあります。

新聞広告と比較してコストが高めなのが雑誌全体の特徴です。

●雑誌広告出稿と原稿作成の注意点

新聞はほとんどが日刊紙なので、広告を出稿する際、原稿の締め切りは数日前になりますが、雑誌ではそうはいきません。週刊誌の場合、モノクロ原稿で2週間前、カラー原稿で1ヶ月前までに入稿しなければなりません（雑誌によって多少の違いあり）。

それでも、ビジュアルで訴求できるので、食品や化粧品など、商品そのものを見せたい場合は、新聞よりもずっと訴求しやすくなります。

広告原稿をつくる際には雑誌の特徴を活かし、目を引き、買いたいと思わせるビジュアルを出さないと、掛けたコストが無駄になってしまいます。食品であればシズル感、化粧品であれば、商品の色をそのまま出す必要があります。シニア層向けの原稿は新聞と同じく文字の大きさも大切ですが、色遣いにも注意が必要です。年齢が高くなると派手な色は疲れますし、色を多彩にするとかえって見づらい場合もあります。

雑誌広告の種類

種類		雑誌例
一般誌	週刊誌	女性自身、週刊朝日、週刊アスキーなど
	月刊誌	文藝春秋、中央公論、オレンジページ（隔週）など
	季刊誌	映画芸術、SAKURA、カイなど
宗教誌		白鳩、潮、在家佛教など
専門誌（業界誌）		印刷BR、月刊ネット販売、郵便貯金など
フリーペーパー		R25、メトロガイド、翼の王国など

雑誌原稿の種類

種類	特徴
純広	サイズは自由に選べる（2ページ（見開き）、1ページ、1/2ページ、1/3ページ……など） 掲載できる場所は豊富（記事下、記事横など） 価格は掲載スペース、掲載面によって変わる
記事体	サイズは雑誌社ごとの独自サイズ（基本的にサイズは選べない） 文字数に制限がある（掲載スペース内に商品価格や注文方法を入れる必要あり） 一枠の価格が雑誌社ごとに決められている
タイアップ	広告ページ＋編集記事ページの料金が必要

❺メディア3　折込みチラシ

●折込みチラシの特徴

新聞などに折り込まれるチラシの一般的なサイズはB5、A4、B4サイズですが、変形サイズや、広げると畳一畳ほどになるものもあります。折込みチラシを展開する場合のコストはチラシの制作費と印刷費、折込み料を合わせた料金になりますが、新聞と比べてかなり少数で配布することもできます。ただし、お客様1人に到達するコストは新聞よりかなり高くなります。

折込みチラシの大きな特徴はその情報量でしょう。B4サイズであれば、注文はがき部分を入れたとしても両面でたくさんの情報を入れることができるので、新聞ではひとつしか訴求できないところを、折込みチラシなら訴求ポイントを複数掲載することができます。リピートに関して言うと、新聞や雑誌同様、文字をメインに訴求する広告なので、同程度のリピートが期待できます。

●折込みチラシ出稿と原稿作成の注意点

情報量の多さが折込みチラシの魅力と言っても、原稿作成時には情報を整理しなければなりません。だらだらと文章ばかり載っていると、お客様は興味を持ちません。せっかくスペースがあるので、写真や図表も入れてメリハリをつけることが重要です。見出しを適宜入れて、訴求ポイントがひと目でわかるようにすることも大切です。

たまに縦書きと横書きを混ぜたレイアウトのチラシがありますが、非常に読みにくいのでやめましょう。メリハリをつけたいのなら、罫線で囲むのがお勧めです。

チラシの紙の厚さに決まりはありませんが、チラシの中に注文はがきを印刷する場合は、郵便の規制があるのでご注意ください。通常、はがきとして使用できる重量は2g～6gとなっています。紙厚で言えば四六判で110kg以上になりますが、110kgの紙と言えば結構厚めなので、ほとんどの会社は紙厚90kg（重量1・7g）の紙を使用しているようです。時々、さらに薄い70kgや55kgの紙を使用している会社もありますが、こちらはお勧めできません。薄すぎて日本郵便が配達を拒否する場合もありますし、拒否されなかったとしても、配達途中で破れてしまうこともあるからです。

曜日ごとの折込み件数

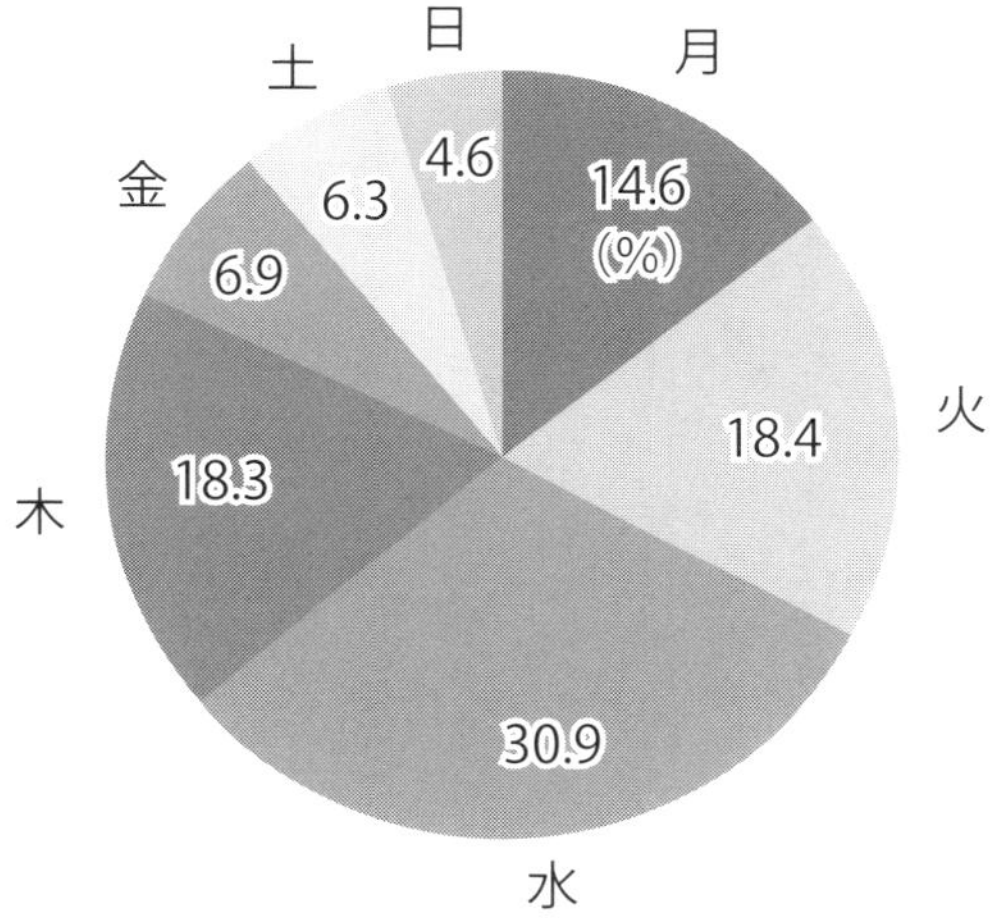

一般のチラシ広告の折込みが多いと言われている週末は、
通販広告の折込み数は少ない

主要都市エリアごとの折込み件数

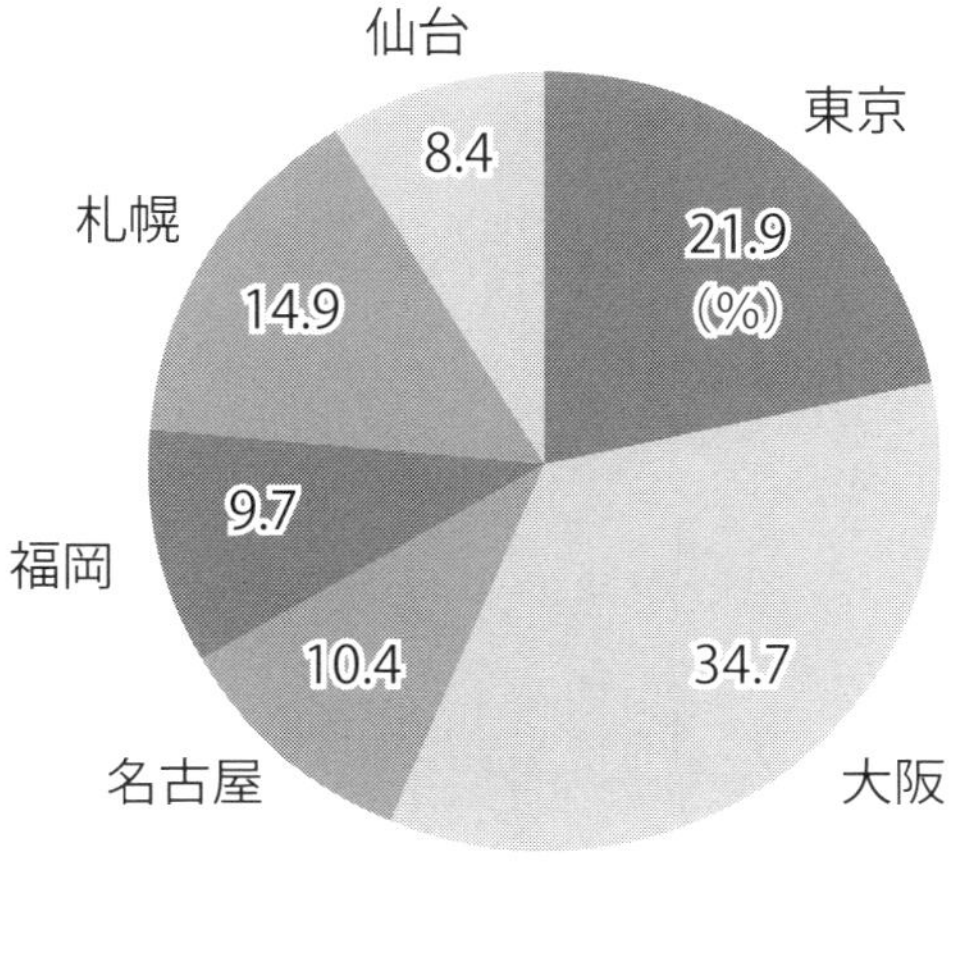

(社)日本通信販売協会　会報誌(ジャドマニューズ2013年7−8月合併号)
http://saas.startialab.com/acti_books/1045176281/18726/

❻メディア4　同梱チラシ・同封チラシ

●同梱チラシ・同封チラシの特徴

総合通販の会社が自社の顧客に注文商品やカタログを送付する際に、他社商品のチラシを一緒に送ってくれるサービスがあります。お届けする商品と一緒に入れるチラシを同梱チラシ、カタログに入れるチラシを同封チラシと言います。折込みチラシが新聞を契約している人すべてに配布されるのに対して、同梱チラシ・同封チラシは通信販売を利用している人にだけ配布されるものです。通信販売に慣れ親しんでいる人にしか届かないというのが大きな特徴です。

サービスオプションとして、性別や年齢、購入商品などのセグメント（分類）をしてもらうこともできます。「40歳以上の女性で健康食品を1回以上購入した方」だけに配布、という具合です。自社のターゲットに合わせたお客様に配布できるので、非常に効率的です。しかし、チラシを同梱・同封してくれる総合通販の企業が取り扱っている商品と同種類の商品は利用不可という場合もあるので、注意してください。

同梱チラシ・同封チラシは折込みチラシ同様のリピートが期待できる上に、初期レスポンスが高めなのが特徴です。ただし、折込みチラシよりも、同梱（封入）の手数料は高くなるので、コスト高になります。

●同梱チラシ・同封チラシ出稿と原稿作成の注意点

同梱チラシ・同封チラシの作成時の注意点は、折込みチラシと大きな違いはありません。しかし、折込みチラシのサイズが比較的自由に設定できるのに対して、同梱チラシ・同封チラシのサイズは総合通販会社の取り決めに沿って決められていることから、そのサイズしか封入できません。また、同梱チラシ・同封チラシには総合通販会社が指定するワード（「○○通販会員様へのお得なご案内です」など）を入れる必要があるため、折込みチラシをそのまま流用することもできません。

折込みチラシと違って通信販売に抵抗のない人向けの情報を豊富に盛り込むことができるので、折込みチラシとは別に作成することをお勧めします。

折込みチラシとはこう違う

種類	ターゲット	チラシサイズ	雑通信販売に対するイメージ
折込みチラシ	新聞に折込まれるため、新聞を読む世代	自由	△(よい人もいれば、悪い人もいる)
同梱チラシ	細かくセグメントできる(年代、性別、購入商品等)	親会社規定	◎(通販マインドは高い)
同封チラシ	セグメントはできないが、封入する雑誌ごとに顧客属性があるので、ターゲットに合わせた展開ができる	雑誌社規定	○(よい人が多い)

種類	原稿考査	その他の規制	折込単価
折込みチラシ	会社独自の判断	特になし	安い
同梱チラシ※	親会社の判断	親会社が取り扱う商品は不可	高い
同封チラシ※	雑誌社の判断	特になし	高い

※同梱チラシ、同封チラシは折込みチラシに比べ、折込単価は高くなるが、ターゲットとする顧客層(年代、性別、興味ある商品等)に確実に届くので、効率がよい

❼メディア5　テレビ

●テレビ広告の特徴

通信販売の広告では、テレビCMはあまり使われません。多くはテレビショッピングで商品告知をするか、数分程度のインフォマーシャル（インフォメーション＋コマーシャルの造語）を利用します。インフォマーシャルの場合、自社で素材を制作し、その素材を放送局に持ち込んで放映してもらうのですが、基本的にはひとつの素材があれば、いくつもの放送局で流してもらうことができます（地上波だけでなくCSでも可能）。

テレビ広告の最大の特徴は、とにかくレスポンス数が確保できるということです。それなりにコストは掛かりますが、価格以上のレスポンス数を確保できます。

しかしながら、リピートに関しては、あらゆる媒体の中で最も低くなります。テレビを見て商品を購入する層は、新聞や雑誌などに比べてリピートする傾向が低いのです。インフォマーシャルよりも、テレビショッピングで獲得した顧客のリピートはさらに悪くなりますので、リピート性が高い商品を扱っている場合は注意してください。

●テレビショッピング出稿と番組選定・制作の注意点

テレビショッピングに出稿する際、まず確認すべきは、純粋な通信販売ができるのか、卸なのかということです。卸の場合、注文者のリストをもらえませんし、卸価格で商品を卸すのでうま味はありません。ただ、レスポンス数は期待できます。

その次に考えることは、地上波を利用するのか、CSやケーブルテレビを利用するのかということです。当然、地上波のほうが多くの方が見ていますが、CSやケーブルテレビであっても十分なレスポンスが期待できるので、予算に合わせて利用してください。

どの番組に出稿するにしても、あらかじめ録画された番組を見て、自社商品に合う番組かどうかを確認しておくことが必要です。こだわりのある品質の高い商品が、大量値引きした商材ばかりを取り扱うテレビショッピング番組に登場したら、どんなによい商品でもレスポンスはしにくいからです。

テレビ広告の種類

種類	特徴
CM（スポット）	15秒、30秒、60秒、90秒、120秒の長さがあるが、多くは15秒や30秒。通信販売事業で利用できないことはないが、情報量が少ないため、レスポンスには適さない 通信販売事業で利用する場合は最低でも60秒は必要
CM（インフォマーシャル）	長さは１分(60秒)～30分の間で自由につくれるが、放映局や番組との兼ね合いで通常は短尺（３～５分）と長尺（30分）でつくる ひとつの素材をつくれば、全国の放送局で流すことが可能になる
テレビショッピング	２種類ある。テレビショッピングの番組（QVCやSHOPチャンネル等）を利用する方法と自社でショッピング番組を制作し、全国の放送局に持ち込む方法がある 前者は卸になることが多い。後者は通信販売事業に適しているがコストが掛かる

放送局の選び方

種類	特徴	注意点
地上波	地上デジタル放送 一般的な放送 放送エリア内の視聴者は最も多い	コストが掛かる 放送エリアごとに放映が調整できる
BS	衛星放送 地上波に比べ低価格で実施できる	放送局数が多いため、局や番組選定を間違うと期待するレスポンスが取れない
CS	衛星放送 放送局数は豊富にある 地上波に比べ低価格で実施できる	
CATV	ケーブルテレビ 契約者に対して、地上波・BS・CSを配信する 現在はBS・CS単独よりもCATV経由の視聴者が多い	CATV独自の番組を流しているが、継続して見る番組ではないため、注意が必要

❽メディア6　ラジオ

●ラジオの特徴

ラジオにもラジオＣＭ（スポット）とラジオショッピングがあります。ラジオショッピングの特徴は高いリピート率と言えるでしょう。テレビと同じ電波媒体ですが、テレビを見て購入する人とラジオを聞いて購入する人とでは大きな違いがあります。

テレビを見て購入する人はテレビショッピング自体が好きで、商品を注文するのが好きな人が多いのが特徴です。これに対して、ラジオのお客様はラジオ番組も好きですが、番組のアナウンサーが好きという人が多いようです。その自分の好きなアナウンサーが商品のおいしさ（魅力）を紹介しているから商品を購入する。その商品を実際に食べて（使って）みて、おいしければ（よければ）、そこで「○○さんの情報は正しい」という確信に変わり、リピートにつながります。いわば、口コミと同じ効果があるのです。初期レスポンスはテレビショッピングに比べると少なくなりますが、その高いリピート率から、ここ数年、人気が高まっている媒体です。

文字や写真で伝えづらい商品なら、台本とアナウンサーの力でわかりやすい商品にすることができるのも利点です。

●ラジオショッピング出稿と番組選定・台本作成の注意点

生コマ（左図参照）を利用する際、レスポンスがよいのは①出演（現場掛け合い）、②出演なし（台本）、③出演（電話掛け合い）の順番です。電話で掛け合いをしている企業が多くありますが、電話掛け合いは「明らかに広告」という印象が強いので、お客様が敬遠しがちです。

台本は広告という印象は持たれにくいのですが、決められた時間でほぼ終わります。出演の場合、プロのアナウンサーが素人さんを引っ張ってくれるので広告という印象を持たれにくいのが特徴です。

ラジオは耳でしか商品を判断できないメディアなので、台本作成が特に重要です。難しい言葉を多用することなく、聞くだけですっと頭に入ってくる台本が必要です。なるべく多くの第三者に聞いてもらい、わかりやすい台本かどうかを確認しながら作成を進めてください。

ラジオ広告の種類

①AM放送
②FM放送
③短波放送
④コミュニティラジオ（FM）

①番組提供CM
②スポットCM
③ラジオショッピング

①卸
②完パケ（収録）
③生コマ

①パーソナリティ１人
②掛け合い

①自社受け
②局受け

①データもらえる
②データもらえない

レスポンスが高いのは

出演（現場掛け合い） ＞ 出演なし（台本） ＞ 出演（電話掛け合い）

本番直前まで原稿を修正できるので、当日の天候や出来事に言及することができて、臨場感が出る

アナウンサーのみ、もしくはアナウンサーとアシスタントの呼吸で上手に話してくれる

電話で話すと一気に広告色が強くなる

❾メディア7　インターネット（ウェブ）

●インターネットの特徴

インターネット（ウェブ）には、楽天市場やヤフーショッピングのようなモール型のサイトに出店する方法と、自社でウェブサイトを立ち上げる方法があります。

モール型のサイトは、モール利用者自体が多いので、商品にアクセスする人が多いのが特徴です。しかし、モール利用者は価格や送料・獲得ポイントで商品を選ぶ傾向があるため、価格訴求ができない企業がモール型サイトで新規顧客を獲得することはかなり厳しいと言えます。

自社サイトの場合、わざわざお客様がそのサイトを探しあてて来てくれるので、価格訴求ができない商品であっても、モール型に比べると販売はしやすくなります。しかし自社サイトを立ち上げても、お客様に知ってもらわなければサイトまでたどり着いてもらえないため、お客様が検索した時に検索画面の上位に表示されるようにSEO対策（検索エンジン最適化）をしたり、どこかで告知する必要があります。

インターネットでは価格で商品を決める傾向が強いので、価格を下げられない場合、顧客リピートも悪くなります。

●インターネット利用時の注意点

インターネットでも紙媒体（新聞や雑誌等）、電波媒体（テレビ、ラジオ）でも、お客様に伝えるべきことは同じはずです。しかし、お客様にとってウェブの魅力はパソコンを見ながら複数の商品を品定めでき、商品内容や価格を比較できることです。ですから、お店側はまずお店に来てもらうことが必要になります。新聞や雑誌、チラシなどの紙媒体にURLを記載してサイトに誘導している会社もありますが、そもそも紙媒体を見ている人はインターネットを利用していない人が多いので、効率がよいとは言えません。そこで集客のために実施するのがSEO対策になります。その他に、リスティング広告というヤフーやグーグルなどの検索サイトに広告を載せ、お客様がクリックした時点で課金されるものもあります。このような対策をしなければお客様がサイトを訪問してくれることは困難です。

モール型サイトでのお客様の行動

商品名を検索

↓

"価格が安い"順番に並べ替える

↓

価格が安い店へ行き、送料の安いところを探す

↓

ポイント付与が多いところを探す

CHECK 他社より価格を下げることができ、送料も安く、ポイント付与などの何かのオファー（プレゼント等）がないと、他社との競争に負ける

⑩口コミ

●口コミが最良の集客法

実は、あらゆる新規顧客獲得方法の中で一番リピートがよいのは口コミです。口コミはなぜリピートされやすいのか？　自分が友達に商品を勧める場面を想像してみてください。自分が気に入って信頼できる商品であれば、友達に紹介しようと思いますが、自分が気に入っていない商品は決して勧めようとは思わないはずです。

さらに、商品を友達に紹介する際、自分が使って（食べて）どうだったのか、それを使って（食べて）どうなったのかを、自分の体験として友達に伝えるでしょう。

広告にも同じことが書かれているわけですが、どうしてもリアリティに欠けてしまいます。自分が商品を気に入ったということは、「リアルな体験」なので、そのリアルな体験を友達に紹介し、その人が実際に使う（食べる）と、その商品に満足しやすくなります。そもそも、友達からのお勧めという点で、一般の広告に比べて情報の信頼性は高い、という前提もあります。そのために、購入後のリピートも高くなりやすいのです。

ちなみに、ラジオショッピングのリピート率が高いのは、自分の好きなパーソナリティから紹介されたという、一種の口コミのように作用しているからです。

●口コミをしてもらうには

お客様（顧客）に友達（新規顧客）を紹介してもらうために一番必要なことは、商品がそのお客様にとって魅力的であることです。自分が気に入った商品でなければ、友達に勧めようという気は起きません。

しかし、商品を気に入ってもらっただけでは、あまり効果はありません。その商品の〝背景〟も気に入ってもらう必要があります。どんな会社の、どんな人が、どんな想いでつくった商品であるかが明確だと、友達に勧めた時に説得力が増すはずです。

左ページのような紹介者制度をつくっておくと、紹介が増えるのは間違いありませんが、制度がない場合にも友達を紹介してもらえるような会社や商品であることが望ましいと言えるでしょう。

紹介者プレゼント制度の流れ

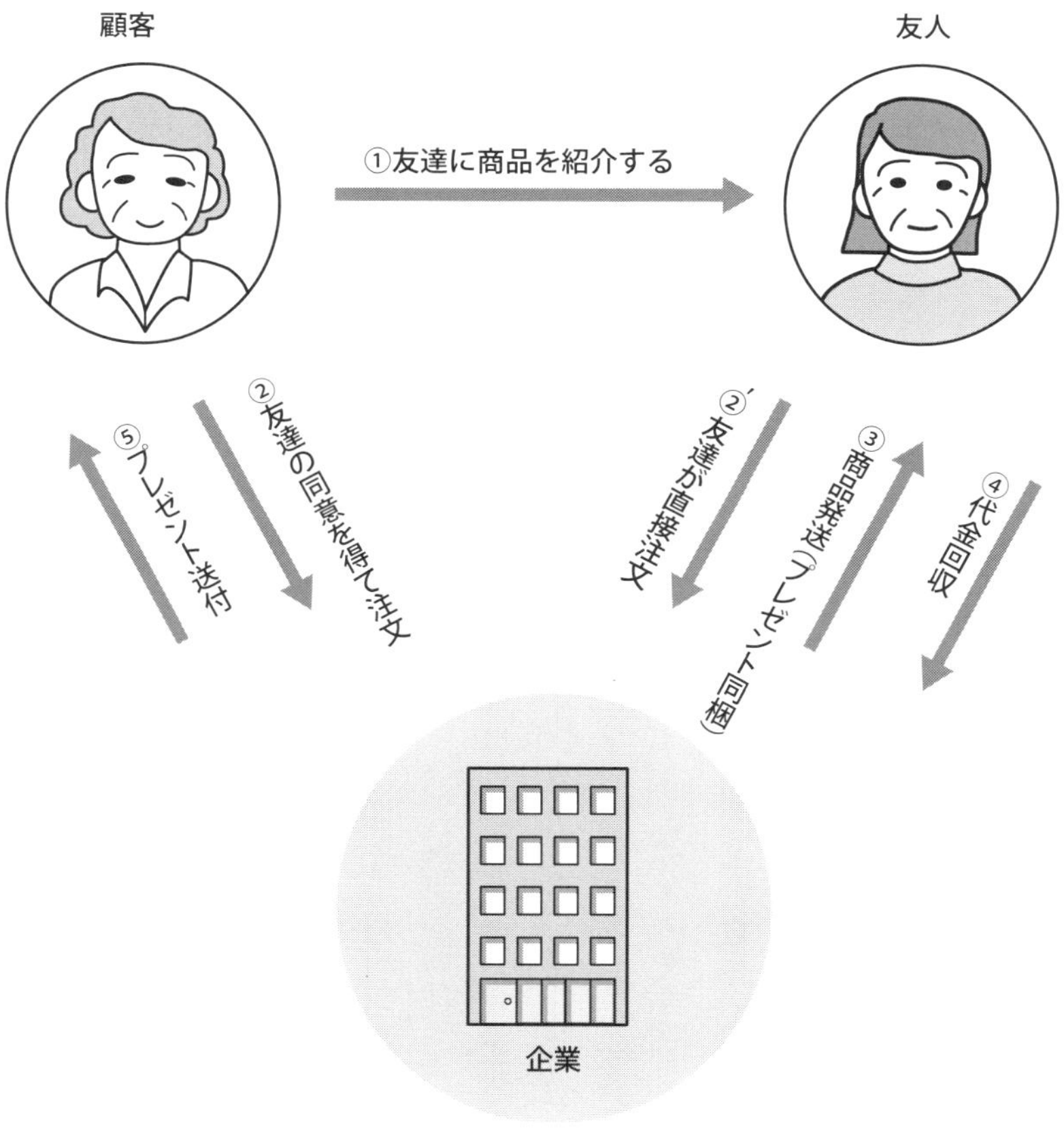

CHECK 紹介者制度導入時の注意点は、顧客（紹介者）だけにプレゼントするのはやめること。一気に紹介者を増やしたいときには紹介者キャンペーンなどを実施するとよい

⑪社内に眠っている顧客リストを使う

これまでに何度も「新規顧客獲得に一番コストが掛かる」「新規顧客を獲得する効率が年々悪くなっている」と書いてきました。そのため、通信販売会社はなるべくお金を掛けずに新規顧客を獲得する方法、それも、ただ数を集めるのではなく、リピートする確率の高い、質のよい顧客を獲得する方法を優先して実施するべきです。

●使えるリストがあれば儲けもの

社内に眠っている（顧客）リストはありませんか？　社員リストには社員だけでなく家族や兄弟の情報が入っていないでしょうか？　取引先リストはありませんか？　取引先の担当者の名前が入っていればなおよしです。

過去に商品を購入してくれた人や、グループ会社で獲得した顧客リストなど、新規顧客を獲得するためのリストは社内にいくらかはあるはずです。そうした人達に、「今度新しく販売することになった商品です」「今、人気の商品です」などのお知らせの手紙を送ることができます。お知らせを送った人の中に少しでも商品を購入してくれる人がいれば、広告を出すよりずっと少ないコストで新規顧客を獲得できるのです。

●どんな会社にも使えるリストがある

以前、酒造メーカーをお手伝いした時の話です。酒造メーカーは年に数回、「蔵開き」という催しを開き、お酒好きの人を招待します。招待と言っても、1000円程度の入場料を取っています。お酒好きの人は大好きなお酒を堪能できますから、1000円を支払っても、毎回多くのお客様が来場します。この来場者リストもリピート顧客になり得る重要な顧客リストなのですが、お手伝いさせていただいたすべての酒造メーカーが、このリストを倉庫の奥に眠らせていたのです。そして、すべての経営者がこう言いました。「このリストは使えるのですか？」と。

わざわざお金を払って来てくださった人は、新聞や雑誌などではじめて商品を見るお客様とは訳が違います。お酒が好きで、さらにその酒造メーカーが好きなお客様ですから、その後フォローしていけば、必ず売上が上がる見込みの高い、優良顧客なのです。

イベントでの情報収集とその活用

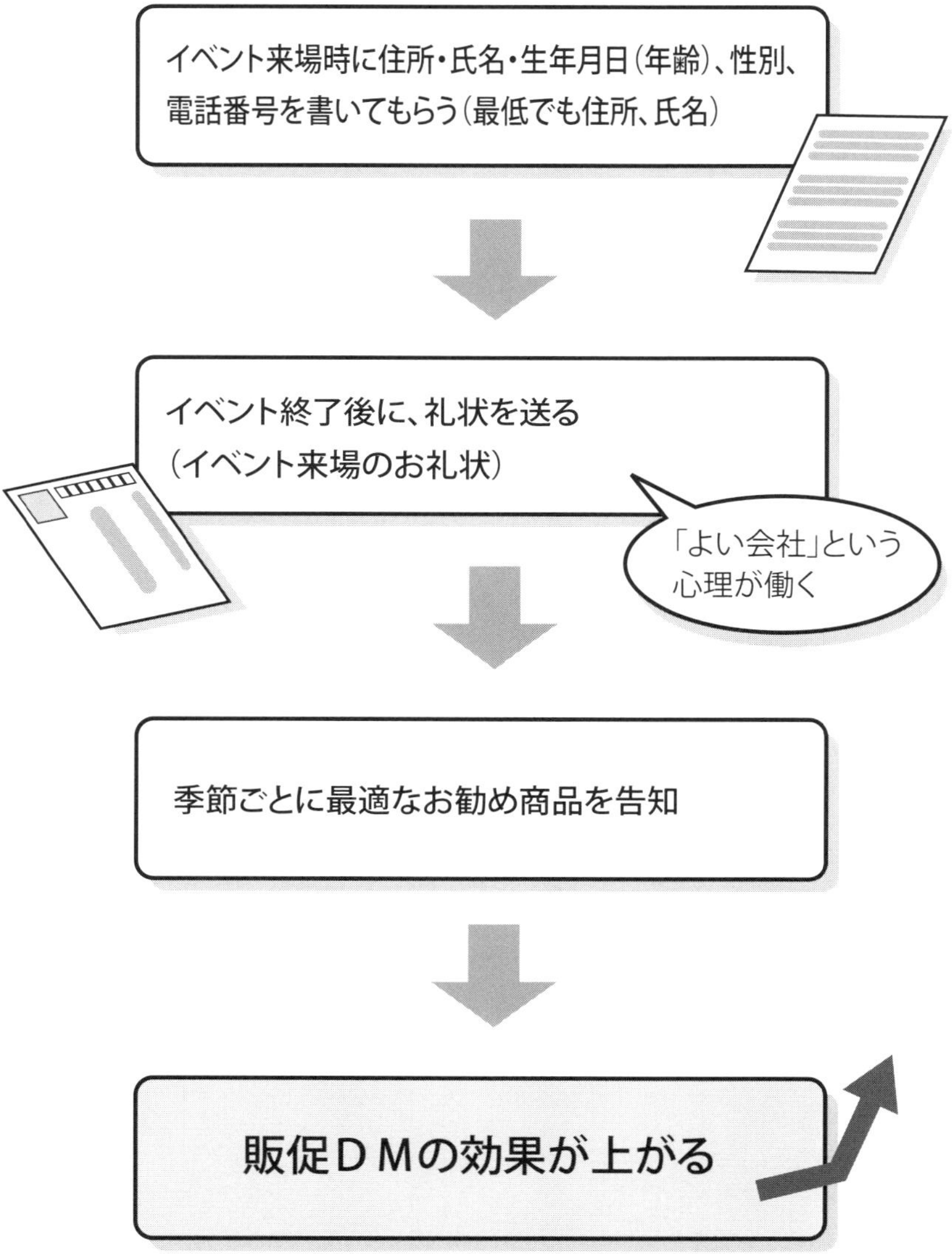
イベント来場時に住所・氏名・生年月日（年齢）、性別、電話番号を書いてもらう（最低でも住所、氏名）
イベント終了後に、礼状を送る（イベント来場のお礼状）
「よい会社」という心理が働く
季節ごとに最適なお勧め商品を告知
販促ＤＭの効果が上がる

⑫対面での集客方法

●販売ターゲットが集まるところで告知

新しく事業を立ち上げたばかりの会社や、少人数で事業を展開している会社だと、社内に利用できる有効な顧客リストがないかもしれません。しかも、広告を展開するためのお金もそんなに掛けられないという方にお勧めなのが、「自社がターゲットとしているお客様が集まっている場所でサンプリングを行なう」ことです。

「通信販売なのでお客様と直接対面する必要はないだろう」と思いがちですが、広告を利用して通信販売事業を展開している企業であっても、お客様と直接接する機会を探しています。

なぜなら、広告に反応してくれたお客様に商品や会社の印象を尋ねても、よい点しか聞くことができないからです。商品に関心がないお客様の声を聞くには、広告に反応していない人の声を聞かなければならないのです。そのため、まだ顧客になってない人の声を聞く意味でも、直接対面する必要があるのです。

たとえばシニア層向けの商品を取り扱っているのなら、東京なら巣鴨の地蔵通り商店街などが最適でしょう。ターゲットの集まる場所でのサンプリングの注意点は、その場に不釣り合いの格好で実施するとお客様が敬遠してしまうことです。とげぬき地蔵尊の前にスーツ姿の団体は怪しいでしょう。

そして、その場では絶対に商品を販売しないことです。商品購入につなげる注文書などを渡すにとどめておきましょう。

●足で稼ぐ

その他、ある会社では終業後に通信販売の担当者が商品チラシを持って会社近くの住宅街に配布しに行ったり、人がたくさん集まる場所、たとえば花見や祭りに出向いて一人ひとりに商品チラシを手配りしていました。会社の近くであれば認知度も少しは高いはずですから、商品チラシを見るだけで、商品の信頼度が上がります。

事業立ち上げ当初は広告を出す資金もなく、担当者が手分けしてさまざまな集客方法を実施し、その後数年で売上規模数十億円に達した企業もあります。

その他の集客例

実例1　観光バスツアーでサンプリング

「ずっと座りっぱなし」など、固まった姿勢で長時間過ごすと血栓が生じることがあります（いわゆる「エコノミークラス症候群」）。その血栓を溶かすという商品を扱っていた会社が、バスツアー会社に話を持ちかけ、バス車内でのサンプリングを展開しました。商品サンプルと商品資料を配っただけでは効果はありませんでしたが、バスに社員を同乗させてもらい商品説明を同時に行なったところ、大きな反響がありました

実例2　勉強会を実施

医学博士の先生に健康の話をしてもらう健康講座を開催し、集まったお客様にお土産として「商品サンプルと商品資料」を配りました。講座に来てもらうための集客費用と先生への謝礼が発生しますが、質のよい見込み客を獲得できるひとつの手です

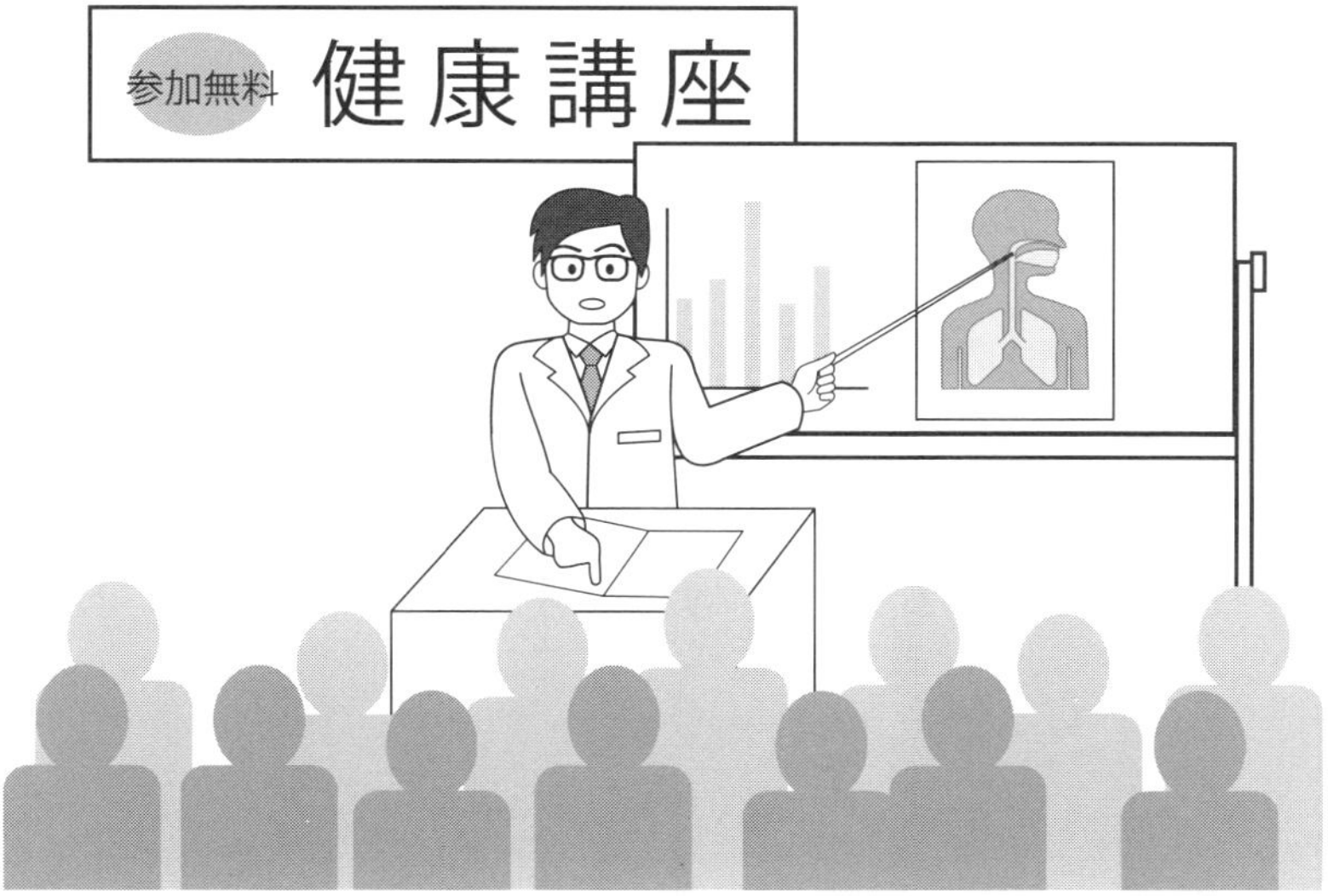

⑬リリース記事の活用

●リリース記事とは

通信販売で消費者に商品を知ってもらうには、広告を出すのが基本ですが、広告にはそれなりのお金が掛かってしまいます。しかし、お金を掛けずに新聞や雑誌に商品を掲載してもらい、消費者に告知することもできるのです。それがリリース記事です。

新聞などで「新製品情報」といったコーナーを見たことがあるかと思います。リリース記事とは、企業が新聞社や雑誌社にプレスリリースを送って、新聞社や雑誌社が採用すれば、「新製品情報」などの枠で記事として掲載されるものです。費用は一切掛かりません。

絶対に掲載されるという保証はありませんが、商品に魅力があり、時期的に旬なものであれば、採用される確率は上がります。

●広告ではなく「記事」なので信頼度がアップする

魅力がある商品なら掲載される確率は上がると書きましたが、新聞社・雑誌社の編集担当者の好みで左右されるところもあるため、必ず掲載したいのであれば、広告費を払ったほうがいいでしょう。

掲載が確約されていないのに、なぜ、リリース記事を送る通信販売企業があるのかというと、リリース記事が広告ではないからです。広告だと、それを見たお客様は「商売のためのもの」と判断しますが、リリース記事はあくまで新聞社や雑誌社が自社の判断で取り上げた記事なので、内容への信頼度は高くなります。

リリース原稿をメディアの担当者に読んでもらうのは至難の業です。インターネットで編集担当窓口を探すことは簡単ですが、実際の編集担当者が誰なのかは、まずわからないため、実際にメディアの編集担当窓口へ電話をして確認しなければなりません。編集担当者に読んでもらえないことには、いくら魅力がある商品でも、掲載される確率は限りなくゼロに近くなるでしょう。

広告代理店の中には、リリース原稿の作成から、編集担当者へのリリース記事の送付、掲載までの編集担当者への定期的なフォローまでやってくれるところもあるので、広告代理店に依頼するのもひとつの手です。

新聞・雑誌に取り上げてもらうためのリリース記事の書き方

①新しい情報を送る

→ 速報性が問われる

②トレンド・内容・強みを書く

→ 商品などの内容だけでなく、背景や傾向、強みも盛り込む

③誰にでもわかる文章を書く

→ 専門用語、業界用語、カタカナ用語をむやみに使わない

④簡潔にまとめる。基本はA4 1枚にまとめる

→ 詳細情報は2枚目以降につける

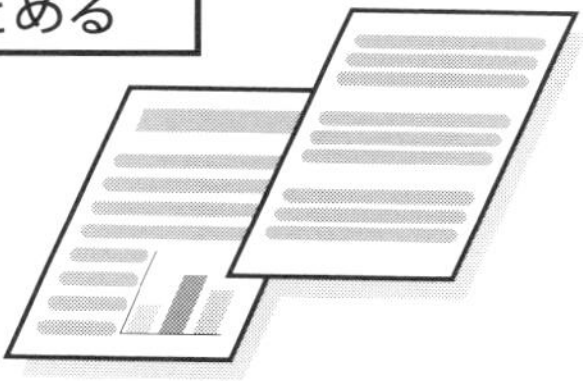

⑤担当部署やコーナー担当宛に送る

→ 新聞社名だけでは不十分

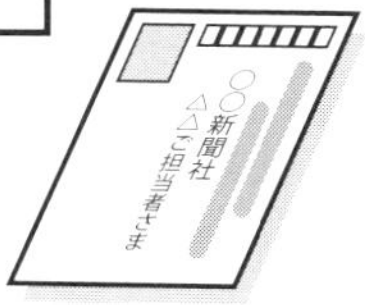

⑥郵便かメール便で送る

→ FAXや電話は避ける

商品紹介に必要な要素

①商品の特徴や独自性
②開発の経緯や背景
③他商品との比較・強み
④業界動向
⑤商品名・価格・商品画像
⑥発行時期・販売方法
⑦売れ行き・ユーザーの声
⑧社会現象

リリース記事の例

編集部各位

記事掲載のお願い

株式会社パラオンシャンプー（大阪府）は、『頭皮洗浄シャンプー「パラオンシャンプー」』を全国に向けて2014年12月より通信販売を開始します。

薄毛、抜け毛は、頭皮に付着した汚れや毛穴に詰まった皮脂が原因。しかし頭皮表面は洗えても、毛穴の中までとなると、なかなか難しいのが現実です。

そこで、頭皮のことを考え、シャンプーで「髪を洗う」から「頭皮を洗浄する」へ。

頭皮のことだけを考え、頭皮環境を改善することを目的に開発したのが、新発売の「パラオンシャンプー」です。

つきましては、貴紙・誌の新商品コーナーまたは話題のコーナーにぜひご掲載いただくようお願い申し上げます。

内容にご不明な点などございましたら、下記までお問い合わせください。

リリースに関する問い合わせ先

株式会社パラオンシャンプー　担当：○◇　ＴＥＬ：06-5555-xxxx

●薄毛、抜け毛はシャンプーで防げます!!

「パラオンシャンプー」は、頭皮のことだけを考えた新発想のもと、頭皮や毛穴の奥の奥まで洗浄するために、配合成分にこだわりました。

汚れを吸着して洗い流すという発想のもと、パラオ共和国で産出されたミネラル豊富な天然泥(海泥)とアルプス山脈で採取された溶岩クレイを特殊配合することで、"ドロっ"とした強力な粘着力を生み出し、それでいてやさしい泡立ち。シャンプーするだけで、頭皮の汚れはもちろん、毛穴に詰まった皮脂をサッと洗い流してくれます。また北海道で採れる竹炭成分が頭皮を正常化し、脱毛原因にもなるフケなどを取り除いてくれます。

また、その他にも配合されている植物エッセンスが、洗髪のたびに頭皮・毛髪の水分や油分を補い、毛髪に潤いを与え、コシとハリを蘇らせるのでダメージヘアの方にも最適です。

髪の悩みは深刻。男性だけでなく女性にも増えている薄毛、抜け毛が防げるだけでなく、頭皮改善と共に毛穴もキレイにしてくれるので、美しい艶のある髪が再生します。

●パラオ共和国産の天然泥

海底に石灰質の泥が沈んでいる何とも不思議な海。その泥は、高級化粧品として売り出されるほどミネラルや保湿成分に富んでいます。化粧品で知られているパラオ共和国産の天然泥とアルプス山脈で採取された溶岩クレイには、弊社研究機関との合同研究により発毛効果があることが発見されました。天然泥に含まれる○○と溶岩クレイに含まれる□□の相乗効果により、毛根の△△に浸透し、発毛を促進します。

●低価格で実現

育毛シャンプーは使いたい人が多いなか、どの商品も数千円していたので、希望者全員が使うことはできませんでした。弊社では特別なルートで原料を仕入れ、自社工場で大量生産をすることで、低価格化に成功しました。今お使いのシャンプーと同価格帯で悩みを解決できるので、多くの方に利用していただけます。

◆商品概要◆

商 品 名：頭皮洗浄シャンプー「パラオンシャンプー」
内 容 量：500ml
価　 格：864円（税込）

◆会社概要◆

会 社 名:株式会社　パラオンシャンプー
所 在 地:〒530-xxxx　大阪府大阪市北区○○1－1－1
電話番号:06－5555－xxx0
F A X:06－5555－xxxx1
代 表 者:○◇　×男
資 本 金:1,000万円
設　 立:昭和60年4月
事業内容:①医薬品の販売
②医薬部外品、化粧品、健康食品の製造・販売
③ペット用健康食品の製造および販売
④家畜用健康食品の製造販売
⑤競走馬用健康食品の製造販売
⑥前各号に付帯する一切の業務

■商品・リリースに関する問い合わせ先
株式会社　パラオンシャンプー　担当:○◇　TEL:06－5555－xxxx

⑭通信販売の広告①

●通信販売広告の目的は「即購入」

一般的な広告は、商品を知ってもらい、店頭でその商品を見かけた時に購入してもらうことを目的としているのに対して、通信販売広告は、広告を見てすぐに購入してもらう必要があります。ですから、通信販売広告には店舗と同じ役割があると言えます。

通信販売広告に必要な要素は、メディアによって多少の違いはありますが、「インパクトや情報性」「わかりやすさや読みやすさ」「期待感・ワクワク感」「情報が整理されている」「お客様が購入しやすいように誘導している」「価格やプレゼントがわかりやすい」といったことが挙げられます。多くの通信販売広告が掲載される中で自社の広告に注目してもらうには、特に「インパクトや情報性」を工夫する必要があります。

●クリエイティブはＡＩＤＣＡでつくる

「ＡＩＤＭＡ」という言葉があります。これは商品を購入するまでの消費者の心の動きを示す用語ですが、通信販売広告の場合、「ＡＩＤＭＡ」ではなく、左のような「ＡＩＤＣＡ」に基づいてつくる必要があります。

目を引くための「インパクトや情報性」は、「ＡＩＤＣＡ」の「Ａ（Attention）」の部分にあたります。注目させるには、おもに①キャッチコピー、②写真、③色遣いの３つを工夫します。

①のキャッチコピーは、広告でよく見る大きな見出しの部分です。文章でなくても構いませんが、キャッチコピーだけで商品の魅力が伝わらなければなりません。

②の写真は、見るだけでその商品を購入したいと思わせなければならないので、食品なら〝シズル感〟が必要です。商品そのものの写真を掲載するのではなく、「買いたい」と思わせる写真、たとえばお米なら、炊きたてのごはんでお米が立っていて艶やかであるような写真がいいでしょう。

③の色遣いは、できるだけ実際の色に近づける必要があります。モノクロの新聞や雑誌などではカラーが使えませんが、黒ベタ部分を入れることで原稿にメリハリがついて、インパクトのある広告にできます。

AIDCAの要素が入った広告

A (Attention)： 注目させる

お客様にとって有益な情報で目を引き、広告に目を留まらせる

D(Desire)： 欲しいと思わせる

自分に必要な商品であることを認識させ、欲しいと思わせる

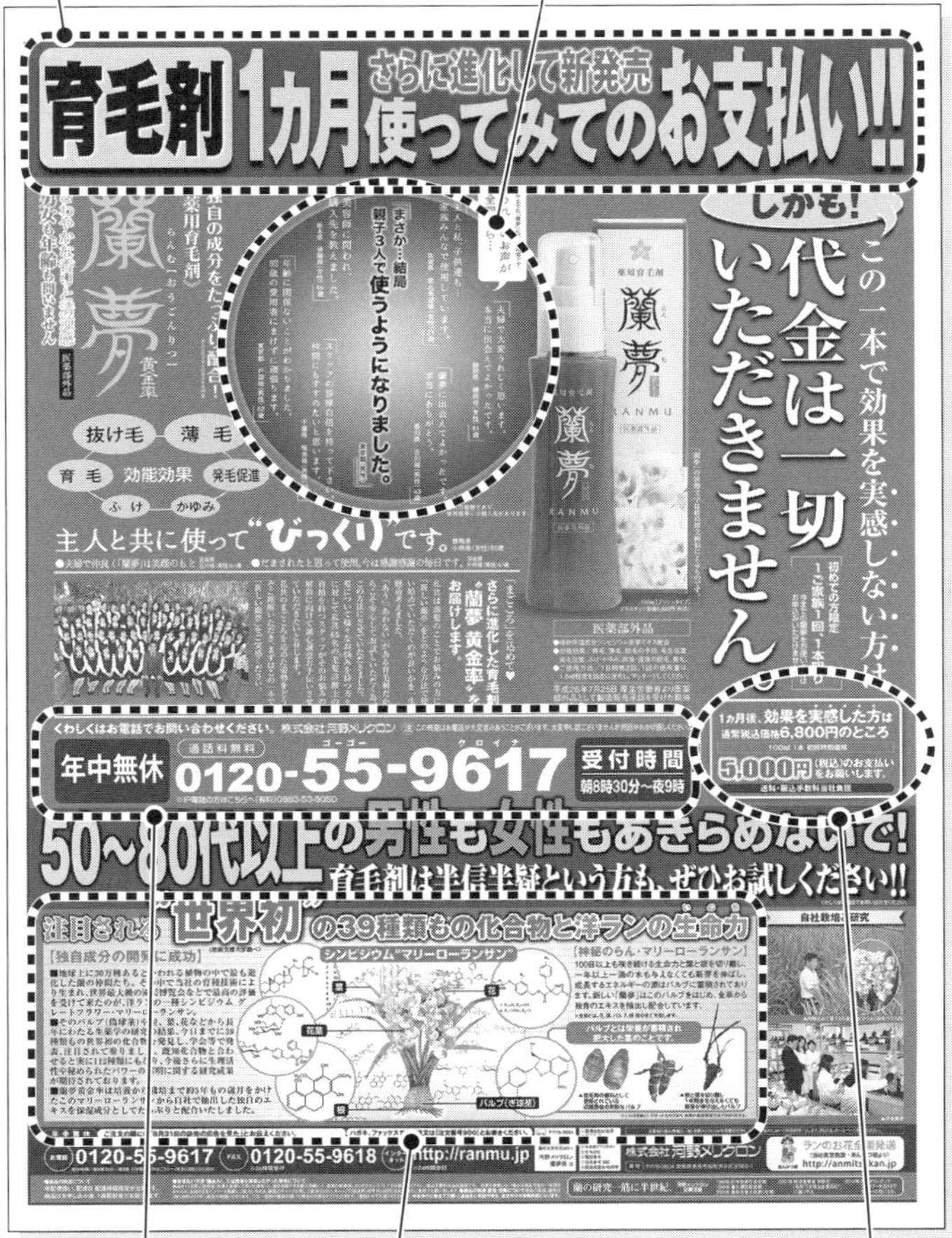

A (Action)： 注文させる

わかりやすいところに注文方法を記載する

C (Caution)： 今買う必要があると思わせる

今だけの特別価格や期間限定で、すぐ買う必要があることを促す

I (Interest)： 興味を持たせる

どんな商品なのかを理解してもらい、興味を持たせる

⑮通信販売の広告②

●消費者の意思決定要因

消費者が商品を購入する際には、広告を見て購入しようと決断をするわけですが、その決断をするためには何らかの決め手があるはずです。しかし、みんながみんな同じ決め手で購入を決断するわけではありません。

人が商品購入を決断する際に何を重視するかは、大きく次の4つに分けられます。

①ブランドやステータス、②コストパフォーマンスや合理性、③品質や理念、想い、④流行や技術、の4つです。

また、住んでいるエリアや購読している新聞によって意思決定要因の傾向は異なります。たとえば、高級住宅地域に住んでいる消費者は、①「ブランドやステータス」や、③「品質や理念、想い」を重視する傾向が多く見られますし、下町に住んでいる消費者は、②「コストパフォーマンスや合理性」を重視する傾向が見られます。

購読している新聞によっても、たとえば朝日新聞の購読者と読売新聞の購読者とでは意思決定要因が異なりますし、発行エリアや使用媒体によっても意思決定要因は変わりますので、注意してください。

●商品訴求の切り口

お客様の意思決定要因によって、訴求の切り口は何パターンも生まれます。この切り口こそが前項のキャッチコピーにも関わりますから、ひとつの商品でも切り口は複数パターン用意する必要があります。

たとえば、前述の4パターンの意思決定要因の切り口としては、①が「○○でおなじみの△△社が化粧品を開発」（ブランド訴求）、「○○大学も認めたこの効果」（ステータス訴求）、②が「この商品がこの価格で」（価格訴求）、「1粒で1日に必要な栄養素が摂れます」（合理性訴求）、③が「構想○年、研究○年」（開発ストーリー訴求）、「この商品を通じて皆様に笑顔になってもらいたい」（想い訴求）、④が「体験者の声や写真」（効果訴求）、「自社特殊製法で、今までにない画期的な商品」（技術訴求）になります。ひとつの商品でも広告を展開するエリアやメディアによって意思決定要因は異なるので、訴求の切り口を替える必要があります。

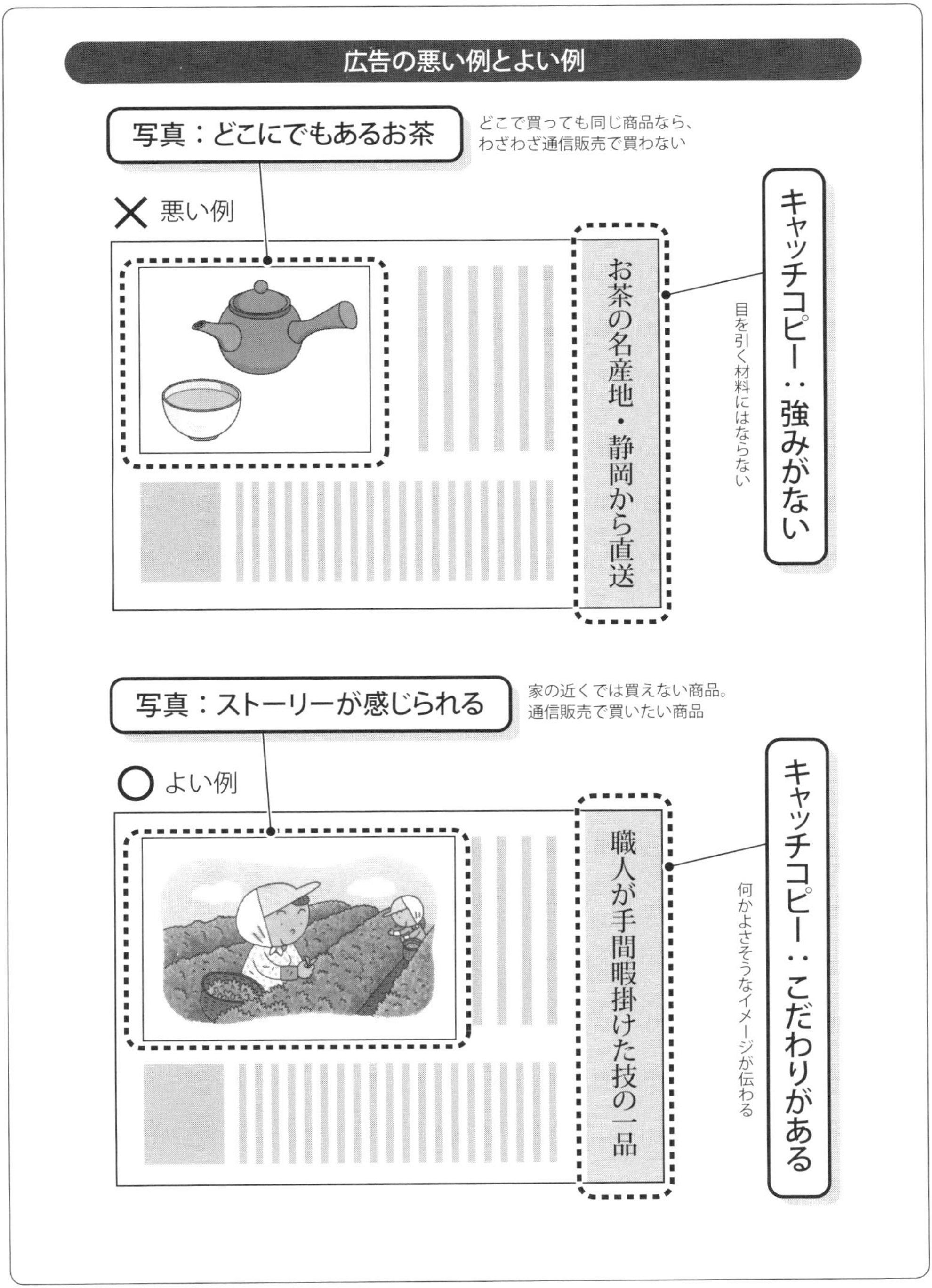
広告の悪い例とよい例
写真：どこにでもあるお茶
どこで買っても同じ商品なら、
わざわざ通信販売で買わない
× 悪い例
お茶の名産地・静岡から直送
キャッチコピー：強みがない
目を引く材料にはならない
写真：ストーリーが感じられる
家の近くでは買えない商品。
通信販売で買いたい商品
○ よい例
職人が手間暇掛けた技の一品
キャッチコピー：こだわりがある
何かよさそうなイメージが伝わる

⑯通信販売の広告③

●ラジオはインパクト＋音＋わかりやすさで

ラジオの場合、音で商品の魅力を伝える必要があると書きました（88ページ）。商品によっては、音で魅力を伝えにくいものもあるでしょうが、その場合はアナウンサーやアシスタントの方においしさや魅力を語ってもらうといいでしょう。

新聞やチラシなどの紙媒体、テレビなどの映像なら、目で見て情報を整理するので、数字やカタカナで説明しても問題ありませんが、耳だけが頼りのラジオショッピングでは理解できません。数字を多用したり、カタカナを連発するのは厳禁です。ましてや、難しい専門用語を使うのはもってのほかです。

もうひとつ大切なのは、聞いているお客様だけでなく、アナウンサーにもインパクトを与えることです。どういうことかと言うと、ノリがいいアナウンサーほど、台本に書いていないことでも、商品の魅力を自分の言葉で話してくれるからです。ノリが悪いと台本の内容しか話してくれませんから、アナウンサーのテンションが上がるような工夫も欠かせません。

●クリエイティブ考査

広告には新聞社やラジオ局独自の「クリエイティブ考査」があります。こちらが作成した広告や台本がそのまま掲載されたり、放送されることはまずありません。広告や台本の内容が薬事法や景品表示法などの法律に触れないかどうかを厳しく審査されるのです。

会社ごとに独自のチェック基準があるため、A紙で通らなかった考査がB紙では通る、ということもあります。

考査基準の厳しさは、新聞なら「中央紙→地方紙→フリーペーパー→スポーツ紙」の順（一部例外あり）となり、テレビなら「都市部のキー局→地方局→CS」と一般的に言われています。

もうひとつ、考査担当者が代わった場合、今まで通っていた原稿が通らなくなる場合もあります。考査に引っ掛かった文言を入れなければ商品の魅力が伝わらない場合は、言い回しを変えたり、別の言葉を使って同じ意味になるようにすれば、考査が通ることも多くあります。

実際の考査のやり取り（一部抜粋）

①考査用台本

「顔のタルミ、ハリ、シワ等が気になっていましたが、『コラーゲン』を飲んでいると朝少しハリが出ているようで嬉しくなります！　顔だけでなく、全身の肌のツヤがよくなったようにも感じます。年齢には勝てないと思うのですが、少しでも衰えを減らしていくために、『コラーゲン』を飲み続けようと思います。短期間で違いがわかるのも嬉しいです」

↓

※アミカケ部分はラジオ局側の指示内容

②台本考査

「顔のタルミ、ハリ、シワ等が気になっていましたが、（←コラーゲンを含む健康食品を経口摂取することによる美容効果の暗示となります。これらの成分は経口によって美容効果があることは実証されていませんので、明示・暗示にしろ、表現NGとなりますので削除してください。）『コラーゲン』を飲んでいると朝少しハリが出ているようで嬉しくなります！　顔だけでなく、全身の肌のツヤがよくなったようにも感じます。年齢には勝てないと思うのですが、少しでも衰えを減らしていくために、（←これを摂取して老化防止を謳うようなアンチエイジング表現は不可ですので、削除してください。）『コラーゲン』を飲み続けようと思います。短期間で違いがわかるのも嬉しいです」

↓

※言い回しや言葉を変えただけで、最初の台本と言いたいことは変わっていない

③修正台本

「年々、肌が気になってきました。『コラーゲン』を飲んでいると朝少しハリが出ているようで嬉しくなります！　顔だけでなく、全身の肌のツヤがよくなったようにも感じます。若い時に戻れたようで、毎日がとても楽しいです。主人からも若くなったんじゃないかと言われました。これからも『コラーゲン』を飲み続けようと思います。短期間で違いがわかるのも嬉しいです」

Column

ラジオショッピングで「はちみつ」を売るにはどうするか？

ラジオの醍醐味は、音でしか伝わらないメディアをどう利用するかです。紙媒体や映像なら、文章や写真で商品のよさ・おいしさを伝えられますが、ラジオショッピングは声と音でしか商品を伝えることができません。

「はちみつ」をラジオショッピングで売っていた時には、「はちみつのおいしさを音で伝えるにはどうしたらいいのだろう」と悩みました。はちみつ自体からは音が出ませんし、食べている時にも音はしません。「はちみつを食べるシチュエーション」を考えてみると、パンに塗って食べる人が多いことから、パンに塗った「はちみつ」を食べると音がすることに気がつきました。

焼いたパンなら“サクッ”という音がします。いろいろ試してみると、食パンよりフランスパンのほうがいい音がしました。

そこで、ラジオショッピングの現場にオーブントースターを持ち込んで、本番直前にパンを焼くことにしました。何分前に焼くのがいいのか、何分焼いたらいいのか、どれくらいの厚さに切ったらいいのか――回数を重ねるごとにフランスパンの焼き方もレベルアップしていきます。

本番当日に買ったフランスパンを切って焼くより、本番前日に買って、あらかじめ切って冷蔵庫で冷やしておき、本番の日にオーブントースターで焼くと余計な水分がなくなって、非常にいい音が出ることもわかりました。

フランスパンの“サクッ”いう音がうまく出せた時ほどレスポンスが多く、ラジオにおける音の重要性をあらためて実感した仕事でした。

5章 通信販売の「リピート促進」

❶商品の魅力だけではリピートしない

❷会社のファンにする

❸顧客サービスはさまざまある

❹販売促進の種類

❺必ず見てもらえる商品同梱物はしっかりしたものを

❻販売促進のタイミング

❼リピート顧客にするための販促とリピート売上を上げる販促

❽印刷物は顧客に合わせたデザインにする

❾ダイレクトメール（封書）は開封させる仕掛けが必要

❿リピート売上は回数×単価

⓫販売促進は他社の真似をしない

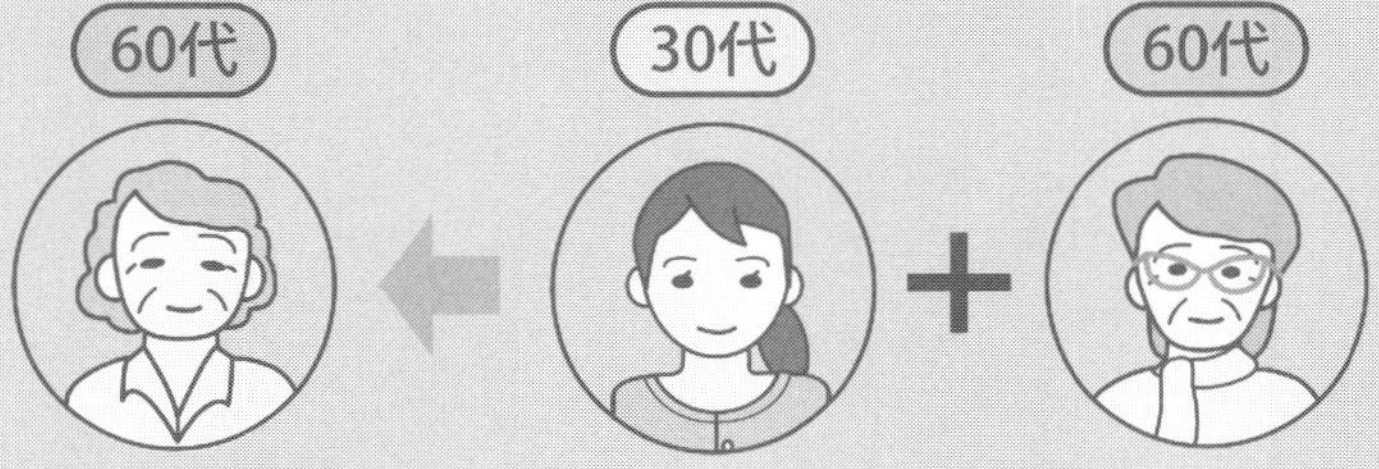

❶商品の魅力だけではリピートしない

●新規顧客は商品力とブランド力

広告などを出して新規顧客を獲得する時には、強力なブランド力があれば、それなりのレスポンスがあることは前章で書きました。ブランド力がなく、会社や商品の知名度がないのであれば、強力な商品力が必要ですが、ブランド力もしくは商品力があれば、新規顧客の集客はできます。

しかし、一度購入していただいた顧客に2回目以降も継続購入してもらうためには、ブランド力はまったく役に立ちませんし、魅力的な商品力だけで継続してくれるわけではありません。「うちの商品はとてもよい商品だから、継続して購入してくれるはず」と思っていると大失敗します。

「最初に購入するポイント」と「継続購入するポイント」はまったく異なるので注意が必要です。

●リピートには「共感」が不可欠

では、継続して購入してもらうために必要なこととは何でしょうか。継続に必要なキーワードは「共感」で、お客様に共感してもらうポイントはひとつだけではありません。

「商品」「企業理念」「経営者の想い」「人」「サービス」などさまざまな要素のうち、共感してもらえることが多いほど、リピートの可能性が高まります。

●商品　当然、よい商品でなければなりませんし、魅力がなければなりません。

●企業理念　企業コンセプトのことです。どんな考えで事業を展開しているのか、どんな会社なのかを理解してもらいます。

●経営者の想い　どのような想いから起業したのか、どのような想いで商品を取り扱っているのかを伝えます。

●人　経営者のみならず、商品製造に関わる人、注文を受ける人、商品を出荷する人など、なるべく多くのスタッフを紹介することでお客様は安心できます。

●サービス　顧客サービス。お客様が継続して購入したいと思えるさまざまなサービス。

「商品がよければリピートする」という考えは間違い

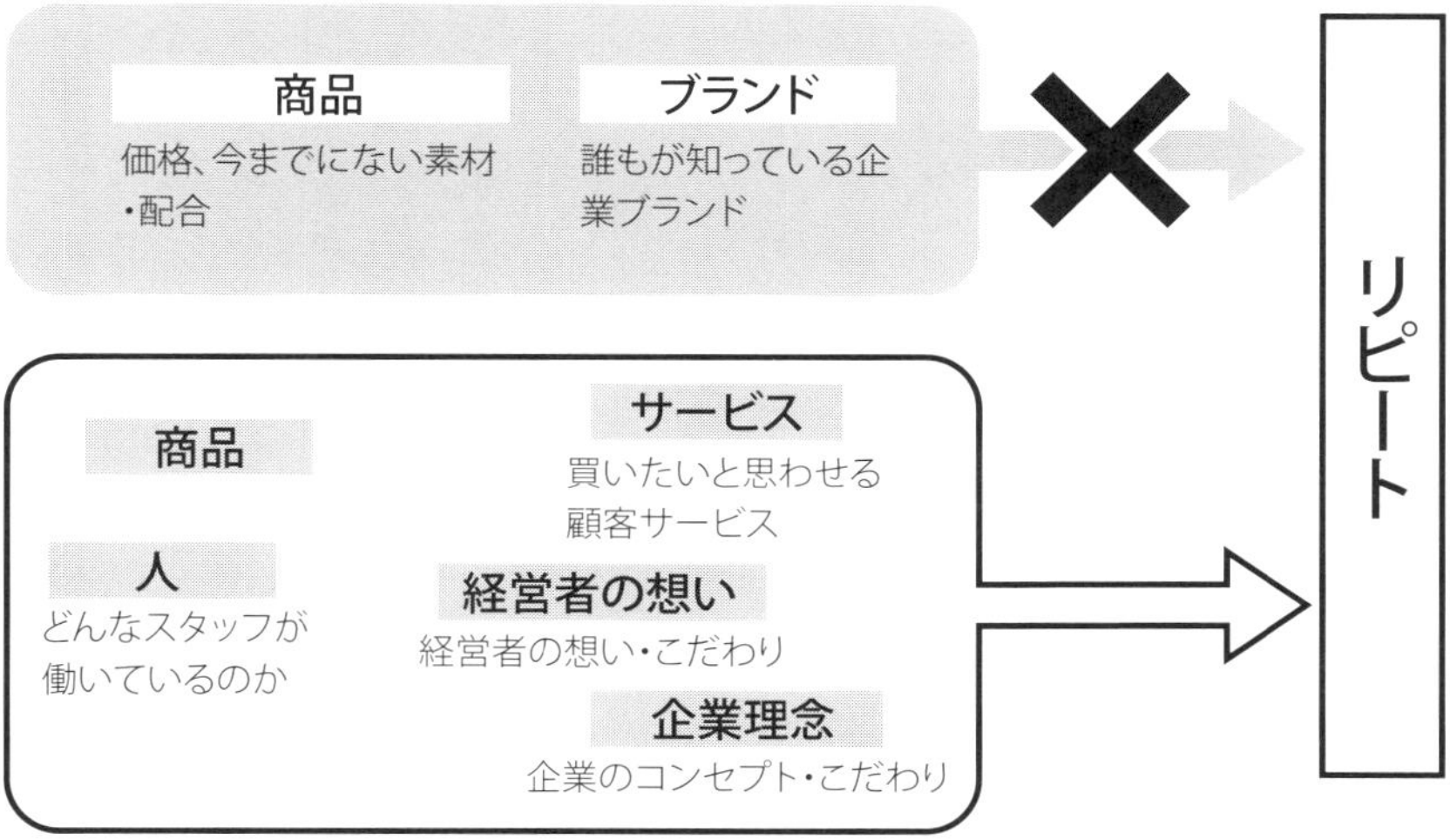

株式会社やずや／http://www.yazuya.com/shisei/first/index.html

どんな想いで経営しているのか、企業理念をホームページに載せると効果的

❷会社のファンにする

●リピート＝会社のファンになってもらうこと

前項で継続購入に必要なことは「共感」だと書きました。「商品」「企業理念」「経営者の想い」「人」「サービス」などに共感してもらう必要があるとも書きました。

顧客がさまざまなことに共感すると、どうなるのでしょう。共感すると「ファン」になってくれます。

実は、顧客に継続して購入してもらうためには、会社のファンになってもらう必要があるのです。

ファンとは一般的に愛好者や応援者のことを指します。愛好者や応援者になってもらうためには、気に入ってもらえる存在にならなければなりません。顧客にとって気に入った存在になるためには、さまざまな情報を伝え、継続して購入してもらいやすい仕組みをつくっていく必要があるのです。

ここで言うファンとは、あくまでも「会社のファン」です。「商品のファン」ではありません。商品のファンになってもらうことも当然必要ですが、プラス、会社のファンになってもらってください。

●一度きりの接触ではファンになってもらえない

会社のファンになってもらうために、さまざまな情報を伝えていく必要があります。その際に注意していただきたいのは、たくさんの情報を一度に届けても、顧客は絶対に理解してくれないということです。

一般的に、多くの情報を一度に伝えると〝お腹いっぱい〟の状態になり、消化不良を起こしてしまいます。物事を理解してもらうには、1回あたりの情報量を適度に制限し、何度も繰り返すと伝わりやすいと言われます。

通信販売事業で顧客に情報を伝える場合にも、同じことが言えます。必ず伝えたい内容は何度も発信する必要がありますが、その他の情報は顧客の購入状態に合わせて少しずつ伝えていきましょう。はじめての接触なら、どんな会社かを知ってもらえるよう、「会社・スタッフの紹介」をします。2回目以降の接触なら、「『容器が開けにくい』という声にお応えして、パッケージを変更しました」といった情報もいいでしょう。「顧客の声を聴く会社です」ということが伝えられるからです。

ファンになってもらえば、"もしもの時"にも会社離れしない

顧客が「商品」のファンの場合

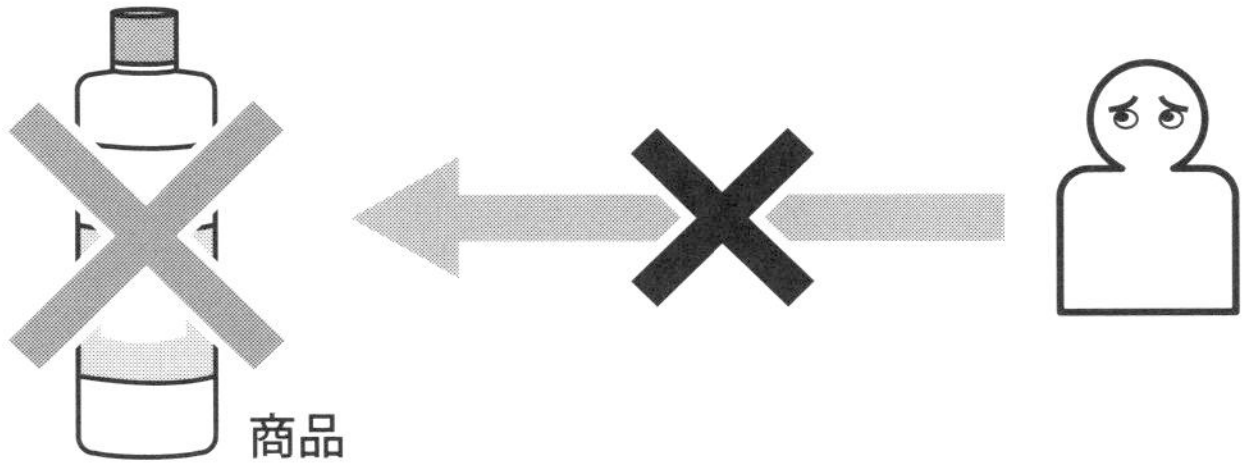

CHECK その商品や成分などに何か不都合があった場合（自分の会社の責任ではなく、他社商品で何かあった場合も含む）、顧客は購入をストップする。「商品」のファンなので、あなたの会社からも離れていく

顧客が「会社」のファンの場合

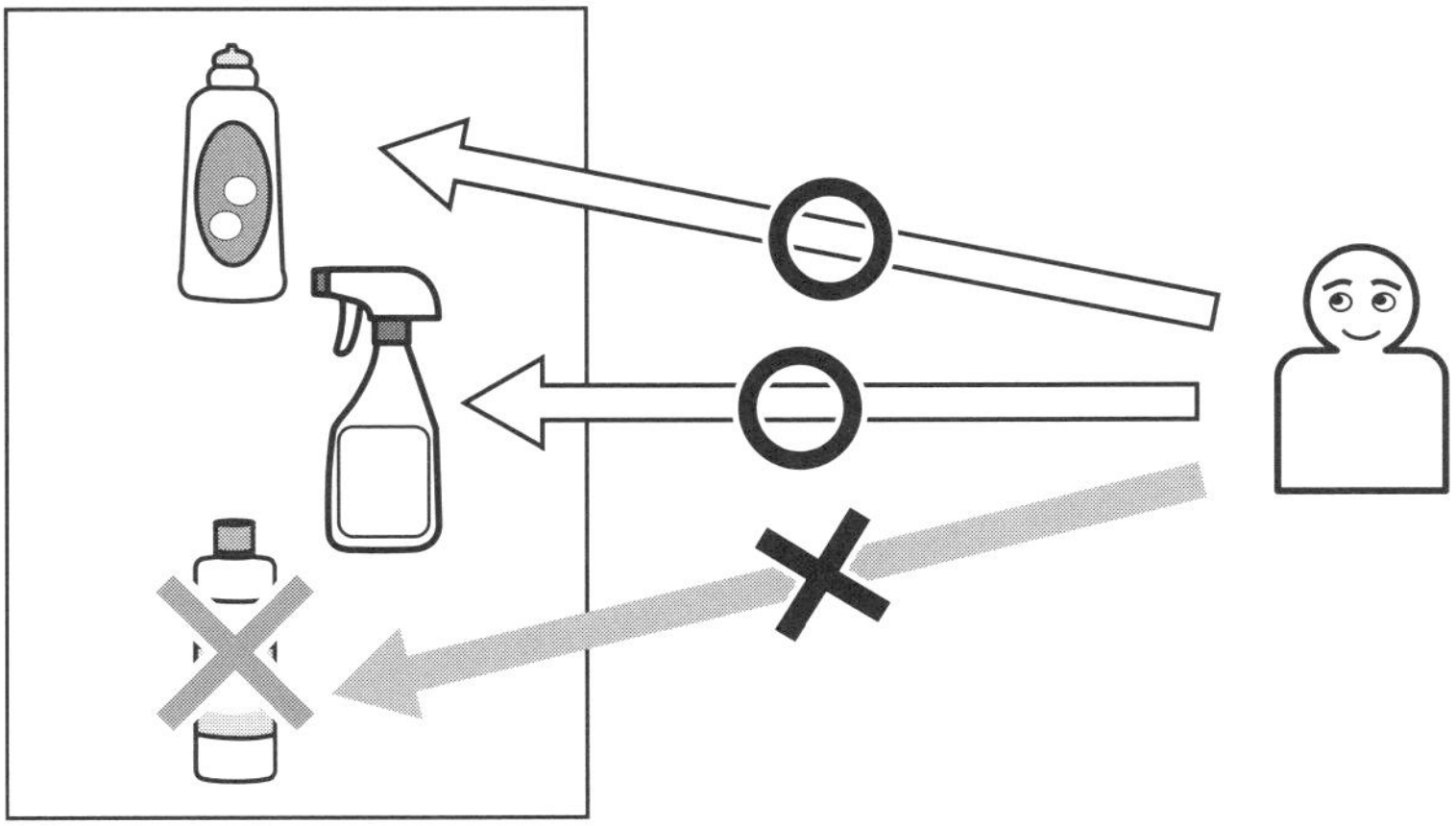

CHECK その商品の購入はストップしても、会社のことは気に入っているので、他の「商品」を購入しようと考える

❸顧客サービスはさまざまある

●価格サービスだけが顧客サービスではない

「サービス」と聞いてすぐに思い浮かぶのは、「価格面のサービス」ではないでしょうか。実際、多くの会社が顧客へのサービスとして、割引や送料サービスなどの価格面のサービスを前面に打ち出しています。しかし、価格面のサービスは販売促進企画の中では最終手段で利用するサービスです。付加価値をつけたこだわりのある商品を購入してくれる顧客に、値引きをする必要はありません。

売上が思うように上がらないと、値引きをしたり、商品価格自体を下げようとしがちです。すると、どうなるか？

値引きを繰り返すことで、値引きをしないと顧客は購入してくれないようになって、二度と定価で販売することができなくなります。

商品価格に関しては、価格を下げることは簡単ですが、いったん下げてしまうと、価格を上げるのがとても難しくなりますし、そのことでリピートしてくれていた顧客が離れてしまうことにもつながります。

●顧客サービスの種類

では、顧客を会社のファンにするためのサービスにはどんなものがあるでしょう。

一般的には、「正しい知識（情報）を教えてくれる」「質問した内容に的確に答えてくれる」「顧客一人ひとりを認識してくれている」「支払い方法が選べる」「配達方法が選べる」などがあります。

特に大切なのは「顧客一人ひとり」を認識していることです。たとえば、受注担当者が複数いる場合、顧客から聞いた情報を他の担当者も共有して、２回目以降、誰が電話に出ても話の続きができるようにするということです。顧客にとって同じことを何回も聞かれるのは、かなりストレスになるものです。

会社によって購入してくれる顧客のタイプは違うので、会社ごとに適したサービス内容を見つけることが大切です。自分はどんな時に気持ちよく買い物ができるかを考えてみるのもいいでしょう。

サービスの種類

サービス提供側が思い浮かべるサービス

- 価格面のサービス（値引き、送料サービス）
- 正しい知識・情報を教えてくれる
- 質問に的確に答えてくれる
- 支払い方法が選べる
- 配達方法が選べる
- 自分を認識してくれている

お客様が「ここから買い続けたい」と感じるサービス

送料別と送料込み

送料の処理	送料別 1000円＋送料200円	送料込み 1200円
長所	「安心して買い物できる！」と思ってもらえる	「お得感があって買い物しやすい！」と思ってもらえる
短所	送料が上乗せとなる分、高く感じられる	実質の商品価格がわからないという不安を与える

どちらでもよい

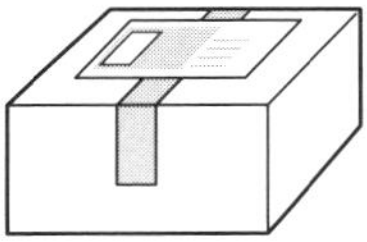

CHECK

「送料別」にした場合、絶対に送料で儲けない
（一部会社負担にするか、完全実費で顧客に請求する）

❹販売促進の種類

●最も重要なのは商品同梱物

通信販売の販促と言うと、はがきや封書などのDMを連想しがちですが、販売促進企画の中で最も重要なのは、注文した商品を送る際に、配送箱の中に入れる印刷物です。

封書のDMには、「開封してもらう」という第一関門があります。どんなに販促効果の高い印刷物をつくったとしても、お客様が中を見なければ話になりません。ネット通販のメールマガジンも、開封してもらわなければ効果がありません。

テレマーケティングにしても同じことが言えます。販促DMと違って、お客様一人ひとりに合わせた話ができるのがテレマーケティングのメリットですが、これも電話がつながらなければ話になりません。

どんな事業展開しているところも、商品同梱物に力を入れてください。なぜなら、最もお客様の目に触れる機会が多いのは、商品同梱物だからです。注文した商品が届いたら、お客様は必ず箱を開いて商品を取り出します。配送箱に印刷物が入っていたら、必ずお客様の目に留まります。左図のような商品同梱一覧表をつくって、お客様に合わせた最適な情報を伝える必要があります。

●販促DM、テレマーケティング

商品同梱物の他に有効な販促企画はDMやテレマーケティングですが、取扱商品によって注意点が異なります。

食品を取り扱う会社では、DMは利用していても、テレマーケティングによるアウトバウンドフォロー（7章参照）を実施している会社は一部に留まります。食品の購入後に通信販売会社から電話が掛かってくることは、まだ一般的ではないからです。

店頭で購入しづらいお悩み商品なら、はがきでは家族や知り合いの目に触れることもあるため、DMは封書しか利用できません。

何もせずにリピート売上を上げることはほぼ無理なので、取扱商品や顧客層に合わせて最も効果的な販促方法を見つけなければなりません。DMやテレマーケティングでのフォローはお客様の購入状態に合わせ、目的を明確にした上で実施することが大切です。

商品同梱物一覧表

	お試し購入者	直商品初回	お試し↓引上初回	定期初回	継続2〜3回	継続4〜5回	継続6回〜	定期2〜4回	定期5回	定期6回〜
あいさつ状（見込み客）	○									
あいさつ状（新規）		○	○							
あいさつ状（顧客）					○	○	○			
あいさつ状（定期初回）				○						
あいさつ状（定期リピート）								○	○	○
企業信頼獲得ツール	○	○								
商品チラシ	○	○	○	○	○	○	○	○	○	○
定期購入制度案内	○	○	○		○					
情報誌		○	○	○	○	○	○	○	○	○
商品カタログ		○	○	○						
紹介制度案内						○	○	○	○	○
注文はがき	○	○	○	○	○	○	○	○	○	○
体験談	○	○	○			○	○		○	○

商品同梱物を作成する前に、伝える情報を「顧客の状態」ごとにすべて出す

顧客の状態	伝える情報
初回購入	あいさつ（はじめての接触） 商品説明 商品価格 お得な購入方法（定期購入、頒布会など） 会社案内（信頼を獲得する） 注文書
2回目購入以降（リピーター）	あいさつ（リピーター向け） 商品説明 商品価格 お得な購入方法（定期購入、頒布会等） お客様の声 注文書

この2つの情報は1枚の紙に入れられる

これは定期購入の顧客には送れないため、同じ紙に入れれない

すでに通信販売事業を展開していて、各種商品同梱物がある場合は、要素を洗い出して、現在使用している印刷物にない要素の印刷物をつくる

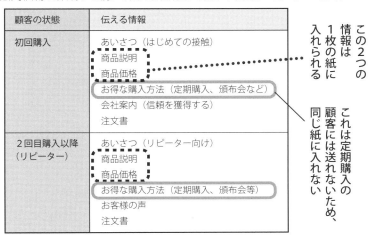

⑤必ず見てもらえる商品同梱物はしっかりしたものを

●商品同梱物にはお金と時間を掛けること

前項で「商品同梱物は最もお客様の目に触れる確率が高い印刷物」と書きました。ですから商品同梱物にはお金と時間を掛け、しっかりした内容の物を制作する必要があります。

しかし、残念なことに、通信販売会社の商品を購入した時に、「この会社の印刷物はしっかりつくり込んでるな」と感じることは数えるほどしかありません。

重要な商品同梱物の中でもとりわけ大切なのが、お客様との一番はじめの接触である、初回に届ける商品同梱物です。人と人との関係にも当てはまりますが、第一印象というのはとても大事です。広告などを見て商品に興味を持ち、注文してくれたお客様に伝える情報ですので、しっかりつくり込みましょう。

購入してくれた商品の説明や価格、お得な購入方法（定期購入やまとめ買い、頒布会の情報等）は基本ですが、お客様を会社のファンにするための情報も不可欠です。企業コンセプトや経営者の想いなど、お客様に共感していただける内容を盛り込んでいきましょう。

●毎回同じものを送らない

「商品同梱物は重要だ」と聞いて、とりあえず1種類の印刷物を制作して、ずっと使い続けている会社もあります。しかし、これは完全に会社都合の印刷物です。いくら商品同梱物が必ずお客様の目に触れると言っても、毎回同じ内容の印刷物が入っていれば、はじめのうちは読んだとしても、やがて目も通さずにゴミ箱行きとなるでしょう。

商品同梱物は必ず目に触れるものなので、お客様にどうしても読んでもらいたい情報を伝えるには効果的ですが、読まずにゴミ箱行きの状態ですと、作成する意味がありません。商品お届け時には毎回目を通してもらえるような印刷物をつくる工夫が必要です。

経費を掛けられないのなら、季節ごとに用紙の色を変えて印刷したり、体験談やお客様の声を季節ごとに変えるといった、小さな変化からはじめてみましょう。

縦書きは"右開き"、横書きは"左開き"で制作する

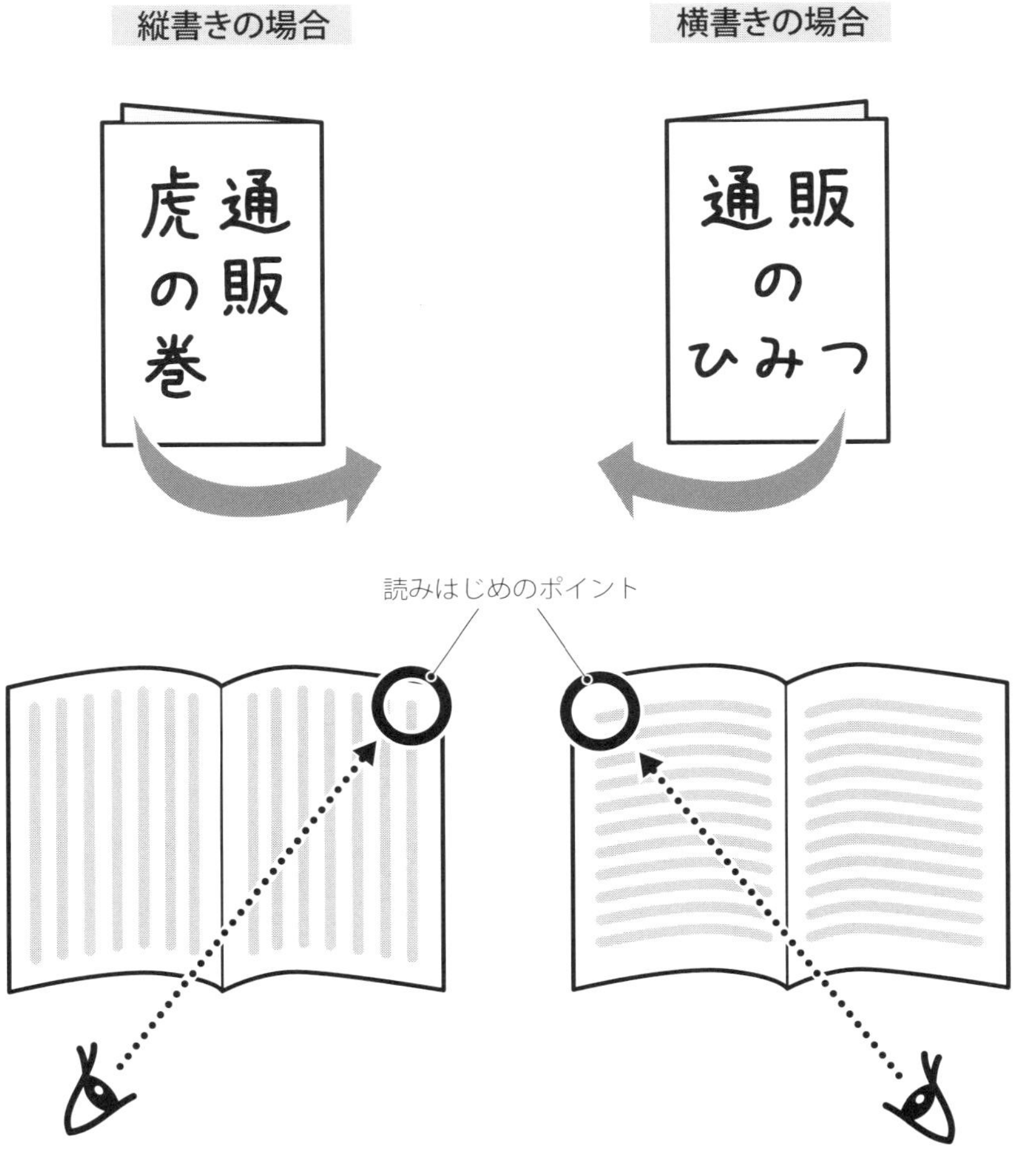

CHECK

逆になると非常に読みにくい。印刷物を制作する際には、当然内容も重要になってくるが、読みやすいかどうかが最も重要。たとえば横書きの場合、人間の目の動きは左から右に動くのが自然。それを右開きにしてしまうと、冊子を開いたときに右ページから読ませることになってしまうので、不自然な動きをお客様に求めることになる

❻販売促進のタイミング

●鉄は熱いうちに打て！

通信販売事業においては、何らかのアクションを実行するタイミングも非常に重要です。

たとえば、お客様が広告を見て商品を注文した際、注文から48時間以内にお届けするのが一番いいと言われています。お届けのタイミングが遅くなるほど、注文時のホットな気持ちが薄れ、商品を受け取った時の感動もなくなります。かなり遅れて商品が届くと、自分が注文したことを忘れ、「注文していない」というクレームになることさえあります。

販促ＤＭを送るタイミングや、アウトバウンドフォロー（１５６ページ参照）を実施するタイミングについても同様です。お客様の気持ちがホットなうちにアクションを実行するのと、クールな状態になってから実行するのとでは、レスポンスに大きな差が生じます。

以前なら、注文してから商品が手元に届くまで多少時間が空いても、お客様のホットな気持ちがすぐに薄れることはありませんでしたが、今は通信販売会社の数も増えてきていますし、無料サンプルや有料サンプルの類いであれば、お客様は複数の会社に同時に注文をします。当然、早く届いた会社の商品は印象がよく、日にちが空いてから届く商品の印象は悪くなります。何ごとも「鉄は熱いうちに打て！」で実行です。

●アクションを起こすタイミング

アクションを起こす時の基準は、出荷は当然、注文日を起点に考えますが、商品発送後のＤＭやテレマーケティングなどの販促フォローは商品出荷日を起点にします。お届けは注文から48時間以内が一番いいと書きました。商品が1日で届く地域なら翌日出荷でもいいのですが、届くのに2日かかる地域では、注文を受けた当日に出荷する必要があります。販促フォローは商品が顧客の手元に届いてからのアクションになるので、理想は届いた日を起点にするのが一番ですが、地域によって異なるため、出荷日を起点にしてください。新規顧客に対するアクションは、1～2日ずれるだけで大きくレスポンスに影響するので注意してください。

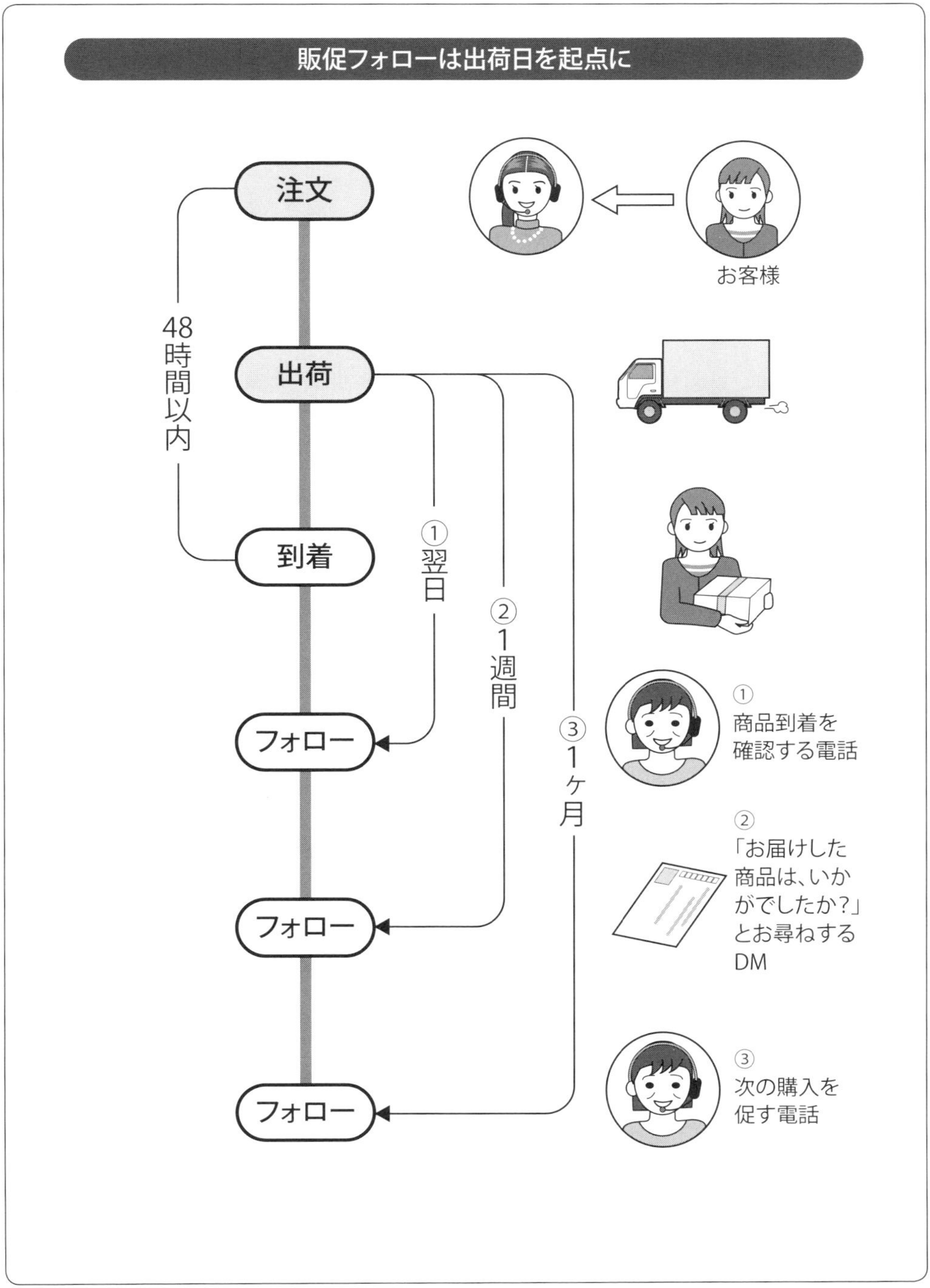
販促フォローは出荷日を起点に
注文
お客様
48時間以内
出荷
到着
①翌日
②1週間
③1ヶ月
フォロー
フォロー
フォロー
①
商品到着を
確認する電話
②
「お届けした
商品は、いか
がでしたか?」
とお尋ねする
DM
③
次の購入を
促す電話

❼リピート顧客にするための販促とリピート売上を上げる販促

●リピート顧客にするための販促

新規に獲得したお客様は顧客とは言えますが、継続してくれるリピート顧客にはなっていません。資料請求やお試し商品で獲得したお客様は顧客になる可能性の高い見込み客に過ぎず、まだ顧客になっていません。そこで見込み客を顧客へ、そして顧客からリピート顧客にするための販促が必要になってきます。まずは3回購入してもらえるようにしましょう。そのためには商品同梱物や販促DM、テレマーケティングでのフォローが必要です。

毎回同じ商品同梱物を使ってはいけないのと同様に、お客様の元へ郵送する販促DMや通常はがきも、毎回同じ物を送っていると、そのままゴミ箱行きになります。送った印刷物を毎回確実に見ていただくためには、印刷物を「顧客状態」に合わせた内容にします。

顧客状態に合わせるとは、お客様とのはじめての接触時には商品のこと以外に、会社のファンになっていただくための内容、2回目以降の購入時には、その次も購入したいと思わせる内容を入れて送ることです。

お客様が継続購入しない理由は、価格だけではありません。「この商品を続けて購入することで、何らかの効果があるのだろうか」「他にどんな人が購入しているのだろう」「この会社は安心できるのだろうか」といった不安も次の購入を妨げる要因です。ですから、2回目以降はこういった不安材料を払拭させる内容を入れます。お客様の声（体験談）や会社・スタッフの様子がわかる内容も必要です。

●リピート売上を上げるための販促

リピート売上を上げるための販促とは、リピート顧客に対しての販促で、購入単価を上げる目的があります。こちらの販促DMには、お客様の不安を払拭して継続購入させるための内容は必要ありません。必要なのは、「今、買いたい」と思ってもらうことです。そのために季節に合わせた商品やお勧めポイントを書いて、「今買う必要がある」と思ってもらったり、「今買うとお得」と思わせる内容が必要になります。あくまでも旬の話題で商品を紹介してください。

リピートプログラムの構築

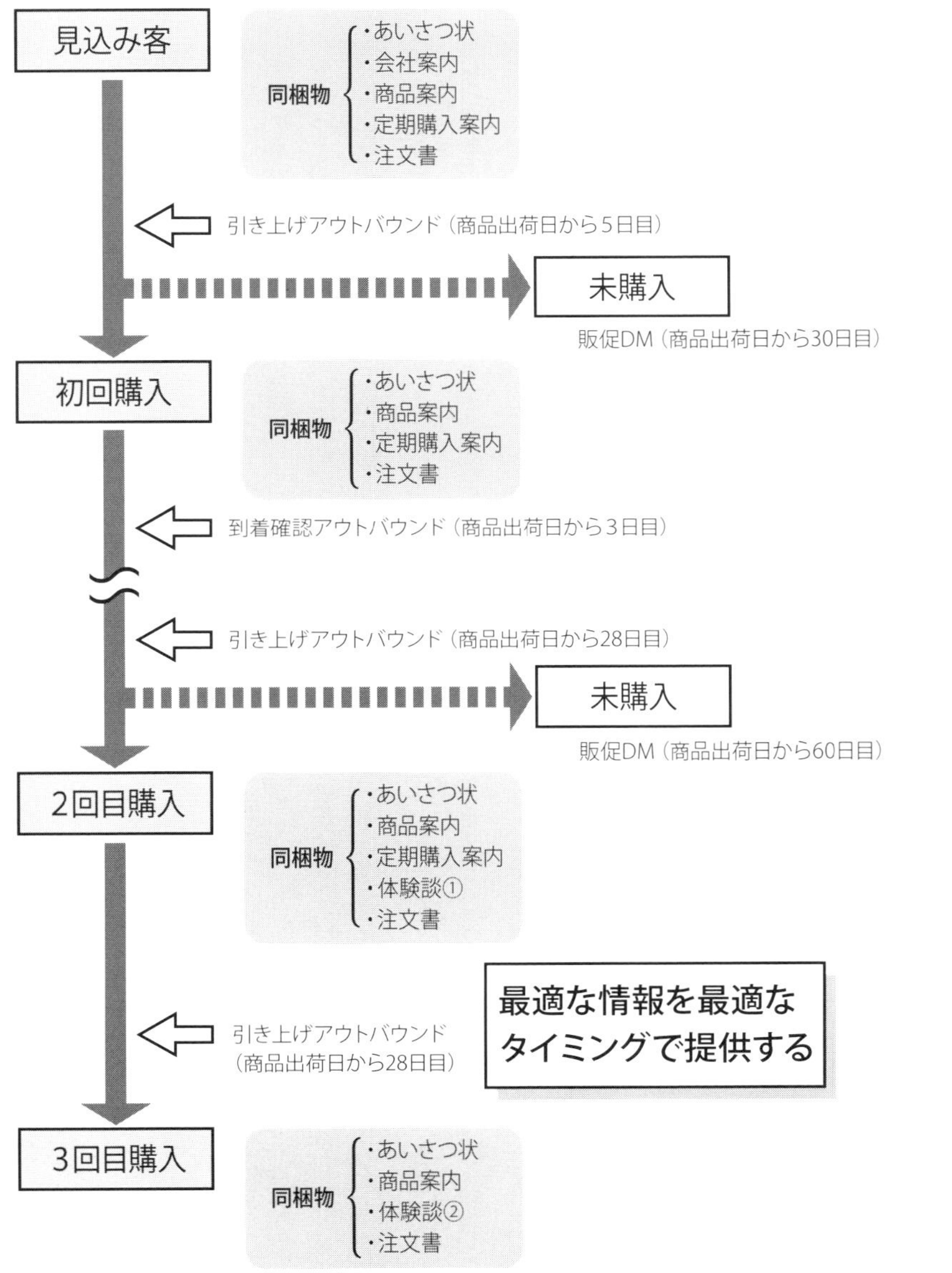

❽印刷物は顧客に合わせたデザインにする

●顧客に合わせたデザイン・見せ方

販促のための印刷物は必ず顧客に合わせたデザインや見せ方にしてください。いくら内容の濃い印刷物をつくっても、自社の顧客に合っていなければ、目に入ったとしてもしっかりと読んでもらえず、内容がまったく伝わらないということになります。

若い女性には、理屈っぽいことや長文での説明は極力減らし、絵や写真で商品のイメージや内容を伝えることが大切です。男性には図表なども使って、理論的な内容を書くと興味を引くようです。女性には感性で訴求、男性には理屈で訴求していきます。

シニア層に対しては少し注意が必要です。絵や写真もある程度は必要ですが、文字をしっかり読む世代なので、イメージを伝えるのではなく、理解してもらいたいことは文字でしっかり書きます。文字の大きさは12ポイント（新聞の字のサイズ）以上とするのが一般的です。

色の使い方も考えてください。年を重ねると、はっきり見える色の区別が甘くなってくるので、強調しようとして色地に色文字で書くと、顧客にまったく伝わらないというケースもあります。色を多用したり、ビビッドな配色にすると、目が疲れやすくなることもあるので、注意してください。

●デザイン会社はきれいにつくりたがる

印刷物をつくるためには、外部のデザイン会社に依頼するケースが多いでしょう。しかし、ここでも注意が必要です。デザイン会社はとにかくきれいにつくろうとします。ひと目見てきれいだと感じるデザインです。しかし、本当に顧客に伝わるデザインをめざしているのか、疑問に思うことが多々あります。

化粧品会社で多く見られる印刷物は、化粧品の澄んだイメージを出すためにとても美しくつくられていて、文字はかなり小さめです。若い女性向けの商品であればそれでもいいのですが、シニア向けの商品となると不適切です。印刷物はきれいなイメージではなく、伝わる内容になるように制作してください。

「販売ターゲットに近い人」を見つける

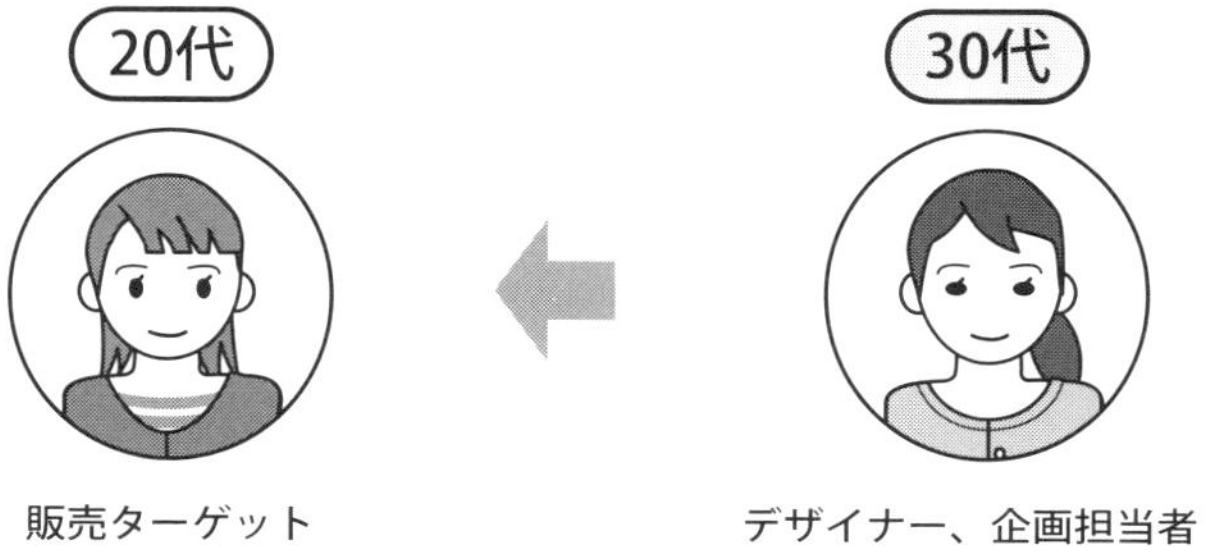

若年層をターゲットにした印刷物の場合は、比較的多くのデザイナーや企画担当者でもレスポンス率の高いものを制作することが可能です。人は自分が経験してきたことであれば、どのようにすれば反応してくれるのかをある程度知っているからです

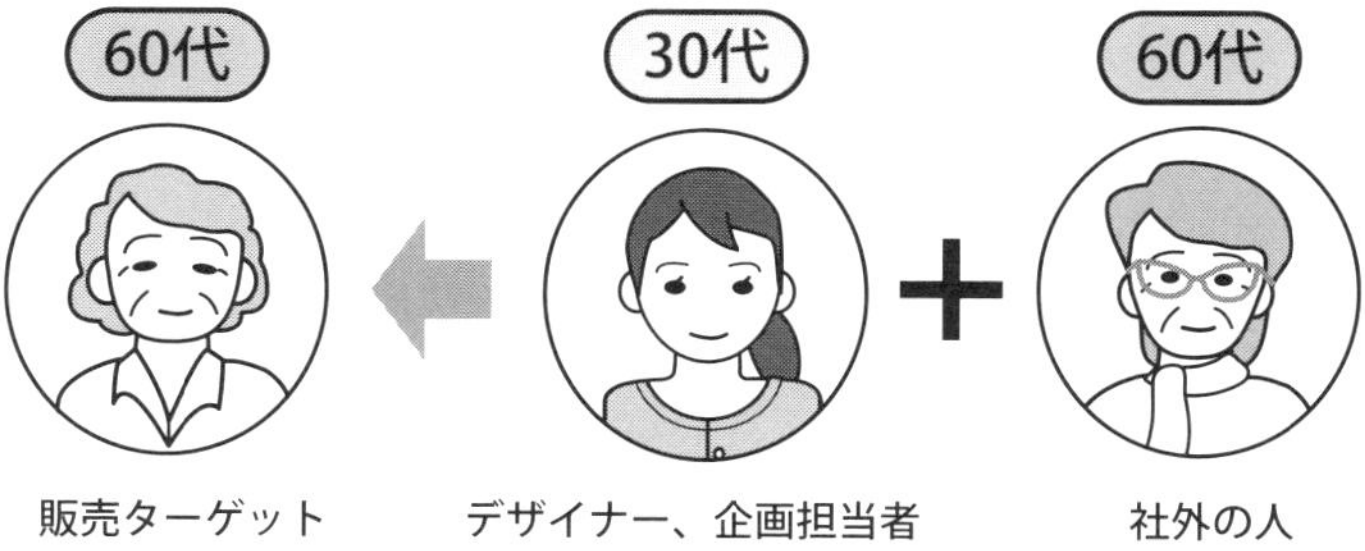

シニア層がターゲットとなると、若い世代のデザイナーや担当者には自分たちに経験値がないので、どのようにすれば反応してくれるのかがわかりません。その場合、ターゲット層に近い年齢の人に見てもらうのがお勧め。注意点は、社内にいる人ではなく、社外の人に見てもらうこと。社内や取引先の人には専門知識があり、わかりにくい表現であっても理解できてしまうため、あくまでもターゲットと同じ一般消費者であることが条件となります

❾ダイレクトメール（封書）は開封させる仕掛けが必要

●開封してもらわなければ意味がない

封書や圧着はがきの販促ＤＭを送る際にも、何らかの仕掛けが必要です。いくら内容の濃い企画だとしても、封筒や圧着はがきの場合、開封して中を見てもらわなければ意味がありません。封書や圧着はがきは、開封してもらうことが第一の関門です。

開封を促す工夫の前に、ＤＭに関する基本的なことをご説明します。

まず、送る封筒について。事務用の茶封筒で送るのは論外です。会社から会社に送る請求書ではないのですから、既成の封筒で送るにしても、白封筒や色封筒にしてください。

そして、送り主も業務用のような書き方（郵便番号・住所・会社名・電話番号等）ではなく、「ブルーベリーアイのわかさ生活」のように、商品名まで必ず入れてください。リピート顧客、会社のファンになってくださったお客様なら、会社名を見ただけでどこから送られてきたＤＭかわかりますが、リピート顧客になっていないお客様には、会社名だけではわかりません。

●開封を促すさまざまな工夫

どこから届いたＤＭかわかってもらえたら、次は開封してもらう必要があります。開封する仕組みの中で、一番手っ取り早いのは、封筒や圧着はがきの目に触れる箇所に、内容物の情報を入れておくことです。今回のＤＭの内容はどのようなものなのか、内容物を読むとお客様にとってどのようなメリットがあるのか、を記しておけば、開封してもらえる確率はぐんと上がるでしょう。

昔からある手法ですが、中に何か入れる方法も有効です。消しゴムのような少し大きめの塊を入れておくと、封筒の外からでも「何が入っているのだろう」と疑問に感じて、とりあえず開封してしまいます。また、封筒の宛名部分以外にもう1箇所窓をつけて、そこから10円玉や52円切手を覗かせるという手もあります。10円玉は注文の際の電話代、52円切手は注文はがきに貼ってもらうという意味です。お金や切手が中に入っていれば、必ず開封してもらえます。

通信販売に適したその他のDM

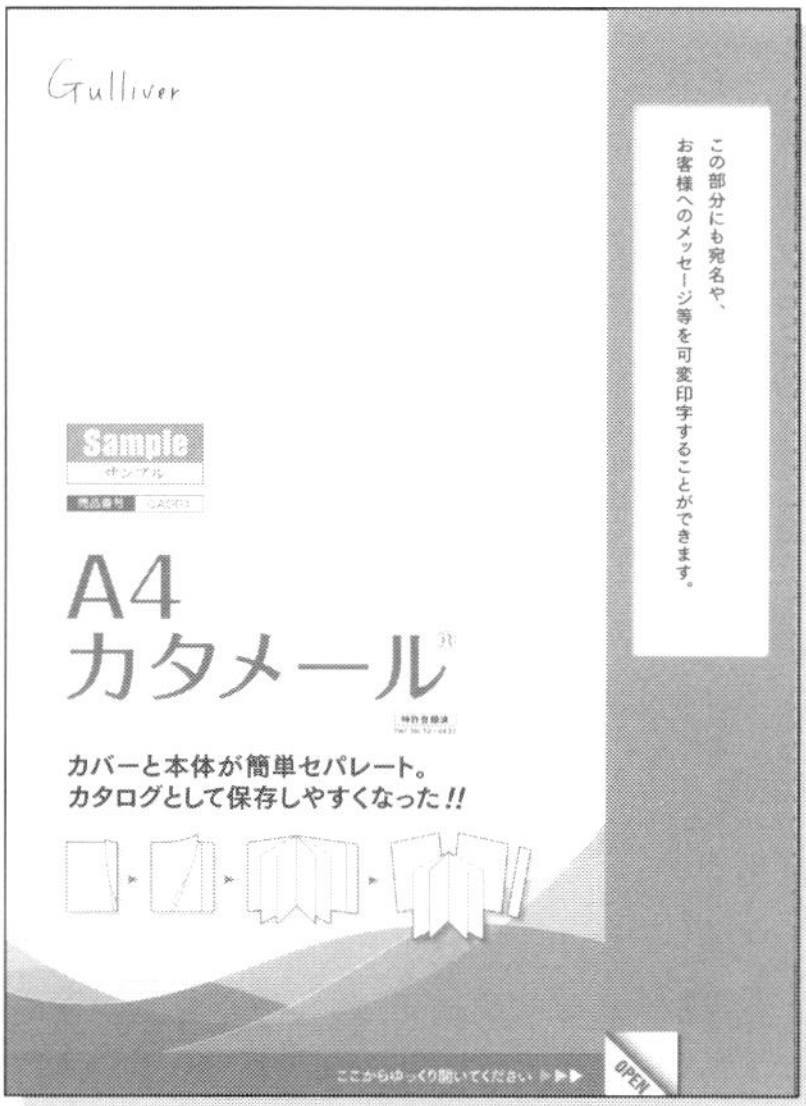

通信販売企業支援に長けている印刷会社では、A4サイズを開くとA2サイズになるものや、開封してもらいやすいものなど、通信販売に適したさまざまなタイプのDMを扱っています

⑩リピート売上は回数×単価

●年間購入回数を増やす工夫

リピート売上を上げるために必要なことは、「年間購入回数」を増やすことと「購入単価」を上げることです。顧客の年間購入回数が増え、1回あたりの購入単価が上がればベストです。

年間購入回数を増やすためには、先述の定期購入制度や頒布会制度の導入が最適です。多くの顧客に定期購入制度や頒布会制度に入ってもらうには、①顧客にとってメリットのある制度にする、②敷居が低くて入りやすい制度にする、③中止しやすい仕組みにする、この3つの条件を整えることが必要です。仕組みだけでなく、販促企画を併せて実施することも大切です。

●購入単価を増やす工夫

次に、1回あたりの購入単価を増やす工夫です。ここで重要なのは「顧客個人の購入単価を増やす」のではなく、「顧客の家族を巻き込んで購入単価を増やす」ことです。十数年前は、顧客1人に対して「この商品とこの商品を併せて利用すればより効果が高まる」といった訴求をすることで購入単価を上げていました。

しかし今では1人あたりの購入額が下がっているため、昔のように1人に「あれもこれも」という商売はできなくなってきています。そこで、自社に登録されている顧客に対して、家族を巻き込んだ販促をするところが増えています。

お母さんにはこの商品、生活や食生活が不規則なご主人にはこの商品、勉強で疲れている息子さんにはこの商品というように、使用者ごとに訴求内容を変えていけばいいのです。

リピート売上を上げるためには、「年間購入回数」と「購入単価」の両方が上がるのがベストだと書きましたが、取扱商品やターゲットによっては、両方上げるのは難しいかもしれません。その場合には、どちらかを上げればいいのです。年間購入回数が上がらないようなら、1回あたりの購入単価を上げればいいですし、逆に1回あたりの購入単価が上がらないようであれば、年間購入回数を上げればいいのです。

客単価を上げる方法

購入決定権を持つ「主婦」がお金を使う商品を考える

購入する・しないの決定権を持つ、家庭の主婦層がお金を掛ける順番

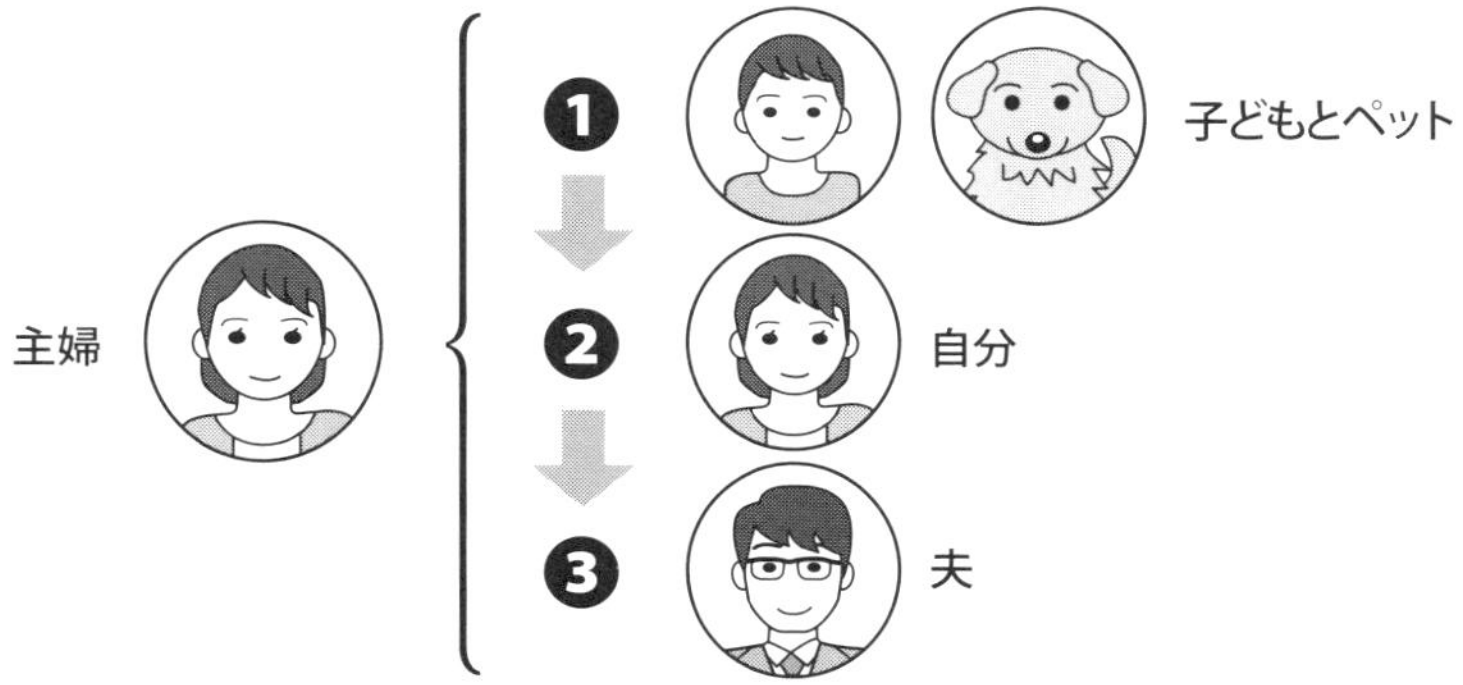

家族を巻き込んで商品を販売する場合、ご主人向けの商品を展開するよりも、子どもやペット向けに展開したほうが購入してくれやすい

どんな商品でも「ギフト用セット」をつくる

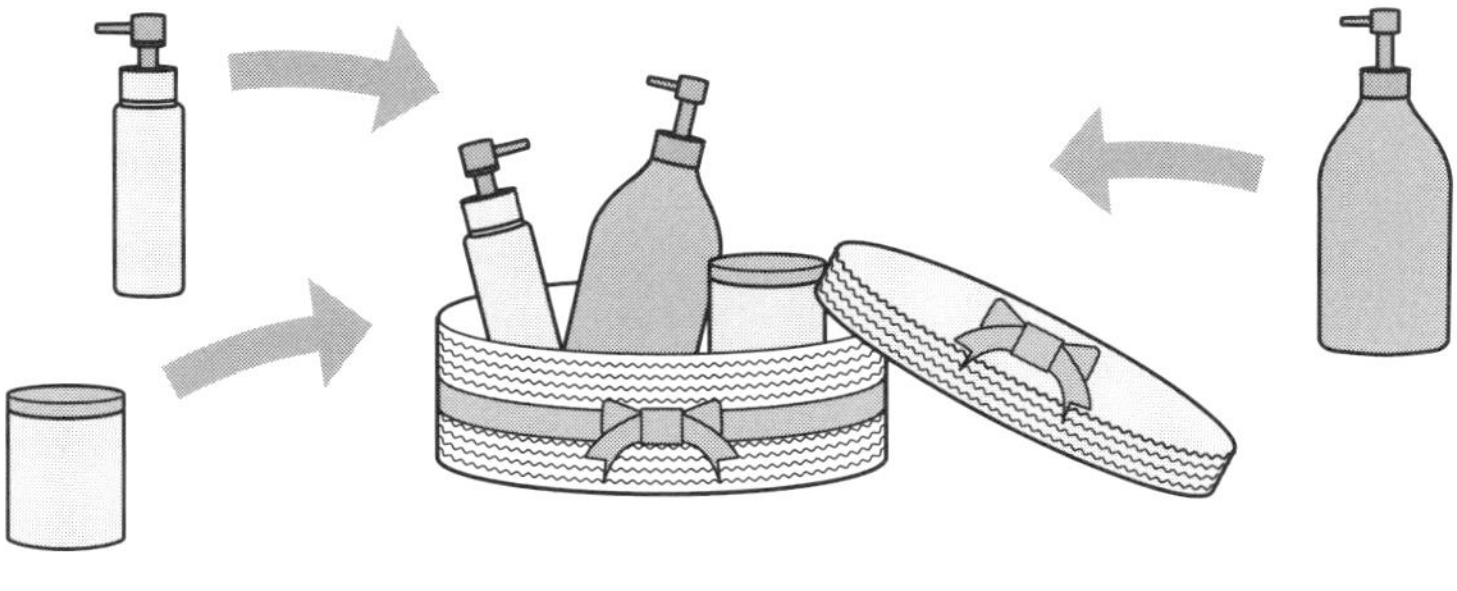

贈答品には不向きと思われがちな健康食品や化粧品も、ギフト用のセット商品をつくれば売れる。単品で販売するよりも購入単価が上がる

⓫販売促進は他社の真似をしない

●集客は他社の真似をすればよい

新規顧客を獲得する時には、他社の真似をすれば、ある程度のレスポンスは取れます。

広告などを常に見ていて、継続的に掲載されている商品は売れていると思ってください（売れていない商品の広告を継続して掲載する企業はほとんどありません）。

次に、その会社がどのような商品訴求をしているかを確認します。商品には訴求するポイントがいくつかあります。どの切り口で訴求しているのかがわかれば、それを真似すればいいのです。真似をすることで失敗するリスクが減るので、効率よく経費を使うことができます。

●リピートは真似しても絶対に成功しない

しかし、一度獲得した顧客をリピートさせる時には、他社の真似では絶対に成功しません。

商品によって付加価値が違うわけですし、商品価格も販売している会社も違うからです。

そして一番異なる点は、購入した顧客がまったく違うということです。あなたの会社の商品を購入してくれた顧客をリピートさせるためには、あなたの会社独自の方法で訴求しなければいけません。

ですから、顧客一人ひとりの状況や情報をしっかりと把握し、自社の顧客にあった最適な方法でフォローするしかありません。

多くの通信販売企業が、新規顧客獲得には力を入れているのに、顧客リピートにさほど力を注いでいないのは、ここに理由があります。リピートの重要性は理解していても、自社に合った最適な販促の仕方がわからないので、手をつけられないのが理由なのです。しかし、ここに力を注がなければ通信販売事業を成功させることはできません。

数ある通販会社の中からあなたの会社の商品を選んでくれた顧客に対して、フォローもせずにほったらかしにすることは、売上を放棄し、自分の首を締めているようなものです。自社の顧客とまじめに向き合い、顧客の購入状態を見極め、顧客の要望をきちんと吸い上げていれば、難しいことはありません。自ずと答えは出てきます。

自社に最適な販促方法を見つけるには、「顧客」を知ること

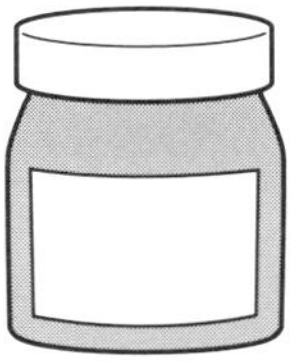

A社のローヤルゼリー

- 価格　2,800円
- 内容量　30粒
- 1日に飲む量　1粒
- 配合成分
  ローヤルゼリー＋グルコサミン
- 送料サービス
- まとめ買いでさらに安く買える
- 医薬品メーカーが販売

→ 1日あたり、約93円

↓

価格面でのお得感を打ち出す

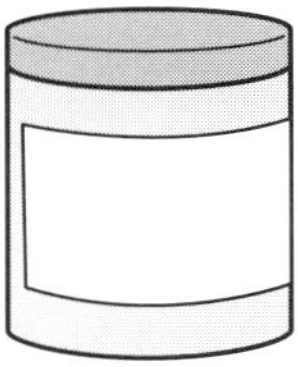

B社のローヤルゼリー

- 価格　6,800円
- 内容量　90粒
- 1日に飲む量　3粒
- 配合成分
  ローヤルゼリー＋カルシウム
- 送料別
- 定期購入制度
- 養蜂家（専門家）が原料から製造している

→ 養蜂家（専門家）が原料から製造している

↓

「専門家の確かな目で生産しているので、常に品質の高い商品を届けることができる」点を打ち出す

CHECK 事業展開直後に最適な販促法を見つけることは難しいので、「販促→分析」を繰り返しながら、最適な販促方法を見つけていく。「分析」を外部に任せると、肝心要のノウハウが社内に貯まらないので、必ず自社で行なう

Column

会社の歴史を紹介してリピート率アップ

ある製薬会社A社をお手伝いした時の話です。

「うちの会社は昭和30～40年代にかけて大々的に広告を打っていたので、60歳以上のシニア層の女性には全国的に会社の認知度があるので大丈夫だ」と経営者の方が話していました。しかし、認知度はそこまで高くないだろうと思った私は、リピートさせるためのツールの作成に力を入れました。

A社は江戸時代に創業した由緒ある企業だったので、その歴史をアピールできないかとヒントを探しはじめました。

江戸時代､薬を売るには「薬種仲買人手帳」という帳面に名前がないと、仕事をすることができませんでした。大阪に道修町という製薬会社が軒を連ねる町があり、薬の資料館もあります。まずその資料館に古い文献がないか、探してもらいました。すると「薬種仲買人手帳」なるものが残っており、そこにA社の創業者の名前が書かれていたのです。

「薬種仲買人手帳」を写真に撮らせてもらい、さらに社内に眠る古い広告や資料を集めてもらって、それらを元に"企業信頼獲得ツール"を作成しました。

いざ蓋を開けてみると、予想通り、広告での初期レスポンスはそれほど高くありませんでした。会社がある地元ではそれなりに認知度があったものの、残念ながら、全国的な知名度はさほど高くなかったからです。しかし、購入してくれた顧客のリピート率が恐ろしく高かったのを覚えています。お客様からは「歴史のある会社で、長年の研究実績があるから安心できる､信頼できる」という声が多かったのです。その後､そうした声が徐々に全国に広がっていきました。

6章

通信販売の「顧客分析」

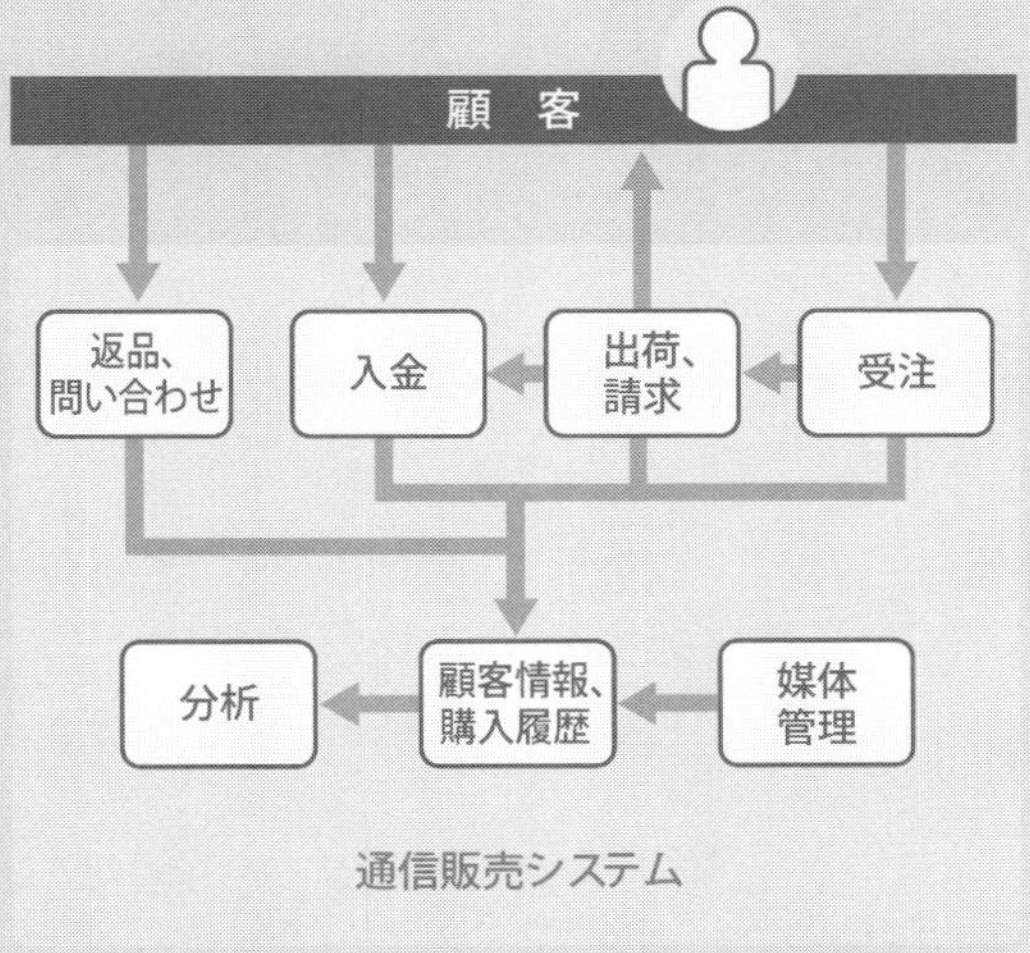

❶顧客分析の必要性

●成功している通信販売企業が分析を重視する理由

こだわりのある、付加価値の高い商品があって、新規顧客獲得の方法を間違えず集客ができて、顧客に最適な販促方法を実施するだけで、通信販売事業が成功するかと言えば、それは大間違いです。通信販売事業においては、「分析」が一番重要な役割を果たします。お客様と面と向かって商売することができないので、お客様の購入動向や心理などは数字で把握するしかありません。テレマーケティングを利用してお客様の声を聞いて判断するのもひとつの手ですが、顧客数が増えてくると、すべてのお客様の状況を電話で把握するのは至難の業です。

さまざまな分析を駆使し、数字上でお客様の購入状態や動向をチェックしつつ、何らかの変化や異常が見られたお客様には電話などでフォローする――これが成功している通信販売企業が実施していることです。

●分析でわかること、できること

通信販売企業は、日々、さまざまな分析データを見ることで、今、売上がどうなっているのか、顧客の動きがどうなっているのかを把握しています。実際にデータを見てみると、会社側の考えと顧客の動きに大きな違いが出ることも少なくありません。

ある企業が、1ヶ月で使い切る商品を取り扱っていました。月に1本（個）消費する継続的に使う商品ですから、企業側は「毎月購入してくれるはず」と考えていました。ところが分析してみると、隔月で購入している顧客が大半を占めていました。毎月購入しているなら、売上分析のデータで毎月売上が計上されるはずですが、隔月で売上が高くなっていたのです。

「なぜだろう」と疑問が湧いて調べたところ、正しく利用していれば1ヶ月で消費する商品だったのですが、多くのお客様は価格のことを考えて、毎日の使用量を半分に抑えていたために、2ヶ月で1本を消費していた、というわけでした。

このように、分析することで課題や問題点を見つけることができます。また、分析することで余計な経費を掛けることなく、効率のよい事業展開が可能になります。

通信販売で押さえておくべき数字

例
2013年1月に100万円の広告（発行部数150万部）を出して、100人の注文、30人の資料請求、20人の問い合わせがあった。広告からの注文金額は30万円。その100人の顧客が2013年の12月まで購入した累計金額は150万円だった。

①レスポンス（受注）率・・・発行部数に対しての獲得顧客数
獲得顧客数÷発行（発送）部数　100人÷150万部＝**0.0067%**

②CPR（cost par response）・・・レスポンス1件獲得コスト
経費（投下額）÷レスポンス件数　100万円÷150人＝**6,667円**

③CPO（cost par order）・・・顧客1人獲得コスト
経費（投下額）÷獲得顧客数　100万円÷100人＝**10,000円**

④OPI（oder par investment）・・・費用対効果
受注金額÷経費（投下額）　30万円÷100万円＝**30%**

⑤リピート率・・・初回売上に対する年間リピート売上の率
（初回売上＋その後11ヶ月間の売上）÷初回売上　150万円÷30万円＝**500%**

通信販売を成功へ導く分析の注意点

集客に関わる分析（媒体効果分析）

■ＣＰＲ・ＣＰＯだけで広告のよし悪しを判断するのは間違い

■広告の評価をする際には、ＣＰＲ・ＣＰＯ・リピート率の3点で判断する

販促・リピートに関わる分析

■リピート率の計算は人数ベースでなく、金額ベースで

・リピート売上を上げるためには、継続回数×売上単価をアップさせる

・金額ベースで分析することで、売上単価の意識が身につく

❷分析するにはデータベースを構築する

●顧客データと受注データで分析する

分析をするためには、データベースの構築が必要です。データベースとは、複数のアプリケーションによって、データを共有できるように整理したデータの集合体のことを言います。簡単に言えば、大量のデータを高速に、かつ効率よく取り扱えるようにするものです。

通信販売事業を展開していくと、大量のデータが蓄積されていきます。これを手作業で計算して必要な数字を出していくのは至難の業ですから、コンピュータを利用し、大量のデータから必要なデータを瞬時に導き出すことが必要になります。

そのために必要となる基本データは「顧客データ」と「受注データ」です。顧客データは個人が特定できるものので、受注データは「誰が、いつ、どんなものを購入したか」という、購入1回ごとのデータになります。顧客データと受注データを合わせることで、「誰が、いつ、何がきっかけで、何を何個購入したのか」が判別できるようになるのです。注文台帳や顧客カルテなどの紙ベースだと、顧客データの中に売上データも記載して管理するのが一般的でしたが、コンピュータ上では顧客データと受注データは別々に管理するようになるので、より大量のデータを管理することが可能になります。

●最初にマスターデータの作成

お客様から問い合わせや注文などがあったら、最初に顧客登録をします。これが顧客データになります。そして、注文ごとに受注データを入力していきます。しかし、その前の準備としてマスターデータの作成が必要になります。マスターデータとは、コンピュータでデータ処理を行なう時に、処理の基本となるデータが入っているファイルやデータのことを言います。かつて台帳で管理していた商品の基本情報は商品マスターということになります。

分析を行なう上で、取扱商品にはどんなものがあるのか、媒体（広告）はどんなものを出したのか、問い合わせの内容、支払い方法などのマスターを作成しておくことで、データ分析が容易にできるようになります。

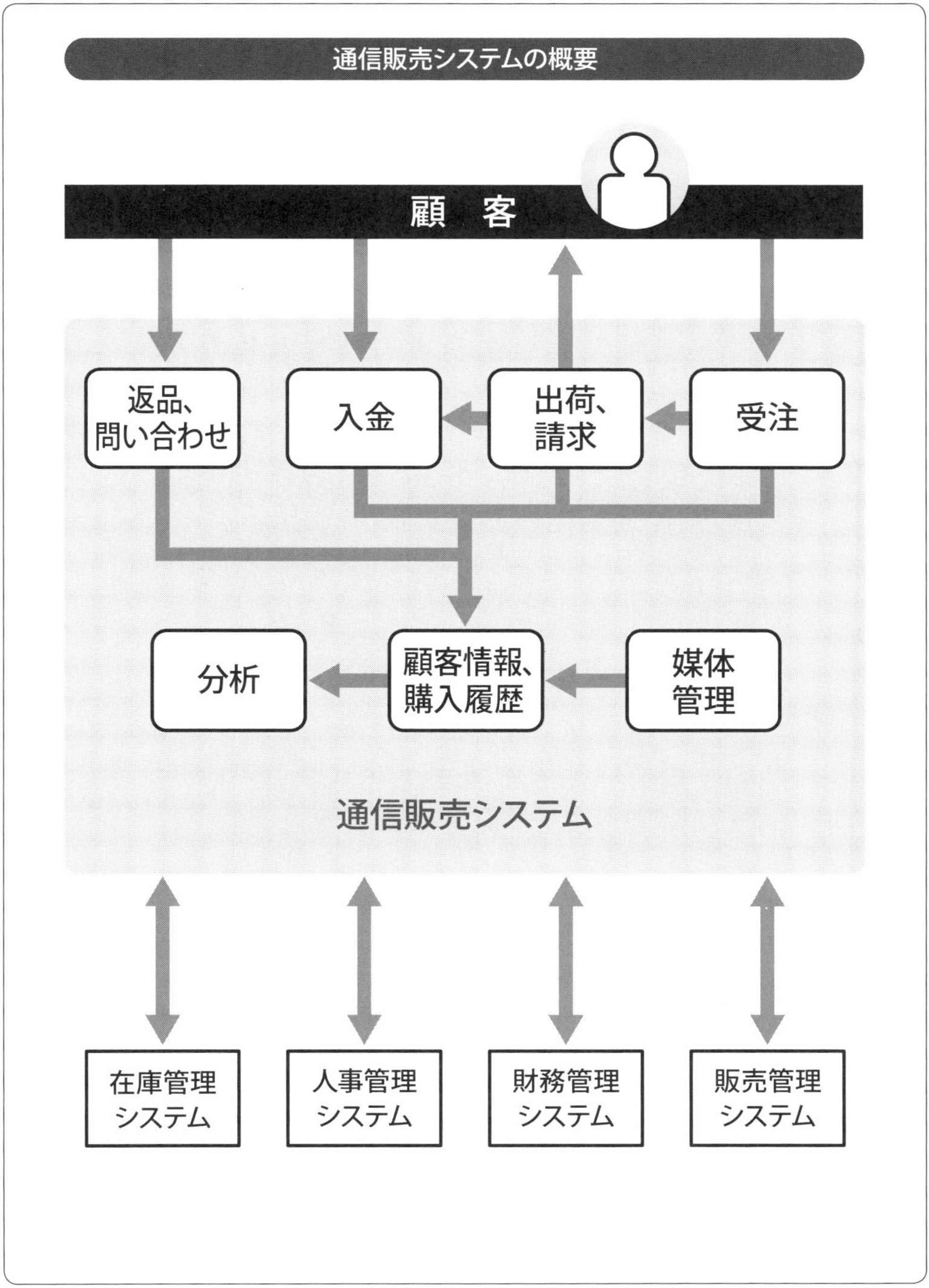
通信販売システムの概要
顧　客
返品、問い合わせ
入金
出荷、請求
受注
分析
顧客情報、購入履歴
媒体管理
通信販売システム
在庫管理システム
人事管理システム
財務管理システム
販売管理システム

❸マスターのつくり方

●マスター構築の注意点

マスター構築が必要なのは、「顧客マスター」「受注マスター」「商品マスター」「媒体（広告）マスター」「販促（DM）マスター」が基本になります。すべてのマスターに共通して必要なことは、一つひとつにコードナンバーを付与して、個々のデータと判別することです。そもそもマスターを作成する目的は、分析を容易にすることなので、マスター作成を煩雑にするのは厳禁です。

たとえば商品マスターの場合、商品アイテム数によってデータ量は当然変わりますが、販促企画ごとに商品を登録していくと、数年後には莫大なアイテム数になりますし、分析をする時に実績を読み取るのに手こずることも考えられます。

データ数はなるべく少なくしたほうが、分析数字を出した時に見やすくなりますので、マスター作成時は注意してください。

●登録する項目は分析することを考える

マスターを作成する時は、どのような分析をするのかを明確にしてから作成します。マスターにない項目は、当然、分析できません。顧客の性別や年齢比を見たいのであれば、顧客データに性別や生年月日（年齢）の項目が必要になります。

また、「媒体（広告）マスター」や「販促（DM）マスター」作成時には、以下を踏まえて作成してください。「媒体（広告）マスター」の場合、媒体ごとの分析だけでなく、媒体のメディア種ごとの分析も必要になってきます。たとえば、〝新聞〟〝雑誌〟〝ラジオ〟などの大きな括りで結果を見たい時や、〝新聞〟の中でも〝朝日新聞〟や〝読売新聞〟など新聞ごとの括りで見たい場合もあると思います。また、純広や記事体など、原稿種ごとの結果も見たいでしょう。

それを踏まえて、マスター作成時には「大分類」「中分類」「小分類」と分類分けをして、「大分類」は〝新聞〟、「中分類」は〝読売新聞〟、「小分類」は〝純広〟とすることで、新聞のみの結果分析、読売新聞のみの結果分析、純広のみの結果分析など、対象を絞っての分析ができます。

マスターを構築する

マスター名	項目						
顧客マスター	顧客番号						
	氏名						
	フリガナ						
	郵便番号						
	住所						
	電話番号						
	生年月日						
	性別						
	職業						
	E-mail						
	送付先郵便番号						
	送付先氏名						
	送付先フリガナ						
	送付先住所						
	送付先電話番号						
	初回登録日						顧客データベースに登録した（サンプル・資料請求等）日
	初回商品購入日						
	備考						
受注マスター	受注番号						
	受注日						
	受注内容	受注	問合せ	返品交換	クレーム	その他	
	受注媒体	媒体マスターより					
	顧客番号	顧客マスターより					
	受注商品	商品マスターより					
	受注金額	（商品＋送料）					
	送付先	顧客マスターより					
	受注担当者	担当者マスターより					
	入力担当者	担当者マスターより					
	配送方法						
	支払方法						
	配達日指定						
	配達時間指定						
	送り状番号						
	出荷日						
	入金日						
	返金日						
	備考						
商品マスター	商品番号						
	商品分類						
	商品名						
	価格						
媒体マスター	媒体番号						
	媒体分類						
	媒体名						
	媒体価格						
	発行（発送）部数						
	掲載（発送）日						
担当者マスター	担当者番号						
	担当者部署						
	担当者名						

顧客データや受注データに後で必要な項目を付与させることは、データ件数が少ないうちはまだしも、データ件数が増えてしまうとかなり困難になる。途中でマスターを増やして対応しようとしても、それ以前のデータは対応不可になるので、中途半端な分析しかできなくなる。通信販売事業で成功するには、分析は必須となるので、マスター設計は慎重に行なう。通信販売に詳しくない人のアドバイスで設計してしまうと、後が大変

❹通信販売事業を成功へ導く分析① 媒体効果分析

●新規顧客獲得に関わる分析

新規顧客獲得のよし悪しを判断するのは、媒体効果分析になります。展開した広告が成功したのか、失敗したのかをひと目で判断するための分析です。分析表の必要項目は、基本情報として媒体（広告）名、掲載（実施）日、価格、部数（ターゲット数）になります。実績情報としては、反応数、受注件（人）数、受注金額、CPR、CPO、OPI、リピート金額、リピート率になります。

媒体効果分析は、あくまでも実施した広告のよし悪しを判断する分析です。しかし、初期レスポンスだけで媒体のよし悪しは判断できないので、新規顧客獲得後のリピートも合わせて、分析表を作成します。

●分析する際の注意点

反応数は、注文以外に問い合わせのみの顧客データを取らないものや、お試し（サンプル）商品の受注や資料請求の件数など、すべての反応が対象です。「その広告で何人のお客様がアクションを起こしたのか」を判断する数字です。

リピート率＝（直商品金額＋引き上げ金額＋リピート金額）／（直商品金額＋引き上げ金額）

CPO＝媒体金額／（直商品件数＋引き上げ件数）

OPI＝（直商品金額＋引き上げ金額）／媒体金額

受注率	CPR	引き上げ				CPO	OPI	リピート売上		
		件数	金額	うち定期件数	引上率			リピート 件数	リピート 金額	リピート率
0.011%	¥9,901	144	¥1,080,000	42	30.0%	¥29,586	25.1%	450	¥3,824,000	401.7%
0.012%	¥10,081	68	¥510,000	20	30.9%	¥26,042	28.8%	288	¥2,448,000	440.0%
0.017%	¥9,524	21	¥157,500	8	28.0%	¥26,667	28.1%	75	¥644,000	386.2%
0.010%	¥9,804	61	¥457,500	25	31.1%	¥28,986	25.9%	179	¥1,520,000	393.7%
0.018%	¥10,112	24	¥180,000	10	28.2%	¥32,143	23.3%	68	¥580,000	376.2%
0.010%	¥9,690	81	¥607,500	26	33.8%	¥25,253	29.7%	252	¥2,115,000	384.8%
0.001%	¥23,077	0	¥0	0		¥23,077	32.5%	41	¥359,500	468.7%
0.000%	¥29,167	0	¥0	0		¥29,167	25.7%	43	¥342,000	480.0%

CPR＝媒体金額／（お試し件数＋直商品件数）

受注率＝（お試し件数＋直商品件数 ／発行部数

受注件（人）数は、お試し（サンプル）商品は含めず、本商品を購入した件（人）数のみの数字です。見込み客は含めず、顧客になった人数のみになります。

お試し（サンプル）商品を扱っている企業は、媒体効果分析表の中に、引き上げ件数と引き上げ金額の項目が追加で必要となります。これはお試し商品から本商品に引き上がった人数と金額です。CPR、CPO、OPIは計算式を入れておけば毎回入力する必要はありません。

媒体（広告）の実績を見るのに、なぜリピート関連の数字を入れるのかと言うと、媒体によっては初期レスポンスが高くてもリピートが非常に悪いもの、逆に初期レスポンスが悪くても、リピートが非常によいものがあるからです。

メディア種ごともそうですが、同じメディア（たとえば新聞）の中でもどちらもあるので、初期レスポンスのみでよし悪しを判断していると、1年後、蓋を開けてみたら広告費を回収できていなかったということがよくあります。媒体のよし悪しを判断するためには、必ずリピートも含めた数字で検証してください。

媒体効果分析表

引上率＝引き上げ件数／お試し件数

								新規顧客売上				
媒体								お試し		直商品		
媒体コード	大分類	中分類	小分類	媒体名	掲載日	発行部数	金額	件数	金額	件数	金額	うち定期
20100001	新聞	朝日	純広	朝日新聞東京	2010年4月24日	4,500,000	¥5,000,000	480	¥480,000	25	¥187,500	
20100002	新聞	朝日	純広	朝日新聞大阪	2010年4月26日	2,000,000	¥2,500,000	220	¥220,000	28	¥210,000	
20100003	新聞	朝日	純広	朝日新聞北海道	2010年4月27日	500,000	¥800,000	75	¥75,000	9	¥67,500	
20100004	新聞	毎日	純広	毎日新聞東京	2010年5月12日	2,000,000	¥2,000,000	196	¥196,000	8	¥60,000	
20100005	新聞	静岡	記事体	静岡新聞	2010年6月4日	500,000	¥900,000	85	¥85,000	4	¥30,000	
20100006	新聞	中日	純広	中日新聞	2010年6月18日	2,500,000	¥2,500,000	240	¥240,000	18	¥135,000	
20100007	ラジオ	KBS	生コマ	京都放送	2010年7月2日	2,000,000	¥300,000	0	¥0	13	¥97,500	
20100008	ラジオ	RF	生コマ	ラジオ日本	2010年7月15日	4,000,000	¥350,000	0	¥0	12	¥90,000	

❺通信販売事業を成功へ導く分析②

販促効果分析

●顧客リピートに関わる分析

販促企画を実施した時の結果を検証する分析です。つくり方は前項の媒体効果分析表とほぼ同じです。

分析表の必要項目は、基本情報として販促企画名、実施日、対象部数、経費になります。実績情報としては、受注件（人）数、受注金額、顧客購入単価、ＣＰＯ、ＯＰＩになります。媒体効果分析表に必要なリピート関連は数字は必要ありませんし、分析指標のＣＰＲは不要です。

基本情報の中の経費にはデザイン料や印刷費、ＤＭ発送経費など販促ＤＭの実施に掛かったすべての経費を含めてください。販促ＤＭは広告に比べると実施回数が多いわけではありませんので、前項の媒体効果分析表を流用しても構いません。

この販促効果分析表は、販促ＤＭだけでなく、アウトバウンド（テレマーケティング）に関しても、同じ分析表で対応することができます。販促名に何の目的のアウトバウンドか（例：30日目引上フォロー）、発行部数には架電対象件数を入れることで、アウトバウンドごとに

CPO＝販促金額／受注件数

OPI＝受注金額／販促経費

受注				CPO	OPI
件数	金額	受注率	購入単価		
3,000	¥19,500,000	1.50%	¥6,500	¥4,000	162.5%
3,900	¥23,088,000	1.95%	¥5,920	¥6,667	88.8%
2,500	¥18,250,000	1.25%	¥7,300	¥4,800	152.1%
15,000	¥82,500,000	7.50%	¥5,500	¥1,733	317.3%
2,800	¥16,240,000	2.33%	¥5,800	¥3,214	180.4%
2,200	¥15,180,000	1.83%	¥6,900	¥4,091	168.7%
2,500	¥12,500,000	2.08%	¥5,000	¥3,600	138.9%
17,000	¥64,600,000	6.80%	¥3,800	¥1,765	215.3%

どれくらいの引き上げがあったかを見ることが可能になります。販促企画、アウトバウンドともやりっぱなしではなく、新規顧客獲得時同様、しっかりした結果検証が必要です。

●分析する際の注意点

新規顧客獲得時の分析と販促企画の分析では、同じＯＰＩという分析指標で結果を見ることができますが、指標の値を比較してはいけません。

ＯＰＩは経費に対して売上がどれくらいあったかを見る指標（費用対効果）ですが、当然、新規顧客獲得時のほうが効率は悪くなり、リピート時には効率はよくなります。新規顧客獲得時のＯＰＩはほとんど１００％を超えることはありません。獲得後のリピート率にもよりますが、リピート率が高ければ、ＯＰＩが30％でも成功とされる媒体もあります。

これに対して、リピート時には最低でも２００％ないと失敗です。新規顧客獲得でマイナスが出た分を顧客リピート売上でカバーする必要があるからです。その他、顧客販促では購入単価を増やす必要があるので、購入単価も見る必要があります。

販促効果分析表

販促名					
媒体コード	販促名	発送日	形態	発行部数	金額
20100001	2010春DM	2010年3月5日	はがき	200,000	¥12,000,000
20100002	2010夏DM	2010年7月1日	封書	200,000	¥26,000,000
20100003	2010秋DM	2010年10月10日	はがき	200,000	¥12,000,000
20100004	2010冬DM	2010年12月15日	封書	200,000	¥26,000,000
20110001	2011春DM	2011年3月1日	はがき	120,000	¥9,000,000
20110001	2011夏DM	2011年7月1日	はがき	120,000	¥9,000,000
20110001	2011秋DM	2011年10月1日	はがき	120,000	¥9,000,000
20110001	2011冬DM	2011年12月15日	封書	250,000	¥30,000,000

媒体同様、販促効果を分析するためには、お客様から注文が入った時に、「どの販促からの注文なのか」を明確にしておく必要がある。電話で注文が入った時には、何を見て注文したかを確認できるが、はがきの注文時にはそれができないので、はがきに販促名（イベント名）を印字（印刷）しておく必要がある

❻通信販売事業を成功へ導く分析③　顧客リピート分析

●顧客リピート（LTV）分析表

顧客リピート（LTV =Life Time Value）分析表は「顧客生涯価値」を分析するものです。新規に獲得した顧客のその後の購入傾向を見ることができます。顧客一人ひとりを見ていくことは不可能に近いので、月ごとに見ていきます（左ページ参照）。

たとえば2012年4月に新規顧客200人を獲得しました。その時の売上額は200万円でした。この200人の顧客がその後、どのように購入しているのかを計算していきます。2012年5月に50人が購入し、売上70万円、2012年6月に30人が購入し、売上45万円というように、新規顧客獲得人数を母数として、その後、毎月の購入人数と売上金額を入れます。新規顧客獲得時から1年間の売上が年間売上となり、「年間売上÷初回売上（新規顧客獲得売上）＝年間リピート率」となります。

●分析する際の注意点

顧客リピート（LTV）分析表を出すときには必ず金額を入れてください。これはリピート率を出すときも同様です。通信販売事業において、事業が成功するかしないかは、常に「金額」で見ることが必要です。

さらに、顧客リピート（LTV）分析表は顧客がどのように動いているのかを見るための分析でもあるので、人数も見てください。新規顧客獲得時からの、月ごとの購入人数推移を見ることで、どの時期から購入が止まってしまうのかをつかむことができます。

それがわかれば、次に、「なぜその時期に購入が止まってしまうのか」の仮説を立てて、その仮説が正しいのかどうかを検証します。仮説が正しければ、改善策を打てばいいですし、仮説が間違っているのであれば、再度、仮説を検討し、検証していく必要があります。

たとえば、健康食品の場合、はじめは効果を期待して購入したものの、購入6回目くらいで効果が出ないことを不安に感じて、購入を控えるケースがよく見られます。取り扱う商材によって、購入を控える時期はまちまちです。

顧客リピート（LTV）分析表

売上件数
売上金額
リピート率

		2012年									2013年			計
		4月	5月	6月	7月	8月	9月	10月	11月	12月	1月	2月	3月	
2012年	4月	5 ¥39,440	1 ¥12,240 31.0%	2 ¥18,700 47.4%	3 ¥25,160 63.8%	3 ¥25,160 63.8%	3 ¥25,160 63.8%	3 ¥25,160 63.8%	2 ¥18,700 47.4%	1 ¥6,460 16.4%	1 ¥6,460 16.4%	1 ¥6,460 16.4%	1 ¥6,460 16.4%	26 ¥215,560 546.6%
	5月		8 ¥78,880	1 ¥6,800 8.6%	0 ¥0 0.0%	0 ¥0 0.0%	0 ¥0 0.0%	0 ¥0 0.0%	0 ¥0 0.0%	0 ¥0 0.0%	0 ¥0 0.0%	0 ¥0 0.0%	0 ¥0 0.0%	9 ¥85,680 108.6%
	6月			34 ¥257,140	4 ¥40,120 15.6%	8 ¥124,780 48.5%	8 ¥88,400 34.4%	6 ¥66,640 25.9%	6 ¥73,100 28.4%	5 ¥54,400 21.2%	5 ¥60,180 23.4%	3 ¥41,480 16.1%	4 ¥54,400 21.2%	83 ¥85,764 33.4%
	7月				26 ¥225,809	9 ¥64,128 28.4%	5 ¥45,220 20.0%	6 ¥45,220 20.0%	6 ¥39,100 17.3%	4 ¥25,840 11.4%	4 ¥25,840 11.4%	5 ¥38,080 16.9%	5 ¥32,300 14.3%	70 ¥541,537 239.8%
	8月					¥22 ¥196,520	¥5 ¥38,420 19.6%	¥7 ¥58,140 29.6%	¥9 ¥71,060 36.2%	¥7 ¥45,220 23.0%	¥6 ¥38,760 19.7%	¥4 ¥45,900 23.4%	¥4 ¥25,840 13.1%	541607 ¥519,860 264.5%
	9月						95 ¥701,080	25 ¥237,600 33.9%	28 ¥212,500 30.3%	25 ¥191,080 27.3%	23 ¥172,040 24.5%	21 ¥160,140 22.8%	19 ¥141,100 20.1%	236 ¥520,099 74.2%
	10月							40 ¥297,500	11 ¥93,160 31.3%	5 ¥38,420 12.9%	6 ¥52,020 17.5%	5 ¥43,860 14.7%	5 ¥45,560 15.3%	72 ¥570,520 191.8%
	11月								47 ¥426,360	9 ¥96,560 22.6%	6 ¥61,200 14.4%	7 ¥57,120 13.4%	8 ¥80,044 18.8%	570,592 ¥721,284 169.2%
	12月									129 ¥1,104,660	27 ¥218,960 19.8%	38 ¥352,048 31.9%	39 ¥333,880 30.2%	233 ¥721,519 65.3%
2013年	1月										45 ¥364,075	11 ¥91,800 25.2%	12 ¥103,360 28.4%	68 ¥559,235 153.6%
	2月											185 ¥1,489,700	51 ¥430,897 28.9%	559,303 ¥1,920,597 128.9%
	3月												160 ¥1,283,783	160 ¥1,920,758 149.6%

リピート率=各月売上金額÷初回月売上金額

CHECK リピート率の計算は人数ベースではなく金額ベースで行なう

❼通信販売事業を成功へ導く分析④ RF分析・RM分析

●RF分析とRM分析

通信販売事業ではR（直近購入日）・F（累計購入回数）・M（累計購入金額）の3つの指標で顧客の状態を把握していきます。通信販売企業にとってよい顧客とは、「何度も・たくさん」購入してくれる顧客のことですが、これはFとMだけで評価しています。しかし、実際に一番いいお客様は、継続して何回も購入してくれる顧客です。

Rは「一番最後に購入してくれた日がいつなのか」ということですから、継続して購入してくれる人は常にRが更新されていきます。健康食品や化粧品などの毎日使う商品の場合は継続率が高めなので、RF（直近購入日×累計購入回数）での分析を、食品などの継続性があまり高くない商品の場合は、RM（直近購入日×累計購入金額）で分析するのがよいでしょう。

●分析する際の注意点

市販されている通信販売パッケージソフトは、R・F・Mのそれぞれにポイントを割り振って、RFM分析ができるようになっています。

具体的には、Rであれば直近購入日1ヶ月以内は10ポイント、3ヶ月以内は8ポイント、6ヶ月以内は6ポイント、12ヶ月以内は4ポイント、24ヶ月以内は2ポイント、それを超えると0ポイント。Fは累計購入回数10回以上は10ポイント、7回以上は8ポイント、5回以上は6ポイント、3回以上は4ポイント、1回以上は2ポイント、購入なしは0ポイント。Mは累計購入金額20万円以上は10ポイント、15万円以上は8ポイント、10万円以上は6ポイント、5万円以上は4ポイント、3万円以上は2ポイント、それ以下は0ポイント——といったように、任意のポイントを設定します。

顧客ごとに各ポイントを自動計算し、ポイントが高い顧客から優良顧客とみなすというものですが、3日前にはじめて購入し、購入金額が1万円のお客様と、3年前に1回だけ購入し、購入金額が20万円のお客様が同じ「12ポイント」になってしまいます。ポイント数だけでは正確にはどちらがよい顧客か把握できないということに注意してください。

RF分析表

→ R（直近購入日）

↓ F（累計購入回数）

	～1ヶ月	～2ヶ月	～3ヶ月	～4ヶ月	～5ヶ月	～6ヶ月	～9ヶ月	～12ヶ月	～18ヶ月	～24ヶ月	25ヶ月～
1回											
2回											
3回											
4回											
5回											
6回											
7回											
8回											
9回											
10回											
11回以上											

RM分析表

→ R（直近購入日）

↓ M（累計購入金額）

	～1ヶ月	～2ヶ月	～3ヶ月	～4ヶ月	～5ヶ月	～6ヶ月	～9ヶ月	～12ヶ月	～18ヶ月	～24ヶ月	25ヶ月～
～1,000円											
～2,500円											
～5,000円											
～10,000円											
～15,000円											
～20,000円											
～30,000円											
～50,000円											
～100,000円											
～200,000円											
200,001円～											

CHECK ポイント数だけでお客様を評価するＲＦＭ分析は間違いの元

❽RF分析・RM分析の活用方法

●DM経費の削減と利益率のアップ

RF分析・RM分析をすることで、自社の顧客がどのような状態にあるのかを把握することができます。これまでRF分析・RM分析を行なったことがないなら、ぜひ一度分析表をつくってみてください。自社の全顧客の分布が明らかになって、驚くことでしょう。

このRF分析・RM分析は、顧客の分布や動きを見るだけでなく、他に役に立つ利用方法があります。まずはDM経費の削減です。中小企業の場合、全顧客にDMを送付しているケースが多いと思いますが、過去1年以上購入のない顧客に毎回DMを送付するのは経費の無駄遣いになってしまいます。

継続顧客には毎回、休眠顧客には隔回、死滅会員には年1回とDM送付の頻度を分けることで、販促効率はよくなりますし、経費の削減にもなります。

●具体的な活用方法

左ページを見てください。これはある化粧品会社で実際にあった話です。この会社の顧客数は3万2561人で、毎月、全顧客にDMを送付していました。会社の悩みは、販促ごとの利益は確保できているものの、新規顧客獲得の経費が捻出できないため、顧客全体が一向に増えないということでした。

そこで顧客の分布と効率を把握するためにRF分析表を作成してもらい、出てきたのが左の分析表です。この中で明らかに継続していない顧客を除くと、継続しているであろう顧客は3000人程度（網掛け部分）であるとわかります。私は社長に「継続している顧客3303人だけにDMを打ちましょう」と提案しました。

発送部数が少なくなったので、印刷経費と発送料金の単価は上がりましたが、経費は今までの5分の1になり、一方の売上は、800万円から750万円に下がっただけでした。

この結果を受け、その会社では、継続顧客3000人強には毎月、その他の休眠顧客には年2回DMを発送し、削減できた経費を新規顧客獲得の経費に充てることができました。

化粧品通販C社のRF分析

→ R（直近購入日）

↓ F（累計購入回数）

	～1ヶ月	～2ヶ月	～3ヶ月	～6ヶ月	～9ヶ月	～12ヶ月	～24ヶ月	25ヶ月～	計
1回	564	481	647	1,841	1,645	1,743	3,457	9,412	19,790
2回	203	149	123	445	349	413	1,754	4,123	7,559
3回	124	132	94	214	195	148	645	1,246	2,798
4回	92	45	101	56	42	56	314	745	1,451
5回	42	61	52	84	31	21	114	213	618
6回	21	24	13	14	22	7	23	16	140
7回	26	14	9	5	3	9	16	13	95
8回	14	9	11	2	4	2	4	0	46
9回	16	8	5	1	0	0	1	0	31
10回以上	24	4	3	0	1	1	0	0	33
計	1,126	927	1,058	2,662	2,292	2,400	6,328	15,768	32,561

●全顧客に毎月DMを発送

経費　@150円×32,561件＝4,884,150円

レスポンス率＝2％（平均）　売上＝8,000,000円（平均）

●継続顧客だけに毎月DMを発送（網掛け部分）

経費　@300円×3,303件＝990,900円

レスポンス率＝18％　**売上＝7,500,000 円**

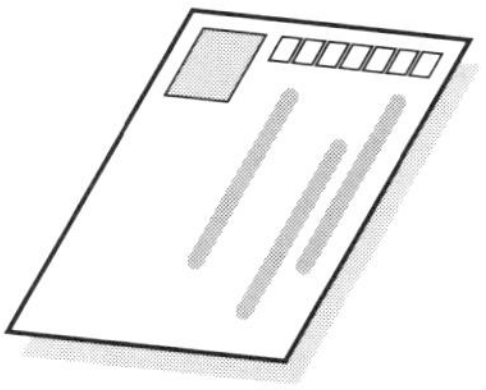

⑨売上シミュレーション通りにいかないことも

●新規顧客獲得方法の改善

事業展開前には売上シミュレーションを作成しますが（46ページ参照）、実際に事業展開してみると、シミュレーションの数字に達しないことがよくあります。

左のページは2章で説明した売上シミュレーション表ですが、①〜③は、新規顧客獲得に関する数字なので、展開後1ヶ月以内に改善することが可能です。①は広告のレスポンスなので、より効率よく顧客を獲得できるように、媒体の選定やクリエイティブを見直していく必要があります。②に関しては、狙って達成することはできません。③の数字が悪いのであれば、改善することはたくさんあります。まずサンプル商品を送るときの同梱物や電話でのフォロー、販促DMの改善が考えられます。改善の順番としては「電話→販促DMのタイミング→販促DM（同梱物）の内容変更」になります。販促DMや同梱物の内容を変えるとなると、企画・制作・印刷の時間とコストが掛かるので、まずはすぐに実行できてコストの掛からないところから改善していきます。電話のトークスクリプトや、電話を掛けるタイミングを変えてみて、数字がどう変わるかを見ていきます。

●リピートの改善

リピートに関しては、事業展開後すぐにというわけにはいきませんが、展開後3ヶ月程度で改善できます。リピート率の数字が悪い原因は、商品送付時の同梱物、電話フォローの内容やタイミング、販促DMの内容やタイミング、商品自体の設計の間違いが考えられます。こちらも優先順位は「電話→販促DMのタイミング→販促DM（同梱物）の内容変更」になりますが、その前に商品自体の設計が合っているかどうかを確認してください。

前にも書きましたが、健康食品や化粧品でよくあるのは、企業側の想定と実際のお客様の使用状況が異なる場合です。この場合、「1ヶ月で1本（個）使用することが必要」などと説明を増やすことと、売上シミュレーションを2〜3ヶ月で1回リピートするに変更する、という2つの方法があります。

通販収支試算表（展開後）

	展開月	単価	2007年4月	2007年5月	2007年6月	2007年7月	2007年8月
広告展開	0)リーチ数（広告）		2,000,000	2,000,000	2,000,000	1,500,000	4,000,000
サンプル	1)レスポンス1	0.003%					
	2)新規見込客数		60	60	60	45	120
①	3)初回サンプル数		60	60	60	45	120
	4)サンプル経費	600	36,000	36,000	36,000	27,000	72,000
	5)DM販促経費	30	1,800	1,800	1,800	1,350	3,600
	6)通信費（郵便・電話）	100	6,000	6,000	6,000	4,500	12,000
	7)新規見込客獲得直接費計		43,800	43,800	43,800	32,850	87,600
直商品	8)レスポンス2	0.001%					
	9)新規顧客数（注文数）		30	30	30	23	60
②	10)販売単価	12,000					
	11)商品売上1		360,000	360,000	360,000	270,000	720,000
	12)DM販促経費	30	900	900	900	675	1,800
	13)通信費（郵便・電話）	150	4,500	4,500	4,500	3,375	9,000
	14)商品原価1	30.00%	108,000	108,000	108,000	81,000	216,000
	15)第1新規獲得直接費計		113,400	113,400	113,400	85,050	226,800
引き上げ	16)通信費2（郵便・電話）	200	12,000	12,000	12,000	9,000	24,000
	17)レスポンス3	20.00%					
	18)引上新規顧客数（注文数）		12	12	12	9	24
③	19)販売単価	12,000					
	20)商品売上2		144,000	144,000	144,000	108,000	288,000
	21)DM販促経費2	30	360	360	360	270	720
	22)商品原価2	30.00%	43,200	43,200	43,200	32,400	86,400
	23)第2新規獲得直接費計		55,560	55,560	55,560	41,670	111,120
	24)新規顧客総数		42	42	42	32	84
	25)新規売上		504,000	504,000	504,000	378,000	1,008,000
	26)新規獲得直接費合計		212,760	212,760	212,760	159,570	425,520
	27)新規通販粗利		291,240	291,240	291,240	218,430	582,480
リピート	28)リピート売上		0	151,200	302,400	428,400	491,400
	2回目リピート率（金額）	30%	504,000	151,200	151,200	126,000	100,800
	3回目リピート率（金額）	30%		504,000	151,200	151,200	126,000
	4回目リピート率（金額）	25%			504000	151,200	151,200
	5回目リピート率（金額）	20%				378,000	113,400
④	6回目リピート率（金額）	15%					1,008,000
	7回目リピート率（金額）	15%					
	29)リピート購入単価	10,000					
	30)リピート件数			15	30	43	49
	31)DM販促経費	30		454	907	1,285	1,474
	32)通信費3（郵便・電話）	160		2,419	4,838	6,854	7,862
	33)商品原価3	30.00%		45,360	90,720	128,520	147,420
	34)リピート売上直接費計			48,233	96,466	136,660	156,757
	35)リピート粗利			102,967	205,934	291,740	334,643
	36)売上合計		504,000	655,200	806,400	806,400	1,499,400
	[illegible]		[illegible]	[illegible]	[illegible]	[illegible]	[illegible]
	45)広告費（新規獲得費）		1,500,000	1,500,000	1,500,000	1,000,000	3,000,000
	46)収支		−1,221,803	−1,118,836	−1,015,868	−499,612	−2,108,962

⑩高価な通信販売専用ソフトは不要

●通販専用を勧めない理由

多くのシステム会社が通信販売企業のためのパッケージソフトを開発しています。低価格のソフトは、汎用性は高いものの、自社に合った最適な分析ができない場合も多々ありますので、注意が必要です。

食品の通信販売企業に適しているソフトは、健康食品企業には適しませんし、その逆もあります。自社の商品や分析に最適なシステムにカスタマイズできる場合もありますが、カスタマイズをすればするほど、ソフトの価格は跳ね上がります。安価なソフトをカスタマイズせずに無理に利用すると、必要な分析がまったくできないこともあるので注意してください。

さらに、システムの利用中に追加でカスタマイズしてもらうと、はじめにカスタマイズしてもらうよりも構築費が高くなる傾向にあるので、カスタマイズするのであれば、導入時にやってしまうのが賢明です。

●自社で分析用のシステムを構築する

システム会社に通信販売専用のパッケージソフトをカスタマイズ込みで注文すると、費用がかなり掛かると書きました。資金力がある企業ならたやすいでしょうが、多くの企業はそんなコストは掛けられないと思うでしょう。実際、「通信販売用の分析ソフトを導入するにはお金が掛かるから、分析は一切しない」という企業がたくさんあります。そこで、分析をしっかりしないことには通信販売事業で成功することは難しい、しかし、分析システムを導入する資金がないから導入できず成功しない、という悪循環が生まれています。

では、どうすればいいか。「通信販売で成功したいけれど、資金がないからシステムを導入できない」という企業は、自社で通信販売分析システムを構築すればいいだけです。複雑なプロ専用のソフトを利用しなくても、通信販売専用の分析ソフトはつくれます。マイクロソフト社に〝Access（アクセス）〟というデータベースソフトがあります。なるべくコストを掛けずに通信販売事業を成功させたいと考えるのであれば、〝Access〟を使って構築してみてはいかがでしょうか。

アクセスだけでなくエクセルでも分析できる

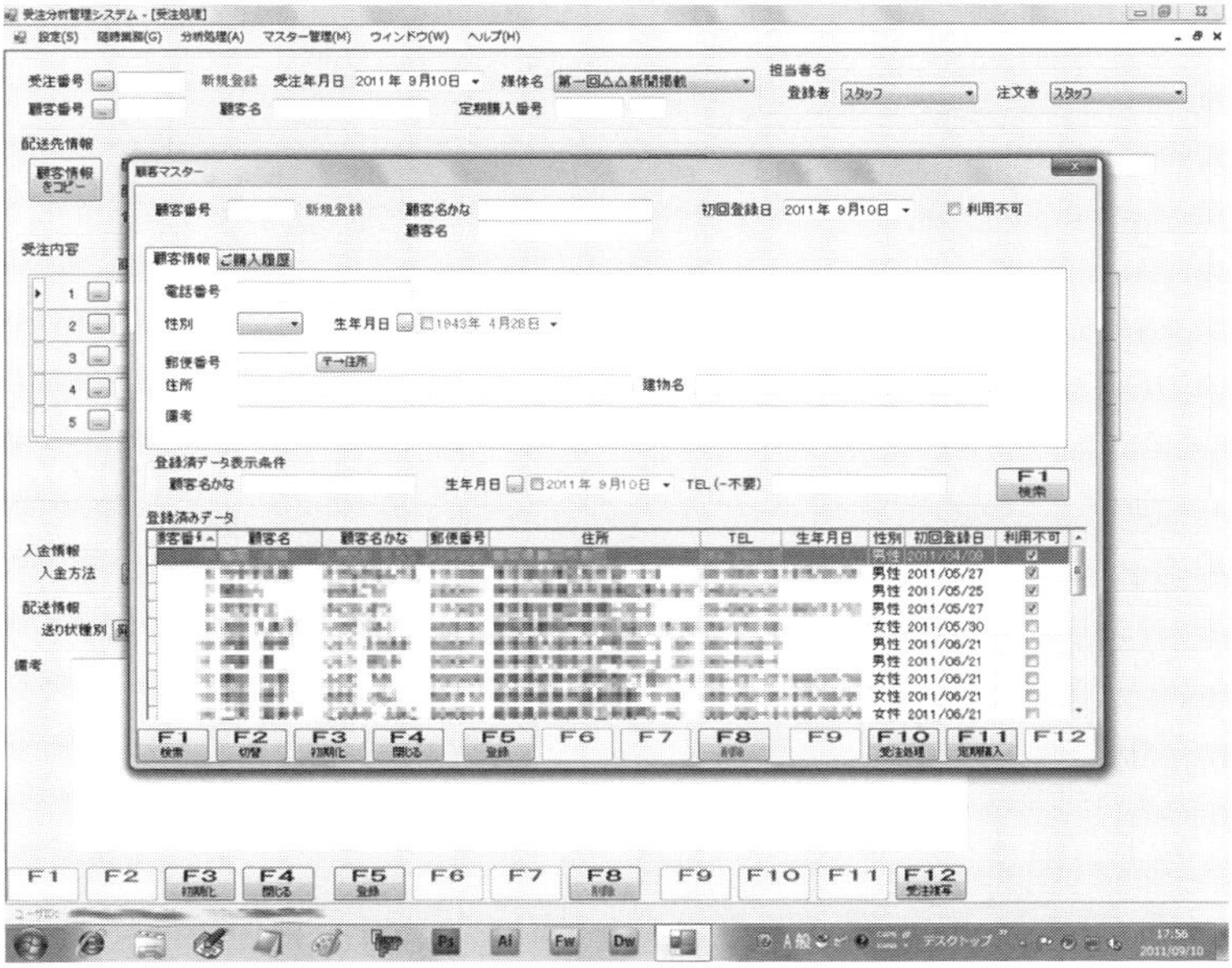

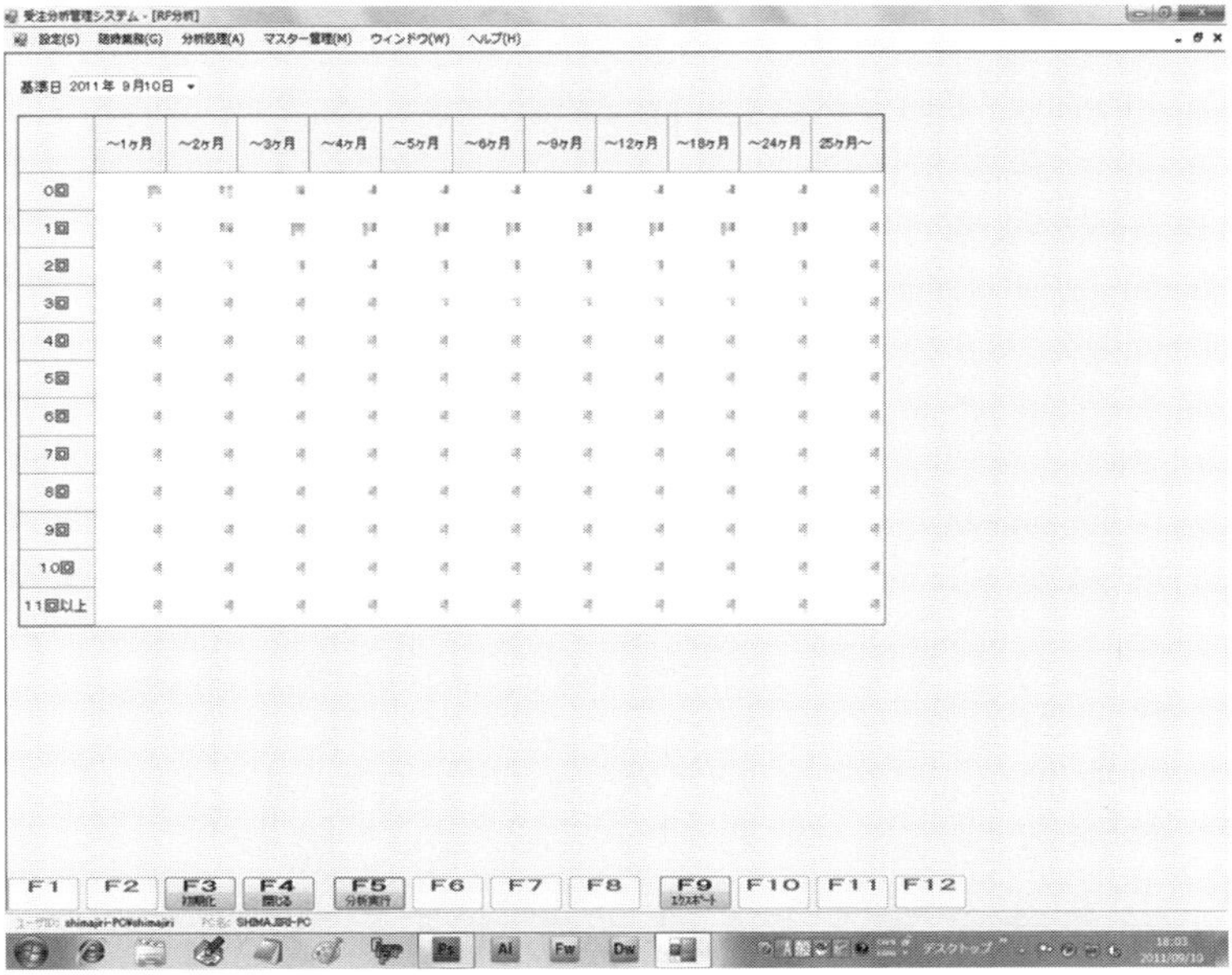

Column

私が出会った、“完全アナログ分析”の会社

10年ほど前の話です。10年前でも多くの通信販売企業は自社でデータベースソフトをつくったり、通信販売のパッケージソフトをカスタマイズして利用していました。

そんな中、私がお手伝いをした会社の中で1社だけ、カルテのような台帳を作成して、顧客管理をしている会社がありました。

コミュニケータ数6名の小さな会社で、3人ずつがお互い背中を向ける形の座席配置にして、間の通路に台車に乗せた五十音順の顧客台帳を置いていました。

お客様から電話が入ると顧客名を確認し、そのお客様の台帳を取って応対します。電話が終わると応対記録を台帳に書き込み、注文は顧客カルテ部分に付箋を貼って台車に戻します。出荷部門の人間が定期的に台車のところに来て、付箋の貼ってある顧客カルテを確認し、注文内容を出荷台帳に転記し、出荷するという流れです。

すべて紙で管理するのですから、顧客台帳や出荷台帳の他に、入金台帳、お客様の声台帳、応対台帳などいくつかの台帳がありました。

ひとつの情報が更新されたら、すべての台帳に反映させなければなりません。パソコンなら顧客のデータを関連づけて、すぐ調べることができるところが、紙の台帳管理となると、データをすぐに確認することはできませんし、処理が煩雑で、時間も無駄になります。結局、この会社も台帳管理はやめましたが、今では信じられない話です。

7章

通信販売の「テレマーケティング」

❶テレマーケティングを有効活用する
❷テレマーケティングの効果
❸テレマーケティングを展開するためには
❹スタッフは経営者の代弁者である
❺小さな変化を見逃さない
❻スタッフの能力は管理者で決まる
❼情報の共有化が必須
❽クレームが増えてきている
❾クレーム対応が苦手な人が多い
❿初期対応が最重要
⓫クレームは宝の山
⓬メールでのクレーム対応

❶テレマーケティングを有効活用する

●テレマーケティングとは

2章でも触れましたが、テレマーケティングとはテレフォンとマーケティングを組み合わせた造語で、「電話を利用してお客様とコミュニケーションを図り、企業のマーケティング活動をすること」が本来の目的です。しかし、現状では多くの企業がその目的を勘違いし、「商品を売るため」に使っています。

日本テレマーケティング協会は、テレマーケティングを次のように定義しています。

「テレマーケティングとは、顧客の創造、顧客満足の向上、顧客の保持といったマーケティング・プロセスをパーソナルで双方向性を持つ各種通信メディアを通じて、円滑かつ効率的に実現する手法である」。

日本におけるテレマーケティングは、1980年代にはじまったと言われます。躍進の大きな理由は1985年のフリーダイヤルの導入です。テレマーケティングはパーソナルマーケティングを可能にしてくれます。新聞やDMなどの印刷物では一人ひとりに向けてのメッセージを伝えることはできません。しかしテレマーケティングでは、電話を利用して、お客様とコミュニケーションを取ることができるので、お客様一人ひとりに合わせた情報を提供することが可能になります。

●テレマーケティングの種類

テレマーケティングは大きく、「インバウンド」と「アウトバウンド」の2つに分けられます。「インバウンド」はお客様から掛かってくる電話を指し、「アウトバウンド」は企業からお客様に掛ける電話を指します。

間違ってはいけないのが、「インバウンド」は〝受注〟、「アウトバウンド」は〝販促〟と捉えないことです。この捉え方を間違ってしまうと、テレマーケティングではなく「テレフォンセールス」を行なう企業になってしまい、本来ならテレマーケティングを利用して売上が上がるところが、企業イメージが下がって売上も下がる結果になってしまいます。通信販売企業がテレマーケティングを利用できる場面は左ページのようにたくさんありますので、ぜひ活用してください。

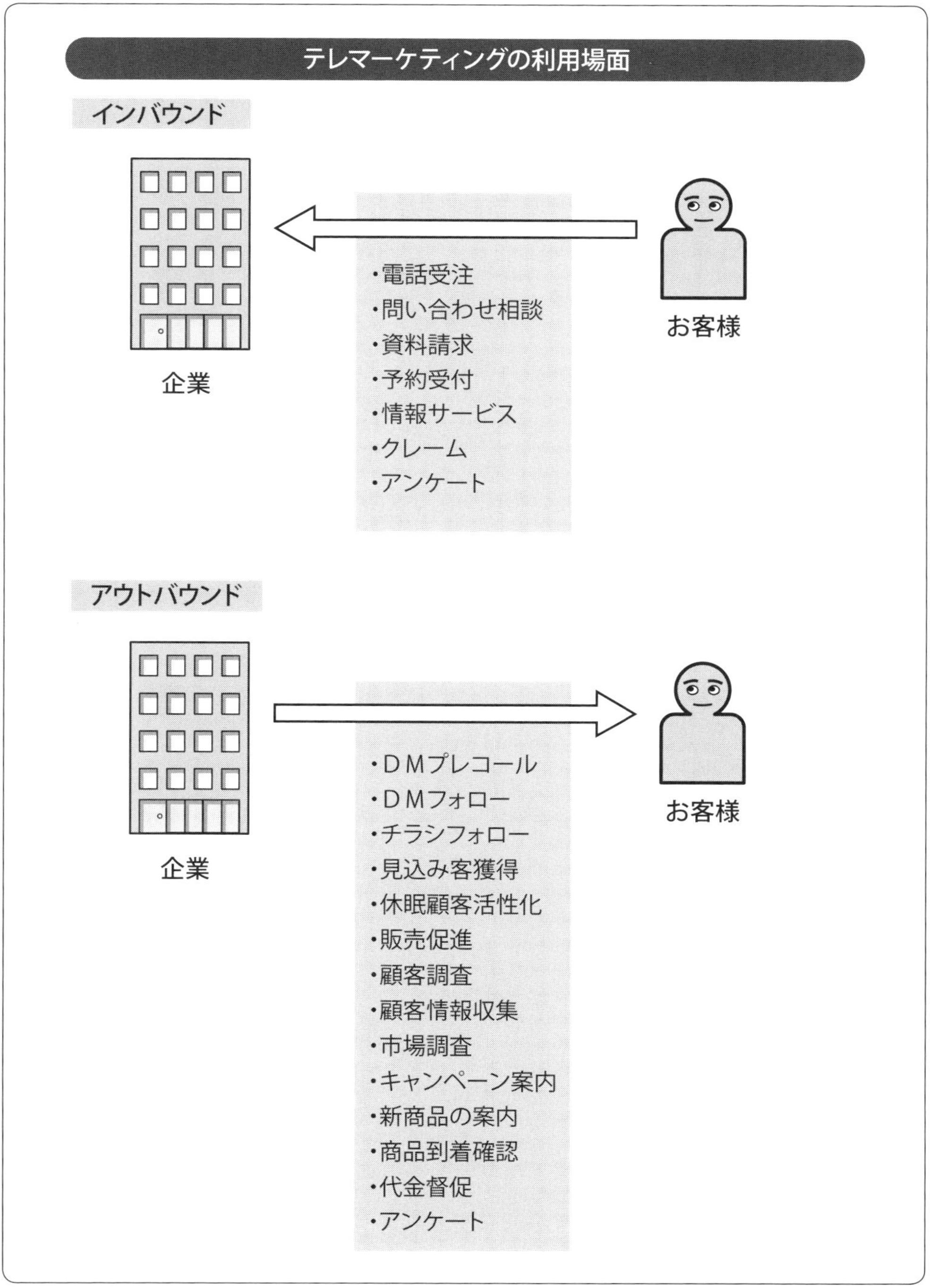
テレマーケティングの利用場面
インバウンド
企業
お客様
・電話受注
・問い合わせ相談
・資料請求
・予約受付
・情報サービス
・クレーム
・アンケート
アウトバウンド
企業
お客様
・ＤＭプレコール
・ＤＭフォロー
・チラシフォロー
・見込み客獲得
・休眠顧客活性化
・販売促進
・顧客調査
・顧客情報収集
・市場調査
・キャンペーン案内
・新商品の案内
・商品到着確認
・代金督促
・アンケート

❷テレマーケティングの効果

●インバウンドでの効果

お客様から問い合わせや注文の電話が入ってくるのが「インバウンド」であることは前項で書きましたが、ここでも大きな効果が期待できます。

ひとつ目は、お客様の情報を詳しく把握できることです。「インバウンド」においてはお客様から電話が入るため、当然、商品に興味を持っていたり、お客様自身が何かの悩みを持っています。

その情報を把握することで、後々の販促活動に大きく影響するのです。

二つ目は、商品のことや、新聞広告、販促ＤＭなどの印刷物の率直な感想を聞くことができます。お客様にとってわかりにくい印刷物であるならば、すぐに修正してレスポンスを上げることができます。商品に関しても同じです。商品自体の問題や商品価格に関する意見や要望を聞くことができます。

三つ目は、お客様の状態に合わせて最適な商品や購入方法をお勧めすることが可能になります。

●アウトバンドでの効果

「アウトバウンド」の利用場面は前ページに書きましたが、直接的な効果が得られるのは販促の場面になります。「アウトバウンド」が利用できるのは、既存顧客のリピート販促だけではありません。まだ顧客になっていない見込み客を顧客にする新規顧客獲得の場面や、最近購入が止まっている休眠顧客への販促にも大きな効果が期待できるのです。

新聞や販促ＤＭなどの印刷物だけでは伝えきれない情報や、お客様一人ひとりに合わせた情報を伝えることによって、あまり興味を示さなかったお客様にも商品の魅力を伝えることができます。

多くの通信販売企業が「アウトバウンド」を敬遠しがちなのは、やはり「テレフォンセールス」のイメージが強いからでしょう。しかし、健康食品や化粧品会社だけでなく、あらゆる企業で「アウトバウンド」は活用できるので、自社に合うスタイルを確立し、ぜひ有効活用してください。企業のイメージアップにもつながります。

テレマーケティングの効果

新聞

Ａ新聞（発行部数 500 万部に広告）
掲載料 600 万円
１人あたりの到達コスト：**1.2 円**
レスポンス数：200　レスポンス率：0.004%　CPO：30,000 円

コスト83倍　**レスポンス100倍**

DM

500 万通発送
DM 料金（印刷費＋郵送料）=5 億円
１人あたりの到達コスト：**100 円**
レスポンス数：20,000　レスポンス率：0.4%　CPO：25,000 円

コスト4.5倍　**レスポンス7.5倍**

DM＋TEL

500 万通発送後に TEL
DM 料金 5 億円＋TEL 17 億 5,000 万円＝22 億 5,000 万円
１人あたりの到達コスト：**450 円**
レスポンス数：150,000　レスポンス率：3%　CPO：15,000 円

CHECK
新聞同様、500万人に知らせると仮定すると、DMはレスポンスが100倍、DM＋TELだとさらに7.5倍へと高まる

❸テレマーケティングを展開するためには

●テレマーケティングの規模

自社でテレマーケティングを展開しようと思ったら、まずはハード面をどうするかを考えなければなりません。ハード面とはテレマーケティングを「どこ」でやるのかと、「誰」がやるのかです。

まずは「どこ」で展開するのかを考えなければなりません。テレマーケティングエージェンシーなどの専門会社は何百人ものコミュニケータ（電話でお客様とコミュニケーションを取るスタッフ）を雇用し、ビルのワンフロアをテレマーケティングセンターとしていますが、売上規模や顧客数が多くないのであれば、そこまで大きなスペースは必要ありません。机ひとつでも可能です。

その机に電話が引いてあって、顧客情報や受注のシステムが入っているコンピュータが1台あれば、テレマーケティングをはじめることができます。お客様から電話が入れば、パソコンで顧客情報を検索し、その情報を元にお客様と話せばいいのです。広告を出して新規顧客を獲得するのなら、最低3席は用意しておいたほうが無難ですし、テレビを主に利用する場合は瞬間的に電話が鳴るので、最低でも10席程度は必要でしょう。しかし、その時だけの必要数なので、広告を出さない時期のことも考えると、外部のテレマーケティングエージェンシーを利用するのもひとつの手です（194ページ参照）。

●成功のカギを握るコミュニケータ

コミュニケータは、通信販売会社で唯一、直接お客様と接する部署であり、一般の会社なら営業マンの役割を果たします。このコミュニケータが有能であるかないかによって、通信販売企業が成功するか否かが決まると言っても過言ではありません。

そうは言っても、はじめから有能なスタッフがそういるわけではありませんし、他社で有能だったからと言って、自分の会社でも同じように有能かと言えば、そうではない場合が多いのです。

コミュニケータは声で伝える仕事なので、①熱心である、②親しみがある、③コミュニケーション能力が高い、の三つの資質が求められます。

テレマーケティング・ツール1「お客様からの質問と回答例」

Q どのように飲めばいいですか？

A 食品ですので決まりはございませんが、コップ１杯ほどの多めの水、またはぬるま湯でお飲みください。

Q １日の目安は何粒ですか？

A 1日２粒～４粒を目安にお飲みください。１日無理をした日など、疲れを感じるような日は、多めの４粒をお飲みください。

Q いつ飲めばいいですか？

A 食品ですので飲む時間に決まりはございませんが、食べ物が胃の中にある状態でお飲みいただきますと、胃に負担をかけずに無理なくお飲みいただけます。

Q 目安量より多くとっても大丈夫ですか？

A 体調によって多少、量を増やしていただいてかまいません。ただ、栄養成分は必要量以上をとっても、体外に排出されてしまうこともあります。そのため、１日の目安量を毎日続けることが大切です。

Q 他にも健康食品を飲んでいますが大丈夫ですか？

A 基本的に食品ですので、特に問題はありません。ただし、栄養成分が重なっているような場合は、どちらかを選んでいただくか、目安の数を減らすなどして調整してください。

Q どのように保管すればよいのですか？

A しっかりチャックを閉め、直射日光が当たらない涼しいところで保管してください。

Q 他社の美肌サプリメントとの違いは何ですか？

A 他社様製品の製造過程はわかりかねますが、弊社製品は、全原料天然由来にこだわり、美肌に対してうるおいだけでなく、体の内側からのお肌の基礎づくりにも気を配った内容になっています。天然由来のため、安心して長く続けていただける商品です。

Q 服用してかゆみがでました

A お飲みになるのを中止して、かかりつけのお医者様にご相談ください。

CHECK

Q＆A集は、よくある質問から専門的な質問まで、考えられる質問とそれに対する答えを用意する。お客様からの質問内容・反応によって随時更新する

1回目			2回目			3回目		
アウト日	結果	備考	アウト日	結果	備考	アウト日	結果	備考
12月1日	本人×							
12月1日	家族○							
11月9日	不在		11月10日	本人定期				
12月3日	留守電		12月4日	留守電		12月5日	留守電	
12月4日	不在		12月5日	家族×				
1月12日	家族×							
12月5日	本人定期							
12月5日	家族○							
12月5日	留守電		12月6日	留守電		12月7日	本人定期	
12月5日	不在		12月6日	本人○				
1月13日	本人○							
1月14日	留守電		11月15日	本人×				
12月7日	本人○							
12月8日	本人定期							

◇◇物産	
育毛剤C	
女性専用／医薬部外品	
薬用植物と高麗人参の生薬抽出エキス	
200ml	110ml
約３週間（22日）	約10日（12日）
1日に2～3回（1回に3～4ml）	
¥2,100（税別）	¥1,450（税別）
95円	120円
用植物と高麗人参より抽出した毛生促進成分が配 されている。 効果＞ 脱毛部の皮膚温度を高める 作用が長時間持続 毎日使用しても副作用がない 発毛促進に効果を発揮	

テレマーケティング・ツール2「顧客データシート」

No.	顧客情報				新規購入		
	氏名	ふりがな	生年月日	電話番号	獲得媒体	初回購入日	初回購入商品
1	芥川 龍之介	あくたがわ りゅうのすけ	1940年3月24日	03-5555-****	東京新聞	2014年11月1日	○○A
2	石川 啄木	いしかわ たくぼく	1947年2月1日	045-555-****	神奈川新聞	2014年11月1日	○○A
3	上田 二郎	うえだ じろう	1961年3月28日	072-555-****	読売新聞大阪	2014年11月2日	○○Aお試し
4	江頭 寿男	えがしら としお	1960年1月31日	06-5555-****	ラジオ大阪	2014年11月3日	○○A
5	小山田 一郎	おやまだ いちろう	1951年1月1日	098-555-****	朝日新聞西部	2014年11月4日	○○A
6	神田 しず江	かんだ しずえ	1968年4月28日	092-555-****	毎日新聞西部	2014年11月5日	○○Aお試し
7	金城 さえ	きんじょう さえ	1962年5月3日	03-4444-****	ラジオ日本	2014年11月5日	○○A
8	工藤 貫太郎	くどう かんたろう	1938年6月13日	042-666-****	産経新聞東京	2014年11月5日	○○A
9	小泉 順次郎	こいずみ じゅんじろう	1969年2月28日	025-555-****	河北新報	2014年11月5日	○○A
10	佐藤 栄作	さとう えいさく		054-555-****	中日新聞	2014年11月5日	○○A
11	清水 たけ子	しみず たけこ		075-555-****	京都新聞	2014年11月6日	○○Aお試し
12	鈴木 三郎	すずき さぶろう	1949年12月31日	078-555-****	神戸新聞	2014年11月7日	○○Aお試し
13	高橋 真之介	たかはし しんのすけ		086-555-****	山陽新聞	2014年11月7日	○○A
14	帝塚山 みどり	てづかやま みどり	1960年4月29日	0868-55-****	山陽放送	2014年11月8日	○○A

テレマーケティング・ツール3「他社商品データシート」

社名	○○産業		□□商事
商品名	育毛剤A		育毛剤B
分類	女性専用育毛剤／医薬部外品		男女兼用／医薬部外品／弱酸性
成分	桑の葉エキス		西瓜エキス
容量	90ml	120ml	150ml
	約1ヶ月	1ヶ月〜2ヶ月	約2ヶ月
使用容量	1日／2回（1回に2.5ml*10〜15振り）		1日／2回（1回あたり5〜10プッシュ）
価格	¥5,985	¥9,345	¥5,880
1日あたりの価格	199円	155円	2.5ml／1日（98円）
特徴・強み	桑の根の皮を○○産業の特許製法（特許第○○○○号）で抽出して配合している。 桑白皮エキスは発毛・育毛を促進し、薄毛でお悩みの女性をサポートする。 また配合成分に使用している桑の葉は、植物性の保湿成分としても認められており、130種類以上の植物の中から選び出した桑葉エキスを配合。 容器はプラスティック、頭皮に当ててると出るタイプ。		西瓜成分配合の「育毛剤B」は、西瓜エキスで、まず頭皮が育毛しやすい環境にする。そして有効成分（センブリエキスやニンジンエキスなど）を頭皮に与え、元気な髪の毛づくりをアシスト。抜けにくい髪に! さっぱりタイプ→天然メントール配合、清涼感のある使い心地 しっとりタイプ→化粧水のようなマイルドな使用感でカサつく頭皮もしっとり

テレマーケティング・ツール4「DMフォローコールスクリプト」

目的を明確にする

DMフォローコールスクリプト

◇お勧めメイン商品は○○○の定期購入です。

○○様のおたくでしょうか？こちらは●●県にございます◇◇社の△△と申します。お忙しいところ申し訳ございませんが、○○様でいらっしゃいますでしょうか？

YES → 先日、○○○のご案内を送らせていただきましたが、ご覧いただけましたでしょうか？

NO → 左様でございますか。
何時ごろお電話させていただきましたら、お話しできますでしょうか？
＜在宅時間の確認＞
それでは改めてお電話させていただきます。
失礼いたしました。

見た → ありがとうございます。
○○○をお召し上がりになったことはありますでしょうか？

見ていない → 今回、お得な○○○のご案内を送らせていただきました。

DMを見ていない場合でも、話を終わらせない

○○○はビタミン群、ミネラル、アミノ酸等、40種類以上もの栄養素をバランスよく含んでおりますので、新陳代謝を促して、体調を整える働きがあります。
また、○○○にしか含まれない「デセン酸」という成分が血液の流れを綺麗にしたり、ホルモンや自律神経のバランスを整えるなどの働きをします。

＜当社の訴求ポイント＞
1. 当社の○○○は熱を加えずに蒸発させる（真空凍結乾燥）ことで、○○○にのみ含まれるデセン酸をはじめとする天然成分を損なうことなく、パウダー化し、新しい素材として注目されている大豆イソフラボン・卵殻カルシウム・ゼイン等を加え、さらに効果をアップさせた糖衣錠です。
2. 糖衣には砂糖をまったく使用せず、低カロリーのマルチトールを使用し、肥満・糖尿病など、カロリーが気になる方でも安心してお飲みいただけます。

＜応酬トーク＞	＜応酬トーク＞	＜競合他社＞
・健康食品には興味がない ・今は健康 ・高い	・○○○に興味あり （Q&Aの活用）	・他社飲用 （他社との差別化）

＜定期購入の訴求＞
◇健康食品ですので毎日続けて飲んでいただけるように、安い値段でお続けできる制度をご案内させていただいております。1日3粒が目安ですので、毎月1本のお届けでしたら6,800円が5,715円のお届けになります。

受注 → ありがとうございます。
注文商品の復唱確認
お届け日、支払い方法の確認

受注なし → 左様でございますか。
○○○以外の商品のお勧め

本日はお忙しいところ、ありがとうございました。今後とも◇◇社をよろしくお願いいたします。
（フリーダイヤルのご案内）

受注なしの場合でも、満足してもらって終わらせる

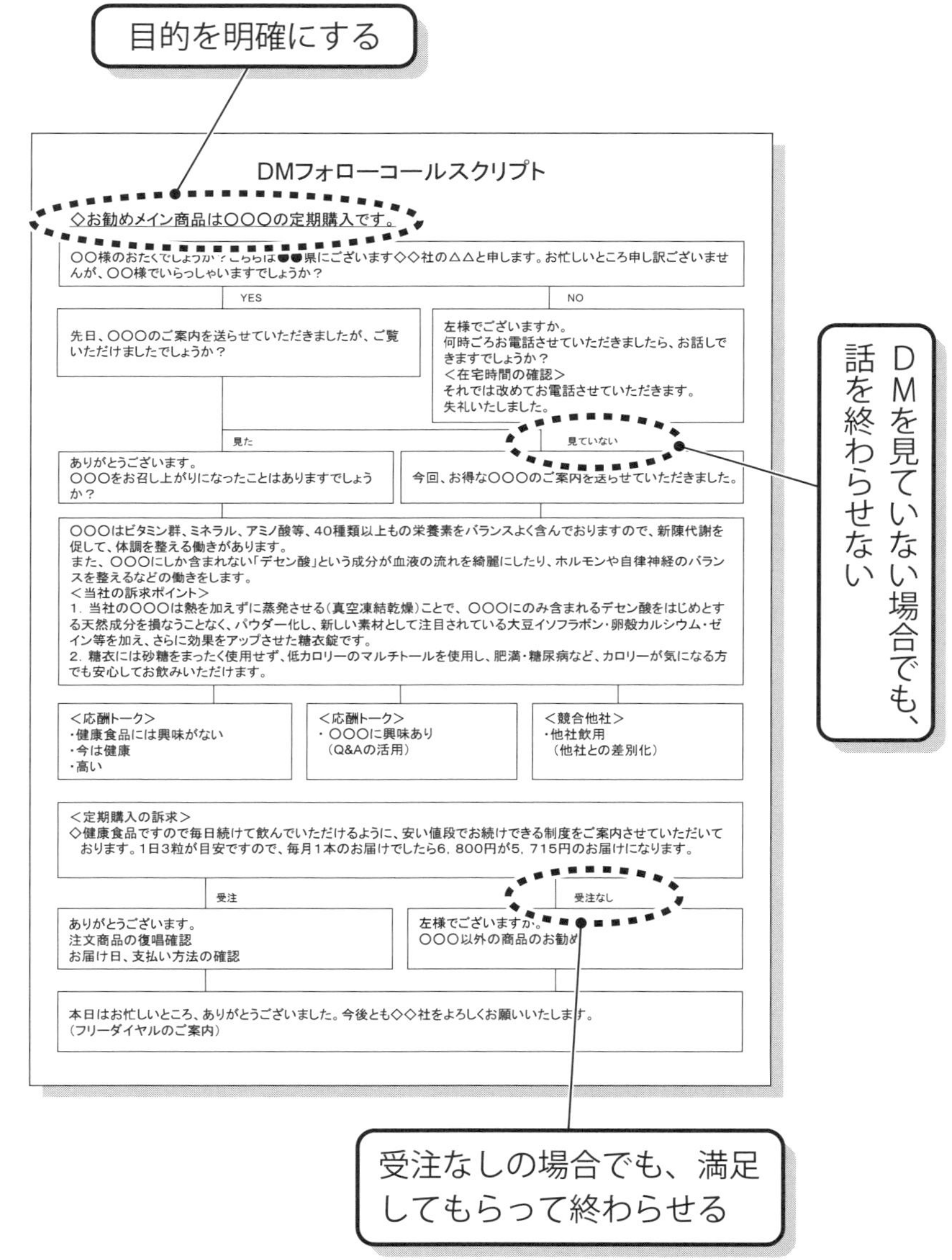

テレマーケティング・ツール5「応酬話法の例」

効果効能

効果が感じられない①	▶毎日欠かさずお飲みいただきましたか？ はい（飲みはじめ）⇩ 健康食品はお薬のようにすぐに効果が表われるものではありませんが、続けて飲むことで確実に健康維持につながります。毎日きちんと飲んでいらっしゃる方には、何らかの効果はご実感いただいているようです。 ▶たとえば肌の調子がよくなったり、風邪を引きにくくなったり、ということはございませんか？ はい（3ヶ月以上）⇩ 続けているとお体も慣れてまいりますので、わかりにくくなるかもしれませんが、 ▶お止めになった時は体調の変化などお感じになりませんでしたか？ そういえば⇩ 今まで通りの体調を維持しているのも効果 いいえ⇩ そうですか。毎日忘れずにお飲みいただくほど、効果のほうもご実感いただけるようです。
効果が感じられない②（だから止める）	（最初に）もったいないですね。 ・せっかく改善されてきているのに、途中で止めると次に始めたときはまた一からになってしまいますよ。 ・止めてから「やはり調子が悪くなった」と、戻ってくる方も多いです。 ・止めて3ヶ月ほどすると体調が悪くなることがあります。 ・毎日欠かさずお飲みいただいている方の場合は、数日間止めてみると違いがわかるようですので、それもひとつの方法かもしれませんね。

飲み方

まだ飲んでいない	・本当によいものなので飲んで欲しい。今日から飲んでください。 ・通常価格が○○円のものなのでもったいないです。
まだ残ってる	▶どのくらい残っていますか？ ・生活習慣のものですので毎日忘れずにお飲みいただくほど、効果のほうもご実感いただけるようです。 ・なくなるころにお届けしましょうか？
忘れる	・時間を決めて習慣にすると忘れないようです。 ・朝一番に飲む方が多いです。 ・もし忘れたら、気づいたときにお飲みください。

品質

サプリは嫌い	・生タイプ（エキスタイプ）もございます。カプセルに加工する前の状態ですので、食品感覚でお召し上がりいただけます。 ・食事だけではなかなか補えないですよね。 ・3食全部を本当にきちっと食事をするのって、難しいですよね。 ・昔と違って土も変わってきていますし、化学肥料に頼った栽培で、作物の栄養そのものが弱ってきているとも言われていますよね。 ・年齢的にも若いときと違って、ちゃんと気を遣ってあげないと……。 ・ビタミンだけ抽出したようなものとは違い、○○○○は食品に近いものですよ。 ・ビタミン、ミネラル、アミノ酸などたくさんの成分が自然のままのバランスで入っているので、人工的に抽出したサプリメントとは全然違います。

買い方、値段

高い	・たしかに他社様ではもっと安いものもありますが、当社のが高いのにはそれなりの理由がありまして、よい原料を使って安心・安全の工場で製品化しますとどうしてもこのお値段になってしまうんです。 ・体調を悪くして病院に行くと、医療費って結構かかりますよね。
なくなったら注文する	・なくなる頃にお届けもできます。 ・せっかくお続けになるのに、間があくともったいないですよ。
お店で買うから	・私どもの商品は通信販売でしかお買い求めになれません。 ・今ご注文いただいても送料はかかりません。 ・まとめ買いするよりも新鮮なものをお届けできます。
もう結構です	▶何か不都合なことが？
他社のを飲んでいる	専門企業⇩ よいものをお飲みですね。 ・私どもの○○は……（自社のアピール） 健康食品メーカー⇩ よいものをお飲みですね。 ・しかし、どこの誰がつくっているとか、品質管理についてはご存じですか？　お口に入れるものですから、心配ですよね。 ・当社のは、ちゃんとした指導を受けた専門家が生産した原料を、国内の安心できる工場で製品化しています。

自信を持ってお勧めいたします。ご検討ください。

他社商品のことを聞かれた時は、決して貶してはいけない。自社商品が他社商品に勝る点を伝える。勝る点は他社商品ごとに変えていく（それぞれの会社の強み・売りが異なるため）

❹スタッフは経営者の代弁者である

●スタッフ全員が経営者と同じ考えを持つ必要がある

いくら優れた商品を扱っていたとしても、いくら優秀な経営者だとしても、通信販売事業はそれだけでは成功しません。経営者1人だけで事業を展開しているのなら話は別ですが、お客様からの問い合わせに応えたり、商品の注文を受けるのは電話窓口の担当者ですし、商品の梱包や出荷をするのは出荷の担当者です。その他、社内には総務担当、経理担当、企画担当、システム担当などのスタッフがいるはずです。

すべての業務を経営者1人で行なうことはほぼ不可能で、お客様に接するのはスタッフなのですから、事業に携わるすべてのスタッフが経営者と同じ考えを持つことが何より大切です。スタッフは経営者の代弁者なのです。お客様への応対時の言葉だけでなく、印刷物の文章や出荷する荷物への気配りにも同じことが言えます。

●スタッフの意識づけが必要

「スタッフは経営者の代弁者」という意識を、事業に携わるすべてのスタッフに持ってもらわなければなりません。通信販売会社に問い合わせの電話をすると、多くの会社で「それは私ではわかりかねます」「社長に聞かないとわかりません」と言われますが、スタッフにそんな対応をさせるようでは、企業として失格です。

お客様は電話スタッフの応対の内容や、送られてくる印刷物や荷物を通して、通信販売企業が信頼でき、安心してつき合えるかどうかを判断しています。親身になって応えてくれたり、聞いていた質問に的確に答えてくれたり、わかりやすい印刷物だったら、お客様はその会社を素晴らしい会社だと評価してくれることでしょう。こうしたことが、会社のファンになっていただく大きな要因のひとつであることを忘れてはいけません。

もうひとつ大事なことは、スタッフのモチベーションを常に上げておくことです。通信販売事業では面と向かってお客様と接することはなくても、電話を通じて声で気持ちが伝わるものです。スタッフのモチベーションが低いと、それがそのまま伝わってしまうことに注意が必要です。

女性スタッフのモチベーションを高める方法

POINT 1 「注意＋褒める」をセットで行なう

注意をする時には、注意の言葉だけを投げかけるのではなく、必ず何かひとつは褒める。業務上で褒めることが見当たらない場合は、勤務態度など就業に関わることでもよい。「注意」だけではなかなか改善されない場合でも、「褒める」ことを加えるだけで、上司から認められたと意識するため、改善できる

POINT 2 短期的な目標を与える

はじめは低いハードルからでよい。長期の目標ではなく、必ず１週間〜１ヶ月程度の個人ごとの目標を与える

今月の目標

山田夕子	商品知識をつける		
鈴木　香	追加受注を 10 件取る		

CHECK

通信販売事業では女性スタッフが多いが、“バリバリ”の女性スタッフはあまり見られない。地方の企業ともなるとさらにその数は少なくなってくる。女性スタッフは、人の好き嫌いがそのまま仕事に影響を与えるため、細心の注意が必要。定期的に面談を実施しつつ、上の２つを実行すること

❺小さな変化を見逃さない

●モチベーションを保つ

毎日机に座り、パソコンを見ながら、ヘッドセットをつけて電話応対をし続けるコミュニケータの仕事は、体力的にも精神的にもきついものです。特にアウトバウンドともなると、お客様から怒られることが少なくないため、自らモチベーションを維持するのは容易ではありません。

モチベーションが下がってくると、積極性がなくなり、応対姿勢もだらけてきます。お客様と対面しているわけではないため、表情はお客様に伝わりませんが、だらけた応対をしていることは声から伝わってしまうので、注意が必要です。そのため、モチベーションを上げ、維持させることが必要になってきます。

まず、自分たちの仕事の目的を明確に伝えます。「ただお客様と電話をして注文を取る」ことが目的ではいけません。注文の電話が入った時に、お客様に何を確認するのか、そして、会社側から何を提供するのか、そのお客様の情報を把握して、会社からお客様にとって有益な情報を提供するとどうなるのか、までを伝えてください。そして前ページでも触れましたが、短期の目標を各コミュニケータに与えてください。

●小さな変化も見逃さない

注文がたくさん入り、電話の数が増えてくると、コミュニケータはなかなか休むことができなくなります。体力やモチベーションが高い時期は少々無理をしても大丈夫ですが、体力が落ちてきたり、モチベーションが下がってくると、抵抗力が落ちて風邪を引きやすくもなります。多くのスタッフが働く密室で1人が風邪を引いたら、まわりにもすぐうつります。そうなる前に、体力とモチベーションを維持することが必要です。

日頃から、スタッフの小さな変化に気を配ってください。業務時の姿勢がいつもと変わってたり、前向きさがなくなっていたら、何らかの原因でモチベーションが下がっているはずですから、面談を行なうなどして、不安を取り除く必要があります。肌の色や艶、髪の毛の艶からも体力低下のサインが出ているはずです。

女性は不安に敏感

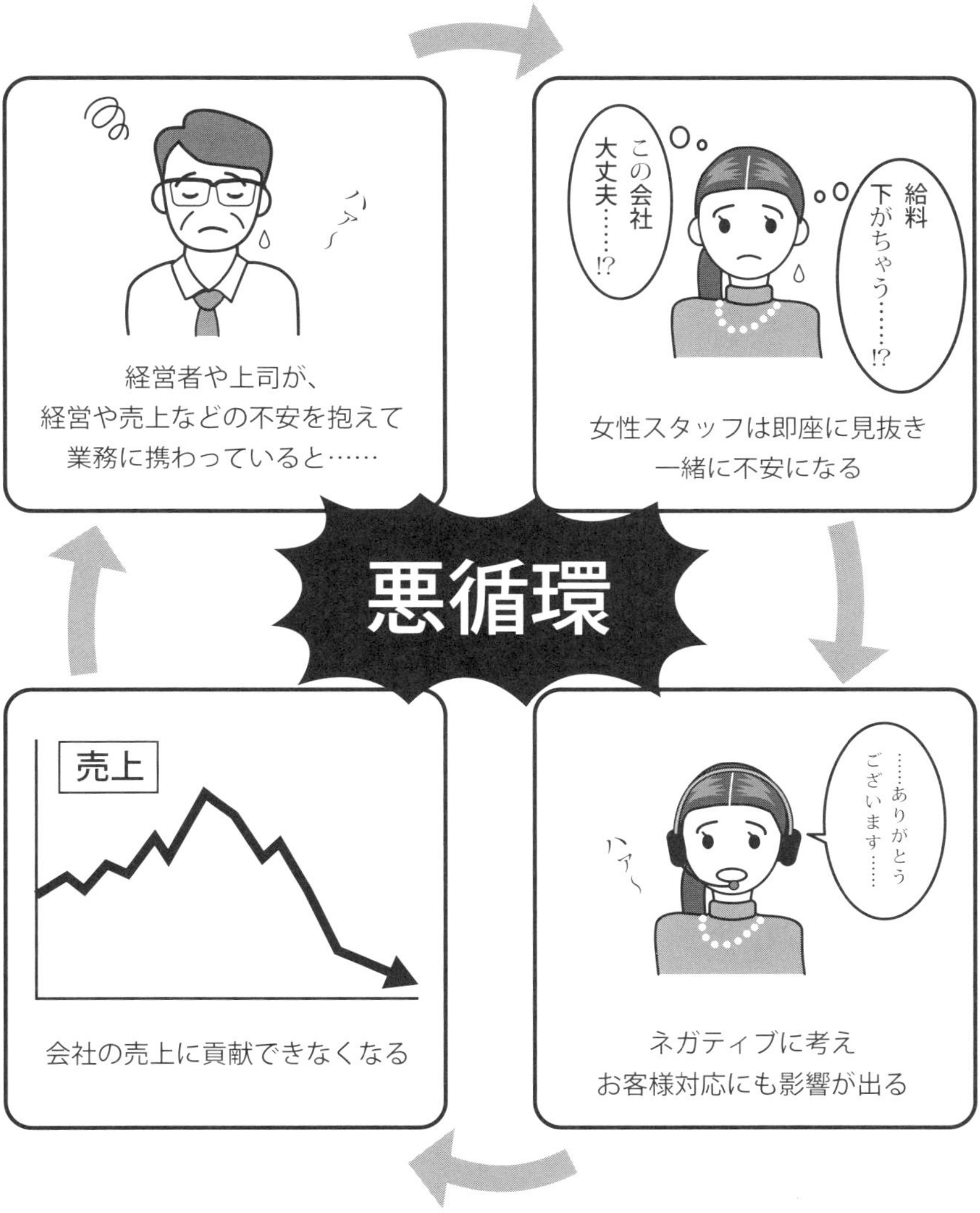
ハア～
経営者や上司が、
経営や売上などの不安を抱えて
業務に携わっていると……
この会社大丈夫……!?
給料下がちゃう……!?
女性スタッフは即座に見抜き
一緒に不安になる
悪循環
……ありがとうございます……
ハア～
ネガティブに考え
お客様対応にも影響が出る
売上
会社の売上に貢献できなくなる

CHECK

経営者や幹部は、不安要素があったとしても、スタッフの前では毅然とした態度で接することが必要。男性スタッフは小さな変化に鈍感だが、女性スタッフはとても敏感に見抜く

❻スタッフの能力は管理者で決まる

●はじめから優秀なスタッフはいない

通信販売事業のスタッフに、他社で優秀な働きをしていたスタッフは必要ありません。それよりも経営者の考えに共感し、共に働こうという意欲を持っているスタッフが必要です。入社当初は素人同然のスタッフが、働いている間に優秀なスタッフに変わっていきます。他社で優秀なスタッフであっても、その会社で優秀なスタッフになるには、商品知識を身につけたり、自社の顧客のことを知るまでに、ある程度の時間が掛かります（総務・経理・システムなど経営者の理念や理想が反映されにくい部署では即戦力としての人材を雇用することは可能です）。通信販売に関して嫌悪感がなく、一般社会で普通に生活できる人であれば、通信販売企業のスタッフとして働くことができます。

●管理者が優秀なスタッフを育てる

企画スタッフであっても、電話応対スタッフであっても、各企業のスタッフの能力に大きな違いはありません。

私は以前、全国のテレマーケティング会社の管理を任されていたことがあります。拠点数で15拠点、コミュニケータは1000人程度を管理していました。その1000人のコミュニケータと面談をしてみると、優秀だと感じるコミュニケータは、さほどいませんでした。

しかし、実際に仕事をしてみると、拠点ごとの成績に大きな違いがありました。その違いは、電話応対するコミュニケータのよし悪しではなく、拠点を管理する管理者によるものでした。管理者には男性も女性もおり、年齢は20代前半から50代までいました。コミュニケータは平均年齢が50歳くらいの女性でしたから、男性で年齢が高めの管理者のほうが高い成績を出しそうに思いましたが、実際はそうではありませんでした。20代前半の若い女性スタッフが、自分の母親ほどのコミュニケータを管理し、上位の成績を上げていたのです。

要するに、いかにコミュニケータを意識づけし、モチベーションを高められるかということに尽きるのです。よいスタッフを育てるには、優秀な管理者を育てることが先決です。

管理者に求められること

管理者には経営者から求められる資質と、スタッフから求められる資質がある。その両方を兼ね備えている管理者が「優秀」と言える

1.経営者が求める資質

■報告、連絡、相談ができる
■経営者の考えを理解し、スタッフに伝えられる
■現場を把握し、経営者に聞かれればいつでも答えることができる
■好奇心旺盛で、あらゆる方面にアンテナを張っている

経営者が喜ぶからと、よい報告しかしない管理者がいるが、それは会社を滅ぼす原因となる。経営者には悪い報告を真っ先にすることが大切

2.スタッフが求める資質

■的確な指示を出してくれる
■スタッフを平等に扱ってくれる
■現場の意見を経営者に伝えてくれる
■いざという時に守ってくれる

私が以前勤めていた会社の人事考課は、スタッフの評価は当然上司が行なっていたが、管理者の評価は、上司(経営者)とスタッフの両方が行なっていた。いくら上司の受けがよくても、スタッフからの信頼がなければ優秀な管理者とは言えない

❼情報の共有化が必須

●通信販売の成功の秘訣は情報の共有化

ここで言う「情報の共有化」とは、主に顧客情報や顧客からの声を共有するということです。顧客情報や顧客の声は、現場スタッフから経営者まで、事業に関わるすべてのスタッフで共有することが必要です。顧客に直接接することがない出荷や総務部門のスタッフも同様です。

特に注意が必要なのが、顧客から直接寄せられるクレームの情報です。この情報を一部のスタッフしか知らないままにしていると、いつの間にか顧客が離れていったり、悪い情報が消費者の間に広がることもあり得ます。「悪い口コミ」は「よい口コミ」より速く伝わるので、顧客からの悪い声やクレームは、真っ先に経営者に伝える必要があります。事業を維持するには経営者の迅速な判断と処理が欠かせませんが、情報がきちんと伝わらないことには、的確な経営判断ができません。

ある企業が顧客から集団訴訟を起こされることになったのは、実はここに原因がありました。数人の顧客から「商品を使用して不具合があった」との声があったのですが、現場の判断で処理をしたために経営者に伝わるのが遅れ、多くの顧客に同様の不具合が起こってしまい、ついに集団訴訟に至ってしまったのです。

●情報が共有できる環境にしよう

現場で収集した顧客情報や顧客の声を経営者にスムーズに上げるためには、社内の環境整備が必要です。現場スタッフがせっかく顧客から聞いた大切な声を上司に上げにくい理由には、「こんなことを報告しても、わかり切ったことだから怒られそう」「上司の機嫌が悪そうだから今は言えない」といった、ストレートに情報を伝えられない社内の雰囲気があります。現場の管理者が経営者に報告しない理由も同じです。

さらに管理者が経営者に報告しないのは、「これを報告したら、自分たち（管理者）の責任にされてしまう」という理由も多く見られます。経営者が「現場管理者からの報告が遅い」と感じているのであれば、報告しやすい環境に変える必要があります。報告があっても、まずは怒らないことが必要です。

世間話にお客様からの重要なメッセージが

応対スタッフ　　　　　お客様

世間話の中で交わされる、自分のこと、家族のこと、友達のこと、趣味のこと、食生活のこと……

↓

重要であるか、重要でないかを判断し、上司に報告

↓

さまざまな話を「顧客情報」として少しでも多く残す

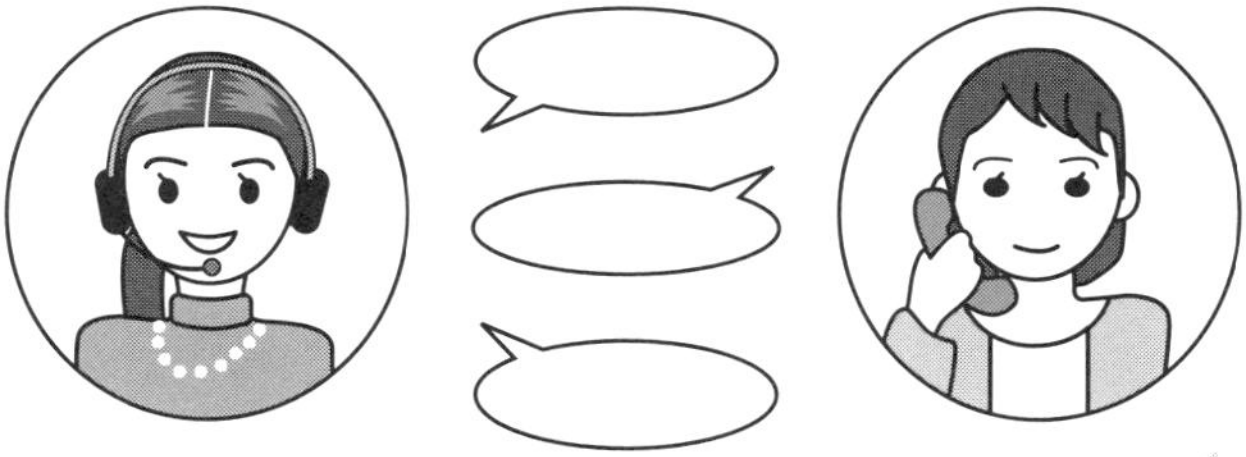

その情報をもとに、次の機会にお客様と会話　**信頼度アップ**

お客様に最適な商品や購入方法を提案　**満足度アップ**

CHECK　まず、少しでも多くの情報を顧客情報として残すことを徹底する。そしてその情報を社内で共有する

❽クレームが増えてきている

●クレーム増加の理由

元々、通信販売事業は他の事業に比べてクレームが起こりやすい事業です。それは、お客様と直接接することができないことと、お客様が商品を直接手に取って確認しないまま注文せざるを得ないことに起因します。

さらにここ数年、あらゆる業界でクレームの数が増加傾向にあり、通信販売業界でも同じことが起きています。

クレーム客が増えてきた大きな要因は、お客様側が「クレームを言うことは当然である」という権利意識を持つようになったことです。

今までは〝言ったもん勝ち〟で、クレームを言う人だけが得をするという状態でしたが、ここ数年は自己主張として企業にクレームを言うことを当然とする風潮になってきています。

しかし、そうしたクレームもきちんと対応すれば、大きな問題にはなりません。

クレームを大きくしてしまうのは、クレームとなった原因そのものよりも、その後の企業の対応が影響します。

●クレームは前向きに

クレームを言ってくれるお客様は、企業に何らかのヒントを与えてくれています。クレームを次のように捉えることができる企業は大きく発展することができます。

商品や企業の欠点を指摘された場合は、「商品や会社をよりよくするための貴重な情報・提案をいただいた」。

商品や企業が期待はずれだったと言われた場合は、「何を期待していたのかを確認することで、改善課題を発見することができる」。

顧客対応に時間がかかってしまった場合は、「お客様との密接なコミュニケーションの時間を与えてもらった」。

適切な対応ができなかった場合は、「クレーム対応のスキルを向上させるチャンスをいただいた」。

お客様から言ってもらったクレームは、自社を強くするものだと前向きに捉えることができれば、顧客満足度をより高められる企業に成長できることを肝に銘じておきましょう。

クレーマーとクレーム客を見極める

クレームを言ってくる人	
	クレーム客 企業側に落ち度があってお客様に何らかの迷惑を掛けた場合に、正当な意見として企業に適切な情報を伝えてくれる人 **十分にお客様の話を聞き、前向きに対応していくことが必要**
	クレーマー 1社だけでなく、他の企業にも同様のクレームを言いまくっている人。企業側に何の落ち度がない場合にも、重箱の隅をつつくように企業のアラを見つけ、何かを言ってくる **まともに対応していても、企業の発展には寄与しない**

“クレーム客”と“クレーマー”を見極めることが必要

クレーム対応に慣れないうちは

「改善することで企業の発展に役に立つ」内容を言ってくれる人

＝“クレーム客”

「改善しても企業の発展には役に立たない」内容を言う人

＝“クレーマー”

と区別する

⑨クレーム対応が苦手な人が多い

●理不尽な理由で怒られる

クレームを言ってくれる人は企業にとっては大変ありがたい存在です。しかし、「そんなことはわかっているが、実際に対応するのは苦手だ」という人がほとんどでしょう。苦手意識を持ってしまう原因のひとつが、「理不尽な理由で怒られる」と捉えているからです。

突然、他人から理不尽な怒りをぶつけられることは、日常生活ではあまりないでしょう。それも、直接でなく電話を通して言われるので、精神的にパニックに近い状態になってしまいます。

クレームの場合、第一声は怒りの言葉から入ることが多いものの、じっくり話しているうちに、お客様も冷静に話してくれるようになります。怒りを冷静な状態に持っていくためには、それなりのスキルが必要ですが、まずはお客様が何に対して怒っているのかをじっくり探っていくことが必要です。この応対の中で、お客様のトーンが下がっていけば、やがて冷静にお話ししていただけるようになります。

●円満に解決できる自信がない

クレーム対応に苦手意識を持ってしまうもうひとつの原因は、「クレームを円満に解決する自信がない」と考えているからです。クレームを円満に解決するためには、順序があります。先ほども書いたように、クレーム客は最初、怒りから入ってきます。まずは冷静に話ができる状態にできれば、通常の応対とそれほど変わらなくなります。次にお客様が何を望んでいるのかを確認していきます。お客様の要望がそのまま受け入れることができるものであれば、そこでお客様も納得してくれてクレーム対応は終了となりますが、こちらはすべての要望を聞き入れることはできません。ただ、そこですべての要望を拒否してしまえば、お客様との間は平行線をたどるばかりで一向に進展しません。お客様の要望を10とした場合、すべてを受け入れることは無理でも、2～3は受け入れることは可能なはずです。その2～3を受け入れる形で話していけば、お客様の怒りも、ある程度の満足へと変化させることができるでしょう。

顧客満足と顧客不満足

顧客満足

①正確な情報提供
②最適なサービス
③パーソナライズ（個人認識）
④投げかけられたボールを
　きちんと返す

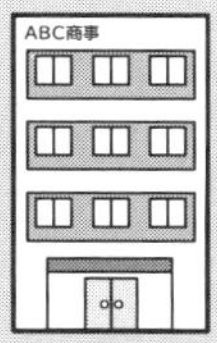

会社

顧客不満足

①不十分な情報提供
②サービス品質の悪さ
③十人一色
④投げかけられたボールは
　そのまま
⑤たらい回しにされる

サービスの6S

Smile……………電話では顔は見えないものの、無愛想な顔は声で伝わる
Smart……………美しく、さりげない対応を
Speedy…………対応は迅速に
Sincerity………常に誠意を持って対応
Study……………顧客満足度を高めるために日々勉強
Speciality………常にプロ意識を持って

⑩クレームは初期対応が最重要

●初期対応で話をこじらせると問題が大きくなる

クレームは、初期段階での対応がすべてを決めると言っても過言ではありません。初期段階で適切な対応が取れると、問題の解決がスムーズになるだけでなく、企業のイメージアップにもつながります。

クレームが苦手だと思っている人は、初期段階でお客様との関係をこじらせてしまうことが多いようです。初期対応では、お客様の意見に反対することなく、共感的な対応を心掛けます。お客様の話を遮ることなく、きちんと話を聞きます。お客様側に非があるような言い方は、絶対にしてはいけません。

そして、いつもより声のトーンを落とすことも必要です。感情が入って声が高くなったり、大きくなったり、明るい声で対応すると、お客様は馬鹿にされているような印象を受けます。落ち着いて神妙な声で接するのがよいでしょう。

誰が電話に出たとしても、その言葉が「会社からの返答」となるので、曖昧な表現はせず、確実なことだけを伝えます。確認が必要な場合には、必ず「いつ、誰が連絡する」かをきちんと伝える必要があります。

●たらい回しは厳禁

初期対応がまずくて話がこじれると、お客様の怒りは大きくなり、一担当者レベルでは対処できなくなります。

お客様の怒りが大きくなる原因のひとつは、たらい回しにされることです。「私は担当ではないので他の部署におつなぎします」と言われ、電話を回されるのは非常に気分の悪いことです。お客様にとっては、自分に迷惑を掛けた会社に電話をしているわけですから、会社名を名乗って電話に出た人が「担当ではない」などとは絶対に口にしてはいけません。ほとんどのクレームは初期段階ではさほど大きな問題ではありませんから、担当者が適切な対応をすれば解決できるはずです。

すべてのコミュニケータに、適切なクレームの初期対応ができるように教育するのも企業の責任のひとつです。通信販売事業に関わるスタッフ一人ひとりが企業の代表だと思って、プロ意識で対応することが必要です。

クレーム発生時、お客様が企業に求めるもの

①謝罪の要求
→ 怒りをしずめるために、とにかく謝ってほしい

②理由の提示
→ なぜ、このような事態が起こったのか、明確に説明してほしい

③解決策の提示
→ 事態を解決するために、どうするのかを聞かせてほしい

④企業姿勢の表明
→ 同じミスを二度と起こさないために、今後どうしていくのかを説明してほしい

お客様の声が経営者に届く社内体制

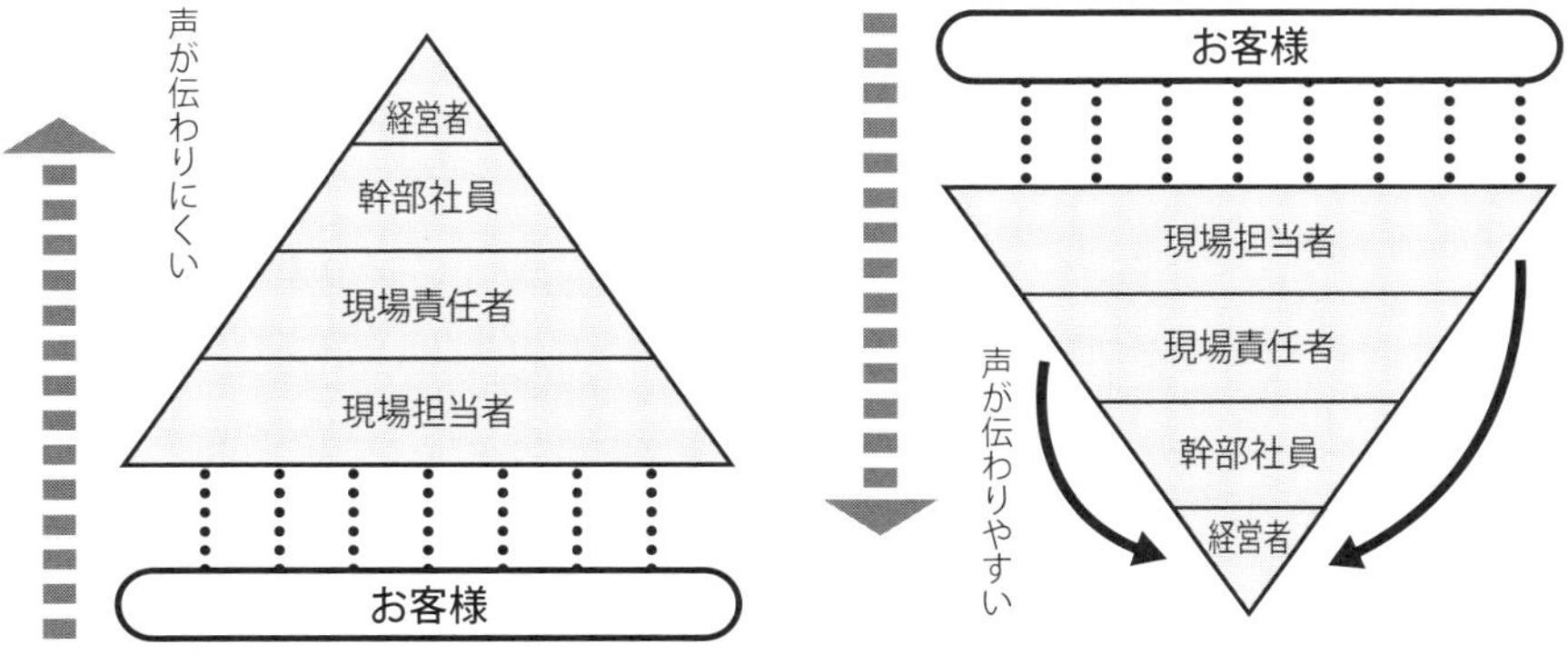

CHECK 「現場担当者から経営者」「現場責任者から経営者」に直接声を届ける仕組みがあると、重要な情報がきちんと素早く届く

⑪クレームは宝の山

●クレームは会社の財産になる

すでに書いたように、クレームが寄せられるということは会社にとってチャンスです。クレームや要望を言いやすいように専用の窓口を設けたり、お客様に届ける情報紙などの印刷物に、他のお客様よりいただいた要望やお叱りの声などを掲載するのも大切なことです。

クレームや要望が入らない企業は、顧客の率直な声が入らないため、継続してくれる一部のよい声しか吸い上げることができません。「もう少しこうしてくれたらいいのに」「ここを改善してくれたら購入するのに」といった、継続してくれない顧客の率直な声に耳を傾けることが、企業発展のためには必要なのです。クレームや要望は業務改善や新商品の開発、商品の改良につながる大きなヒントを与えてくれるものだと思ってください。

しかし、いくらクレームや要望を言いやすい会社にしたとしても、実際に電話や手紙でわざわざクレームや要望を言ってくれる人は「氷山の一角」にすぎません。

氷山は海に浮かぶ氷の塊ですが、海面から上に見えているのは全体の10分の1以下です。10分の9以上は、海の中の見えない部分です。クレームも氷山と同じで、わざわざクレームを言ってくれる人は全体の10分の1以下なのです。

クレームが少ないことに安心するのではなく、1人のクレームや意見でも会社にとって重要な内容かどうかを考えて対応することが必要です。

●究極のクレーム対応

究極のクレーム対応は、クレームにならないようにするということです。ですから、お客様からクレームが来た場合はクレームの大小を問わず、そのすべてを上司や経営者に報告する必要があります。

「クレームは氷山の一角」ですから、問題を改善すれば、クレームを言ったお客様だけでなく、同じ思いをしていた多くのお客様が満足してくれます。すべてのクレームに対して仕組みやサービスを改善することは不可能ですが、改善できることは素早く改善していくことが顧客満足につながります。

お客様の怒りをしずめる2つの方法

1. 人を替える

こちらがどんなに正しいことを言ったとしても、お客様に「あなたは嫌だ」と思われてしまうと、納得してくれません。上司や責任者に替わって対応するとお客様の怒りがしずまります。

たまに「社長を出せ！」という要求がありますが、絶対に社長を出してはいけません。現場の責任者が最終責任を負うことが必要です。

2. 時間を変える

基本的に、クレームは時間を掛けずにその場で終わらせることが求められますが、お客様の怒りがおさまらず、その場で終わらせるのは無理だと感じられた時には、時間をおいて対応します。「後ほど責任者から電話をさせます」などと伝えて時間を空けると、お客様の怒りはしずまります。

⑫メールでのクレーム対応

●メールでのクレーム対応の注意点

メールでクレーム対応をする場合には、文字だけのコミュニケーションになってしまうことを忘れてはいけません。文字だけのコミュニケーションの場合、お客様に気持ちが伝わりにくいですし、ちょっとした言い回しや言葉遣いが誤解を招き、お客様の怒りに触れる場合があります。はじめは小さなクレームでも、言い回しを間違えたために大きなトラブルを誘発することもあるのです。そうした言い回しを使う人がお客様とのやり取りを続けると、お客様の感情はエスカレートしていきます。

メールでクレームが来た場合、まずは返信までのスピードに注意してください。24時間以内に返信することを心掛けます。パソコンやスマホが普及したことで、お客様はいつでもメールできる環境にあります。ですから返信が遅ければ、そのスピードに対しても怒りが膨らんでいきます。さらにメールでのクレームの場合、お客様が日常的にパソコンやスマホを使いこなしていることがほとんどなので、クレーム対応が悪いとその評価をネット上に上げ、どんどん拡大していく危険性もあります。

●クレームの対応方法

件名を「Re：」とするのは厳禁です。「お問い合わせありがとうございました」や「いつもお世話になっております」という件名をつけるケースもよく見られますが、これもよくありません。

件名には具体的な内容を書き、お客様が何のメールかすぐにわかることが必要です。「○○商品の発送間違いに関しまして」などがいいでしょう。返信メールに「拝啓」や時候のあいさつは必要ありません。文頭で会社名と自分の名前をしっかり名乗ることが必要です。そしてメールを読みやすくするために、句読点をしっかりと使い、3～4行ごとに空きスペースをつくるのもお勧めです。

最後の部分には、会社名・自分の担当部署・氏名・電話番号やメールアドレスを必ず入れてください。また、返信メールの場合、お客様から来たメールの内容を残しておくと、これまでのやり取りの経緯がわかるので、その部分は削除せずそのまま返信してください。

クレーム後のフォローメールを送る

クレーム対応が一段落

ここで終わりにしない

↓

フォローのメールを送る

「その後いかがでしょうか」
「その後問題はありませんでしょうか」
「その後気持ちよくご利用いただいていますでしょうか」
「その後何かお気づきの点などございますでしょうか」など

CHECK

その場だけで終わらせることなく、その後いかにフォローするかで、会社に対する信頼度が変わる

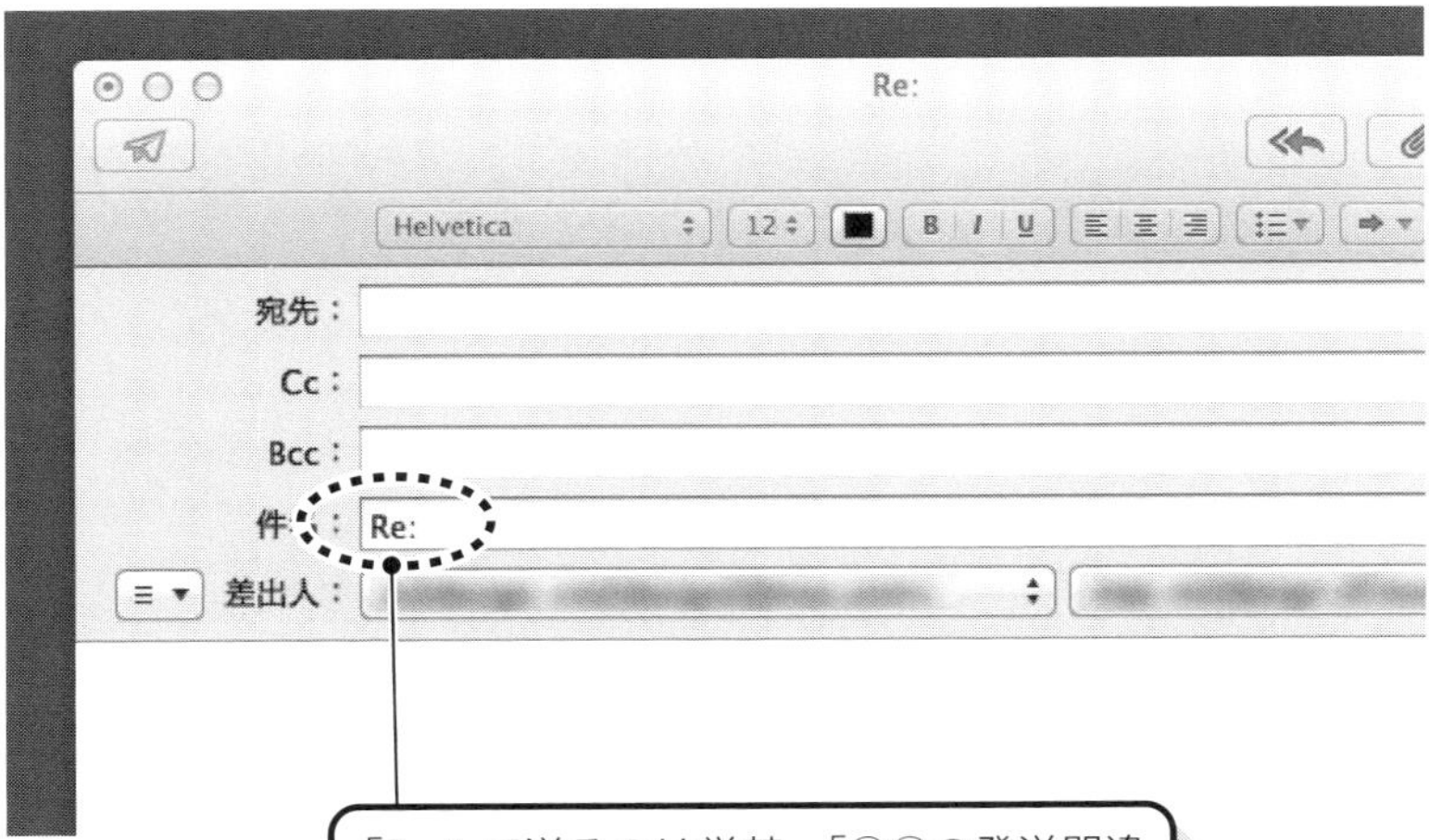

「Re:」で送るのは厳禁。「○○の発送間違いに関しまして」などと具体的に書く

Column

法律違反したらどうなる？

ここ数年、通信販売事業に参入する会社は後を絶ちません。参入企業が増えるにつれて、法律を知らずに事業展開する企業もどんどん増えてきています。

通信販売事業において特に注意が必要な法律は、「特定商取引法」と「個人情報保護法」、健康食品や化粧品を取り扱うのであれば「薬事法」にも注意しなければならないと本文で述べました。時には一企業の無知な事業展開の煽りをくらって、真面目に事業を展開している企業が巻き添えになるケースすらあります。

では、法律に違反するとどうなるのか？　ズバリ、逮捕されます。

と言っても、すべての違反企業が逮捕されるわけではありません。見つかった場合に限ります。法律違反が見つかる場合は、交通違反と似ていると私は思います。

それでは、どのようにして見つかるのでしょう。10年ほど前までは、ほとんどが同業他社からの“チクリ”でした。自分の会社よりも人気があったり、売上が多かったりすると、その会社を蹴落としたい思いからマイナス要素を探します。それが法律に触れることであるなら、警察や関連機関に密告するというものでした。

この場合、関連各所も十分な調査を行ないますので、よほどのことがない限りは、逮捕までいくケースは多くはありませんでした。

しかし、ここ数年は消費者自身が警察に相談に行くケースが増えてきています。こうなると、直接事件となって、即捜査ということになりますので、消費者とトラブルを起こさないよう、くれぐれも注意が必要です。

8章 通信販売支援会社の選び方

❶通信販売に参入したての企業は特に注意が必要

❷物流（運送）会社

❸広告代理店

❹デザイン会社と印刷会社

❺テレマーケティングエージェンシー

❻通信販売コンサルタント

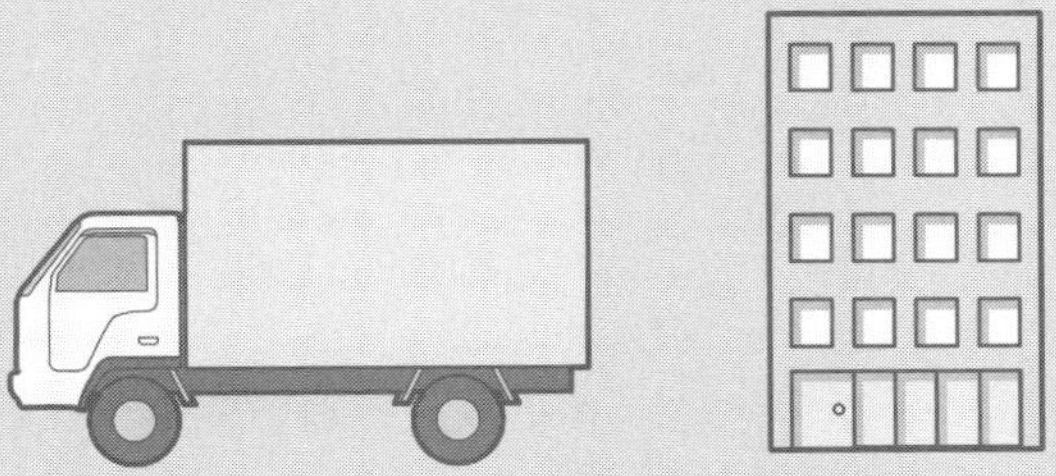

❶通信販売に参入したての企業は特に注意が必要

●案外少ない、通信販売に精通している支援会社

通信販売事業を自社だけですべて遂行しようとするのには無理があります。そのため、さまざまな通信販売支援会社に頼らなければなりません。

通信販売コンサルタントだけでなく、デザイン会社、印刷会社、テレマーケティング会社、運送会社、物流会社、広告代理店、コンピュータシステム会社など、通信販売事業のほぼすべての部門に対して、支援してくれる会社があります。

しかし、その中で通信販売を本当に理解していて、適切なアドバイスをしてくれる支援会社はほんのひと握りしか存在しません。多くの支援会社は通信販売事業の内容を理解せずに支援しています。支援する業務の知識がないわけではありません。印刷会社なら印刷のプロですし、物流会社なら物流のプロであることは間違いありません。しかし、通信販売事業のことを理解していなければ、通信販売企業にどのような要望があり、何をして欲しいのかを伝えても、あまり理解されない結果となります。通信販売支援会社に業務を支援してもらうには、通信販売事業を理解している会社に依頼することが、成功への近道なのです。

●参入したての企業は支援会社の言うがまま

こちら側の要望を理解してくれない支援会社が多いと言っても、それはまだマシなほうです。中には事業のことを十分に理解していない、事業展開したての通信販売企業に対して、通信販売事業に無知な支援会社が〝一般論〟で支援してしまうケースがあります。成功のための支援ではなく、完全に金儲けのための支援です。

たとえば、シニア向けの高価格商品を取り扱っている通信販売企業に対して、大がかりなウェブサイトを制作し、ネット広告に大金を支払わせるケースがあります。シニア層はネットを見る割合が少ないですし、高価格商品をネットで購入する人はほとんどいません。参入したてで通信販売への理解が浅いことをいいことに、「他社はこのやり方で大成功していますから、おたくもこのやり方で進めましょう」と半ば強引に仕事を取るのです。

支援会社に任せっきりにしたことで、余分な経費が掛かってしまう例

①リピートを重視せず、予算をすべて広告につぎ込む

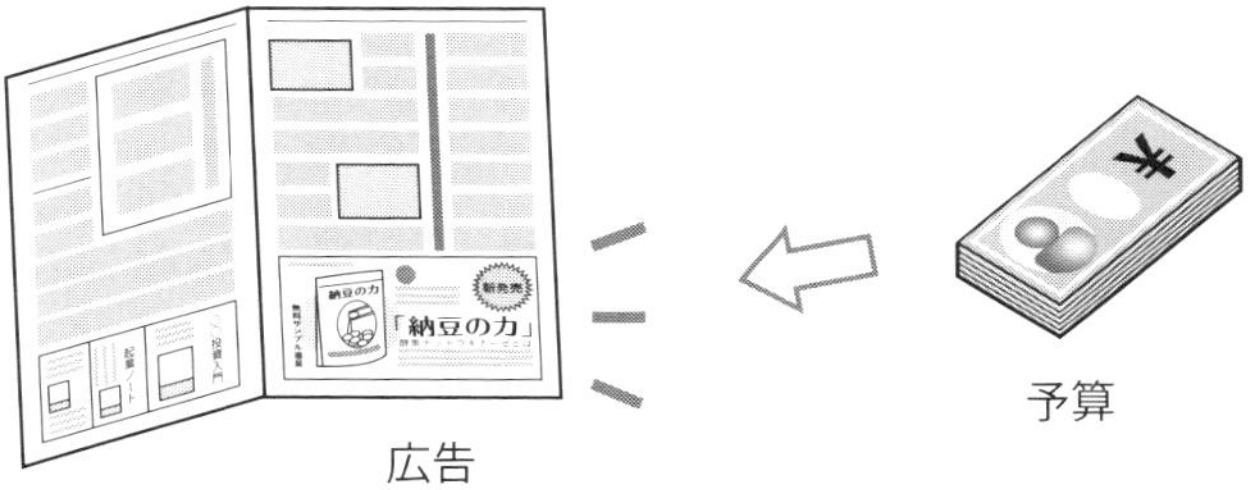

②ターゲットに合わない印刷物を多量に制作

③獲得ターゲットを見極めずに、大量に獲得できるメディアのみ利用

❷物流（運送）会社

●料金だけで選ぶと大変なことに

運送会社は商品の配送を受け持つ会社、物流会社は配送だけでなく、倉庫などで商品管理も併せて請け負う会社のことを指します。運送会社・物流会社とも、多くの会社が存在していますが、どういった視点で物流（運送）会社を選択すればいいのでしょうか。

物流（運送）会社の中で一番注目すべき点は運送、すなわち商品の配達の部分です。運送料金は会社によってさまざまで、運賃の安い運送会社を選びがちですが、それだけで決めてはいけません。

本来、運送会社は企業間取引に利用されることがほとんどでした。その中から、企業から個人宛の荷物を取り扱う、いわゆる宅配というスタイルが誕生しました。

通信販売企業のほとんどが個人客を対象に事業を行なっていますから、当然、個人向けの宅配を利用することになります。ですから、個人向けの宅配の経験が豊富な運送会社のほうが、顧客へのきめ細やかなフォローができます。

運送会社の中には、全国に拠点を持っていないために、地方では提携先の運送会社に配達を任せる会社もたくさんあります。大元の運送会社に依頼しても、お客様のところへ行くのは提携しているまったく知らない運送会社ですから、しっかり管理しなければいけません。

●運送会社の管理はどうする

依頼した運送会社と、お客様に届ける運送会社が違う場合、通信販売企業はその提携運送会社の管理もしなければなりませんが、いったいどうすればいいのか、疑問が生まれると思います。

実際、全国の提携運送会社の管理をすることなど不可能ですから、自社が依頼している運送会社の担当者を通じて管理を徹底することが必要です。

万が一、ミスが発生したら、小さなものでも担当者に報告し、改善を依頼します。同じミスを何度も起こすようなら、責任者を通じて改善させたり、提携運送会社に対してペナルティを要求したりすることで、担当の運送会社の意識も高まります。

運送会社が原因でお客様に迷惑がかかること

・荷物の破損

・配達日や配達時間が指定通りではない

・代金引換の時にお釣りを用意していない

・玄関のベルを鳴らしてから待つことなく不在票を入れてすぐに帰ってしまう

運送会社を選ぶ判断基準

→ 自分達がお客様に商品を届けるのと同じくらい丁寧に正確に荷物を運んでくれる会社か?

それでもトラブルが発生したら?

→ 支援を依頼している運送会社の担当部署に必ず連絡を取り、トラブルが起こった原因と今後の改善方法を出してもらう

CHECK どんなトラブルでも、お客様側から見たら、悪いのは運送会社ではなくあなたの会社

❸広告代理店

●広告代理店ごとに得手不得手がある

新聞やラジオなどに広告を出稿する際には、必ず広告代理店のお世話になります。一部のフリーペーパー（小規模のタウン誌等）では、新聞社と直接交渉することも可能ですが、多くのメディアでは、直接交渉することはできません。

広告代理店も、全国に数え切れないほどの会社がありますが、代理店によって得手不得手があります。たとえば、広告代理店ランキング1位のD社の場合、得意なのはテレビや読売新聞・朝日新聞のような中央紙ですが、タウン誌や地方紙の記事体のような細かい作業が発生するものは不得意です。逆に地方の小さな広告代理店の場合は、地元のタウン誌や折込みチラシは得意でも、テレビや中央紙などの大規模なメディアは不得意だったり、取扱いできなかったりします。

そこで、自分たちの会社がどのようなメディアを利用して広告を展開するかで、それに適した広告代理店を活用することが必要です。

●複数の広告代理店を使うこと

仮に、依頼した広告をその広告代理店が取り扱っていなかったら、どうなるのでしょう。多くの広告代理店は自社が取り扱えない媒体でも、依頼を受けて広告を出稿してくれます。自分たちの会社で取り扱えなくても、他の広告代理店に依頼できるからです。

ここで少し考えてみてください。広告代理店は広告料金の一部を手数料としてもらう形で商売が成り立っています。広告代理店が別の広告代理店に依頼するということは、その手数料は少なくとも2倍掛かることになります。関わる広告代理店が3社になれば、手数料は3倍です。こんな無駄な話はありません。ある広告代理店で扱えない広告なら、その広告を扱える別の広告代理店に依頼すればいいのです。

複数のメディアに出稿する場合、そのメディアを得意とする広告代理店に依頼するほうが、成功の確率はグッと上がります。1社だけで通信販売事業を展開しようとすると、リスクは大きくなってしまいます。

よい広告代理店を見極めるコツ

以下の9つの内容を提示してくれる広告代理店は通信販売事業を理解している

①媒体見本紙(誌)
②発行部数
③発行エリア
④ターゲット層
⑤発行間隔
⑥発行日(時期)
⑦同業者のレスポンス実績
⑧どのような理由でこの媒体が当社によいと思うのか
⑨レスポンス予測数(件数、CPR、CPO等)

よい広告代理店とは

①通販のことをよく知っている(勉強している)
②自社商品のこと、事業内容をよく知っている(勉強している)
③低価格の媒体提案だけでなく、レスポンスの獲れる媒体を提案してくれる
④媒体に出稿するだけでなく、通販全体の相談にのってくれる
⑤提案した媒体の結果が悪かった場合、悪かった原因(仮説)と今後の展開について報告してくれる

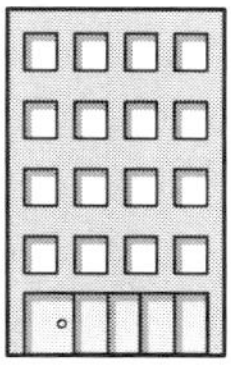

❹デザイン会社と印刷会社

●デザイン会社の条件は実績を確認する

デザイン会社においても、得手不得手が当然あります。たとえば、新聞広告やチラシのデザインが得意なところ、商品パッケージのデザインが得意なところ、ウェブデザインの得意なところといった具合です。新聞広告やチラシのデザインが得意であっても、ウェブページが不得手だったり、逆のパターンもあります。

また、通信販売企業のデザインを手掛けた実績があるかどうかも重要です。さらに、自社がターゲットとしている層を対象としたデザインの実績があるかどうかも重要です。シニア層がターゲットの商品の場合、シニア層のデザイナーに依頼するのが一番確実ですが、シニア層のデザイナーはなかなかいません。ですから、今までシニア層向けのデザインをした実績がある会社を選ぶ必要があります。

●印刷会社の条件は通販企業との取引があるところ

印刷会社も、大手の印刷会社から町の印刷会社まで数多くあるので、デザイン会社と同様に、通信販売企業の仕事を請け負ったことがあるかどうかをまず確認します。名刺や封筒、伝票しか印刷していない会社に、通信販売企業の印刷を依頼してはいけません。

実際にあったケースをご紹介しましょう。ある通信販売企業が、昔から取引のある地元の印刷会社に折込みチラシのデザインと印刷を依頼しました。折込みチラシには商品注文用のはがきを入れていたので、その印刷会社は厚紙で印刷して納品したのです。「はがきの厚さは最低でも官製はがきのそれと同じ」という日本郵政の決まりを遵守して印刷したのですが、通信販売業界の常識は、「それ以下の厚さでも大丈夫」というものです。時には「こんなペラペラでも大丈夫か?」というような紙厚で印刷されている折込みチラシもあります。

DM等を送付する時には、わずか1gの差で料金が上がることもあります。そんな時、通信販売事業をよく理解している印刷会社なら、重量を少しでも軽くするために、紙厚を薄くしてくれたり、重量を少しでも軽くするために、紙厚を薄くしてくれたり、乾燥時間を長めにしてくれたりといった工夫をしてくれます。

よいデザイン会社・印刷会社を見極めるコツ

よいデザイン会社とは

①通販のことをよく知っている(勉強している)
②自社商品のこと、事業内容をよく知っている(勉強している)
③ターゲットに合ったデザインができる
④デザインだけでなく、通販全体の相談にのってくれる

よい印刷会社とは

①通販のことをよく知っている(勉強している)
②自社商品のこと、事業内容をよく知っている(勉強している)
③常に新しい印刷物の提案をしてくれる
④発送料金を抑えるためのさまざまな工夫や提案をしてくれる
⑤販売ターゲットに適した印刷物の提案をしてくれる

食品会社の場合、特に「写真」に注意

「食べたい」と思ってもらえる写真か?
自分が食べている(食べる)イメージを想像できるか?

<お米>

・食卓の雰囲気
・湯気やお米の艶

<飲料>

・今、まさに飲む直前の雰囲気
・グラスについた水滴

⑤テレマーケティングエージェンシー

●テレマーケティングエージェンシーの選び方

テレマーケティングエージェンシーとは、コールセンター運営会社のことを言います。自社で注文を受けたり、アウトバウンドをする人員がいない場合、テレマーケティングエージェンシーに依頼して、受注やアウトバウンドを実施してもらえます。全国に多くのテレマーケティングエージェンシーが存在していますので、人手が少ない通信販売企業にはお勧めです。

しかし、これも会社の選び方次第で事業が成功するかどうかが変わってきます。まず、秘書サービスのような決まり切った応対しかできない会社はNGです。通信販売事業にとって、テレマーケティングはお客様と直接やりとりできる唯一の接点ですから、お客様の問いかけに対してある程度の〝返し〟や提案ができる必要があります。次に大切なことは、近くのテレマーケティングエージェンシーに依頼するということです。東京や大阪などの都市圏だと、比較的料金が高めなので、北海道や沖縄など地方の会社に依頼するところがありますが、これは絶対に止めていただきたいと思います。テレマーケティングエージェンシーは、あなたの会社の名前を名乗って、あなたの会社の商品を案内するわけですから、コミュニケータの応対内容をしっかりと管理する必要があります。距離が離れた状態で、トークを管理することができるでしょうか。テレマーケティングエージェンシーに依頼する場合、最低でも2～3ヶ月に一度はその会社に足を運び、実際に業務に就いているコミュニケータと交流してください。

●交渉は営業とではなく、現場責任者とすること

テレマーケティングエージェンシーと料金や契約の交渉をする際には、営業だけではなく、必ず現場の責任者と話をする必要があります。営業は〝仕事欲しさ〟から、現場で実行するのが難しい条件でも契約を取ろうとします。コミュニケータの応対スキルや知識の習得に向けての勉強会が必須であることなど、現場のことをわからない営業が多いのも事実ですから、必ず現場責任者を交えて交渉してください。

外部のテレマーケティングエージェンシーへの委託パターン

①すべての電話業務を委託
②一部の電話業務を委託（新規は外部、リピーターは社内等）
③時間外のみ委託（時間外や会社の休業日のみ委託等）
④社内でとり切れない電話をとってもらう
⑤広告等の対応のみ委託（瞬発的な注文が入る時のみ委託等）
⑥時期によって委託（贈答時期のみ委託等）

テレマーケティングエージェンシーを選ぶ時に確認すること

①提案時には、営業だけでなく、現場責任者も同席してくれる
②コールセンター内部に立ち入りできる（モニタリングが実施できる）
③現場スタッフと定期的にミーティングができる（勉強会や質問会）
④目標数字を設定し、達成できない時の改善法を提示してくれる
⑤報告数字は通信販売企業の様式に合わせて提出できる

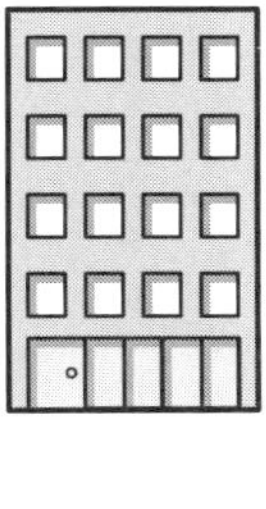

❻通信販売コンサルタント

●実務経験豊富なコンサルタントに依頼すること

通信販売のコンサルタントには、通信販売事業専門のコンサルタントと、通信販売事業だけでなく経営全般を指導するコンサルタントがいますが、通信販売事業に特化したコンサルタントに依頼するのがいいでしょう。

通信販売コンサルタントに依頼する際には、そのコンサルタントが実際に通信販売企業で実務を経験していたかどうかも重要です。最低でも3年、通信販売企業の売上をつくる部署（企画室など）での実務経験がある人がお勧めです。実務経験があるとないとでは大きな違いがあります。実務経験があるということは、現場レベルで業務に携わっているので、お客様の声を元に、売上改善の提案や問題発見をすることができます。

反対に実務経験がないと、自分が指導した企業の成功例や失敗例を元に判断するので、会社に合った最適な提案や指導をすることができません。通信販売事業では同じ業種、同じ商品、同じ価格帯のものを扱っていても、購入してくれるお客様が違うので、他社の真似をしても絶対に成功はしません。現場レベルで最適な提案、指導をしてくれる通信販売コンサルタントを有効に活用してください。

●通信販売コンサルタントに依頼すると必ず成功するか

通信販売企業の経営者と話をすると、「通信販売コンサルタントを利用すれば必ず成功するのか？」とよく聞かれます。ここで「必ず成功する」と答える通信販売コンサルタントは、はっきり言って「かなり怪しい」と言えます。新規顧客獲得に関しては、ある程度の経験があれば成功する確率は高くなるでしょう。しかし、顧客リピートに関しては、現場に入り込んで実際に業務を動かしてみないと何とも言えません。

ひとつだけ確実に言えることがあります。通信販売コンサルタントを利用することで、より早く成功に近づくことはできます。事業を展開していく上では当然、失敗もたくさん出てきます。その失敗に対して、問題発見や改善提案ができることが、通信販売コンサルタントの強みなのです。

よい通信販売コンサルタントを見極めるコツ

よい通信販売コンサルタントとは

①通販のことをよく知っている（勉強している）
②自社商品のこと、事業内容をよく知っている（勉強している）
③現場との打ち合わせに時間をかける
④売上（数字）だけでなく、会社の雰囲気を盛り上げてくれる
⑤会社に合った最適な提案をしてくれる

× 机上の空論で話す
× 経営者とだけ話をする

この場合、
他社はこんな
方法をとって
います

○ クライアントに合った話をする
○ 現場担当者と話をする

コンサルタント
現場スタッフ

クライアント・顧客の状態を把握して
最適な方法をアドバイス

Column

こんな企業がコンサル料金を無駄にする

通信販売事業を成功させるためには、通信販売事業に精通している協力者（コンサルタント）が必要だと書きましたが、頼り過ぎてしまうのも問題です。

以前お手伝いした会社では、同時に4人のコンサルタントに仕事を依頼していました。どのコンサルタントも毎月1回訪問して、打ち合せを行ないます。企業側からすると、毎週1回、通信販売のコンサルタントとの打ち合せを行なっていたということです。

毎月の打ち合せでは、現状を確認し、今後の改善策を話します。その改善に必要な資料を次回までに準備していただき、こちらは改善案を準備します。そして翌月、資料や提案を持ち寄って打ち合せを行ない、また、各々に宿題を与えるといった具合でコンサルティングを進めていました。

この会社の場合、私が訪問した次の週に別のコンサルタントBが訪問します。すると、私が出した宿題は「必要ない」と言って別の宿題を出します。その翌週にコンサルタントCが訪問すると、「Bの宿題はやる必要がない」と言ってまた別の宿題を出します。

この繰り返しでした。クライアント企業内に方針がまったくないために、協力者の言うがままで、1年経って得たものは情報だけ。4人分のコンサルタント料を払って、売上は上がらず……。

1年間の契約期間が終わると、コンサルタント4人は全員、契約更新を望まれましたが、更新したコンサルタントはいませんでした。

多くの経営者は、成功の要因をたくさん知りたいがために、複数の協力者を利用しようとします。複数の協力者を利用する場合、企業としての理念ややり方を決めておかなければ、うまく仕事が進みません。

9章

これからの通信販売

❶インターネットが主流になりつつあるが……

❷今後の高齢化社会に向けて

❸低価格と高品質の二分化に

❹さらに他業種からの参入が盛んになる

❶インターネットが主流になりつつあるが……

●魚のいない池に網を投げても意味がない

何度か書いたように、ターゲット層に合わない告知で新規顧客を獲得しようとする企業が後を絶ちません。あえてそのように展開している企業も中にはありますが、ほとんどは通信販売事業のことをよく理解しないまま、通信販売支援会社に頼りきって展開しているケースです。

今後さらにネットでの買い物がより便利になってくるでしょうが、自分たちの商品を購入してもらいたい層が本当にそこに大勢いるのかを再確認してください。この選択を誤ってしまうと、たくさんの資金を掛けてよい広告をつくったとしても、レスポンスは期待できません。

●便利になる反面、危険も多い

年々、インターネットは便利で使いやすくなってきています。10数年前には想像すらできなかったことが、生活の中で普通にできるようになりました。その反面、インターネットの犯罪も同じように増えてきています。お客様を偽サイトに誘導して顧客情報や支払い情報を盗んだり、企業のサイトに不正アクセスし、個人情報や支払い情報を盗んだりする事件が、頻繁に起きています。被害件数や被害総額が大きいと、ニュースなどで公に報道されますが、それ以外の小さな事件も頻繁に起こっているはずです。

インターネットで事業展開をする場合、まずセキュリティ対策をしっかり取っている支援会社に依頼しなければなりません。支援会社から顧客情報や支払い情報が盗まれれば、それだけで会社の信用はガタ落ちですし、お客様はあなたの会社から離れていくでしょう。そうなればリピートどころの話ではありません。

また、インターネットを通じて商品を購入したり、会社情報を閲覧してもらうお客様への注意喚起も必要になってきます。

仕事などで日常的にインターネットを利用している人はまだしも、商品を購入する時だけインターネットを利用する人は、偽サイトに誘導される危険性があります。自社のセキュリティだけでなく、お客様への注意喚起も決して怠らないでください。

取込詐欺も増加傾向

従来のケース

個人もしくは企業が１回に複数個数を注文し、お金を踏み倒す。

はじめから大量注文するのではなく、まず少量の取引できちんとお金を払い、通信販売会社と信頼関係を築いたところで、大量注文をして行方をくらますという手口

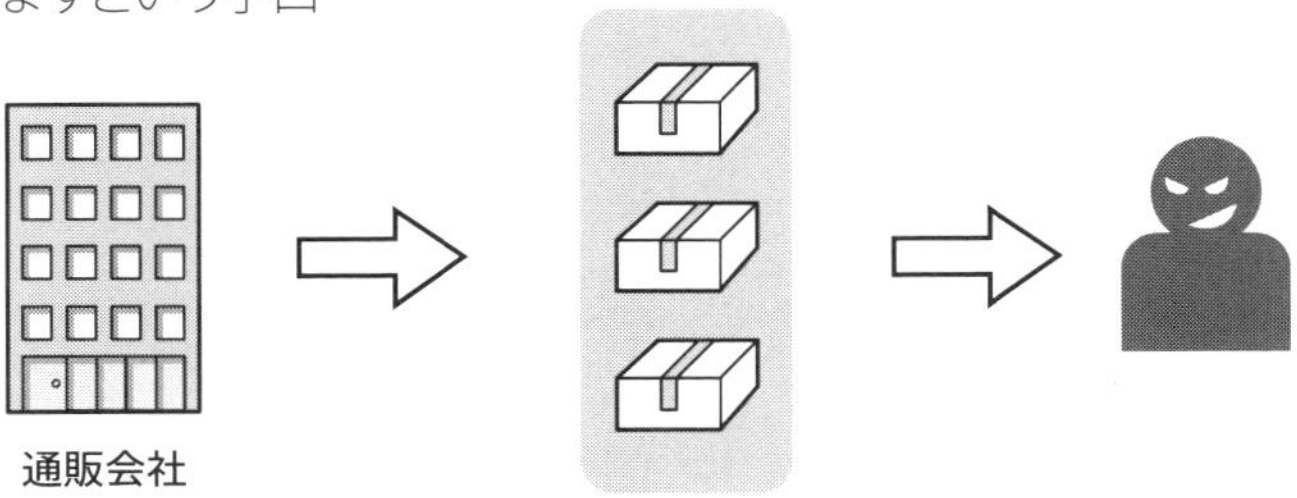

最近のケース

複数の人間が単品を注文し、代金を払わない。

複数の人間の住所はバラバラではあるが、一定の地域に固まっている。

注文した商品は確実に届いているものの、電話はつながらず、督促状も宛先不明で返ってくる

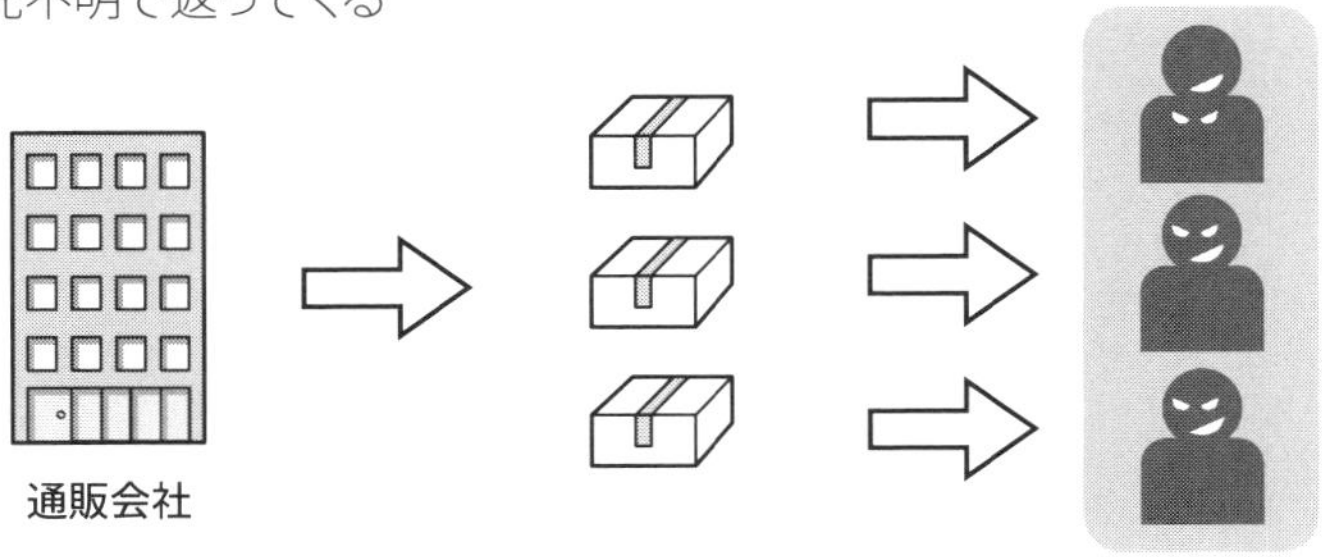

顧客サービスの一環で代金の「後払い」をする会社が増加
⇩
グループによる犯行が増加

商品代金の未納が多いなら……
□オークションサイトで自社商品が販売されていないかどうかを確認する
□多くの情報を持っている宅配便会社に確認する

❷今後の高齢化社会に向けて

●今後我が国がたどる道

日本国政府は、2040年の我が国の人口を1億700万人、60歳以上の高齢者が全人口の約43%を占め、2060年には人口8600万人、60歳以上の高齢者が全人口の約46%になると予測しています。

総人口が減少する中で高齢者が増加することによって、高齢化率は上昇を続け、2013年現在で高齢化率は25%で4人に1人だったのが、2035年には33%で3人に1人となるという予測が出ています。

人口が減り、通信販売事業に参入する企業が増えていくことが予測される中で、新規に顧客を獲得し、獲得した顧客を自社につなぎ止める必要があります。20年ほど前までなら、「新しい素材・商品」や「あの商品がこんな低価格で買える」など、今まで世の中になかった新商品の訴求や、通信販売だったら手軽な価格で購入できるという訴求で商品は売れていましたが、今後はそうもいきません。今や、ほとんどの人が通信販売を利用したことがありますし、商品によっては、その商品を利用したことのない人はいないくらいです。

では今後、どのように新規顧客を獲得していけばいいのでしょうか。それはズバリ「ブランドチェンジ化」です。他社商品との差別化を行ない、他社の商品より自社の商品のほうが魅力的だと思わせることが必要です。

●ネットはさらに便利になるが、紙媒体はなくならない

インターネットは今後もどんどん進化し、より便利に使いやすくなるでしょう。ちょうど、20年前の携帯電話から、現在のスマホの登場が想像できなかったように。

しかし、何十年経ったとしても、メディアの中から新聞やチラシなどの紙媒体がなくなることは絶対にありません。すでに新聞や雑誌がスマホやタブレットで閲覧できるようになっているので、種類は減っていくでしょうが、完全に紙媒体が消滅することはありません。今の40代、50代が高齢者になる頃には、ほとんどがネットを使うと言われていますが、高齢者になると目も衰えてくるので、やはり高齢者にはアナログメディアのほうが合うでしょう。

高齢化の推移と将来推計

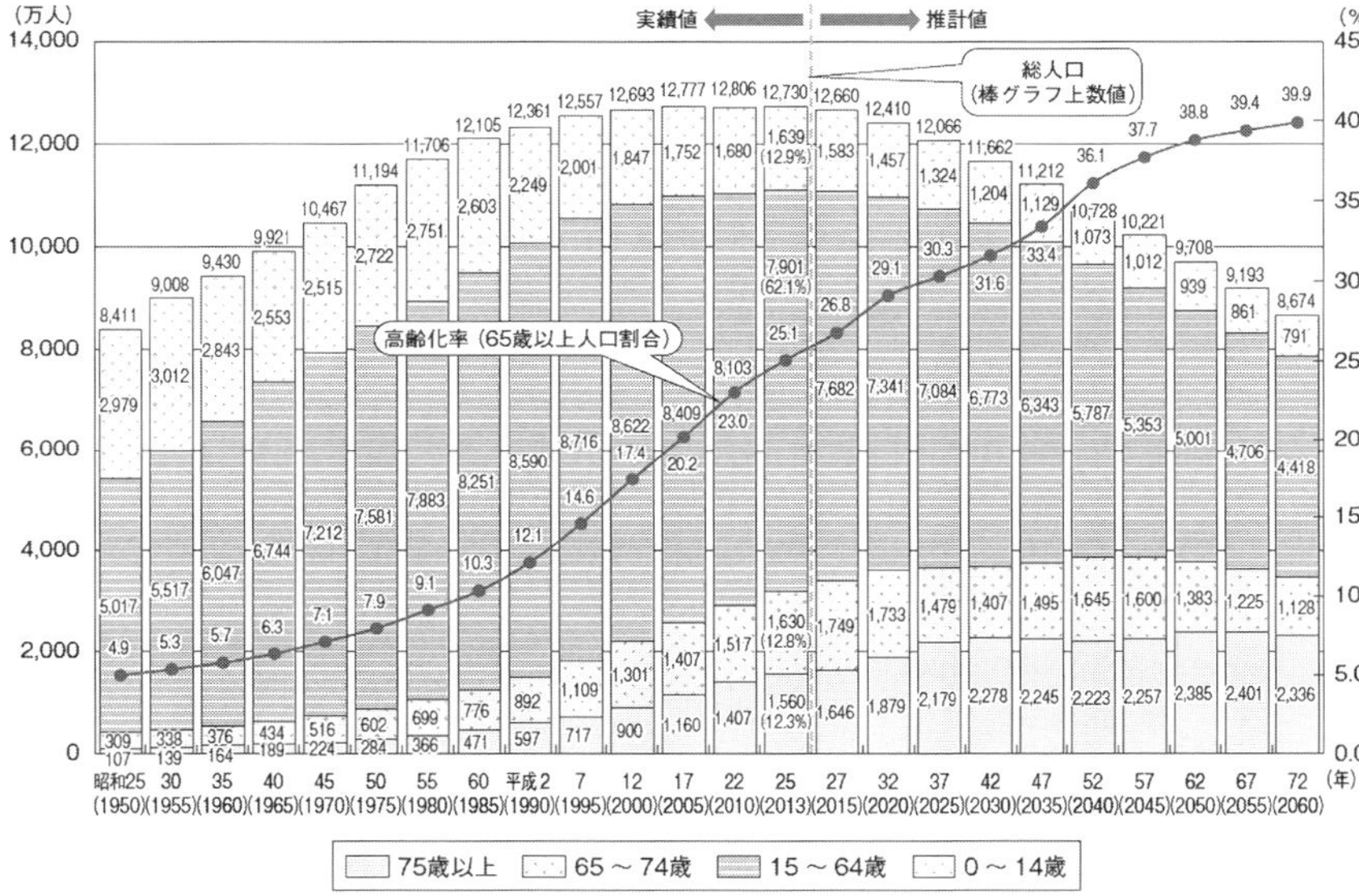

出所：高齢者白書（内閣府）

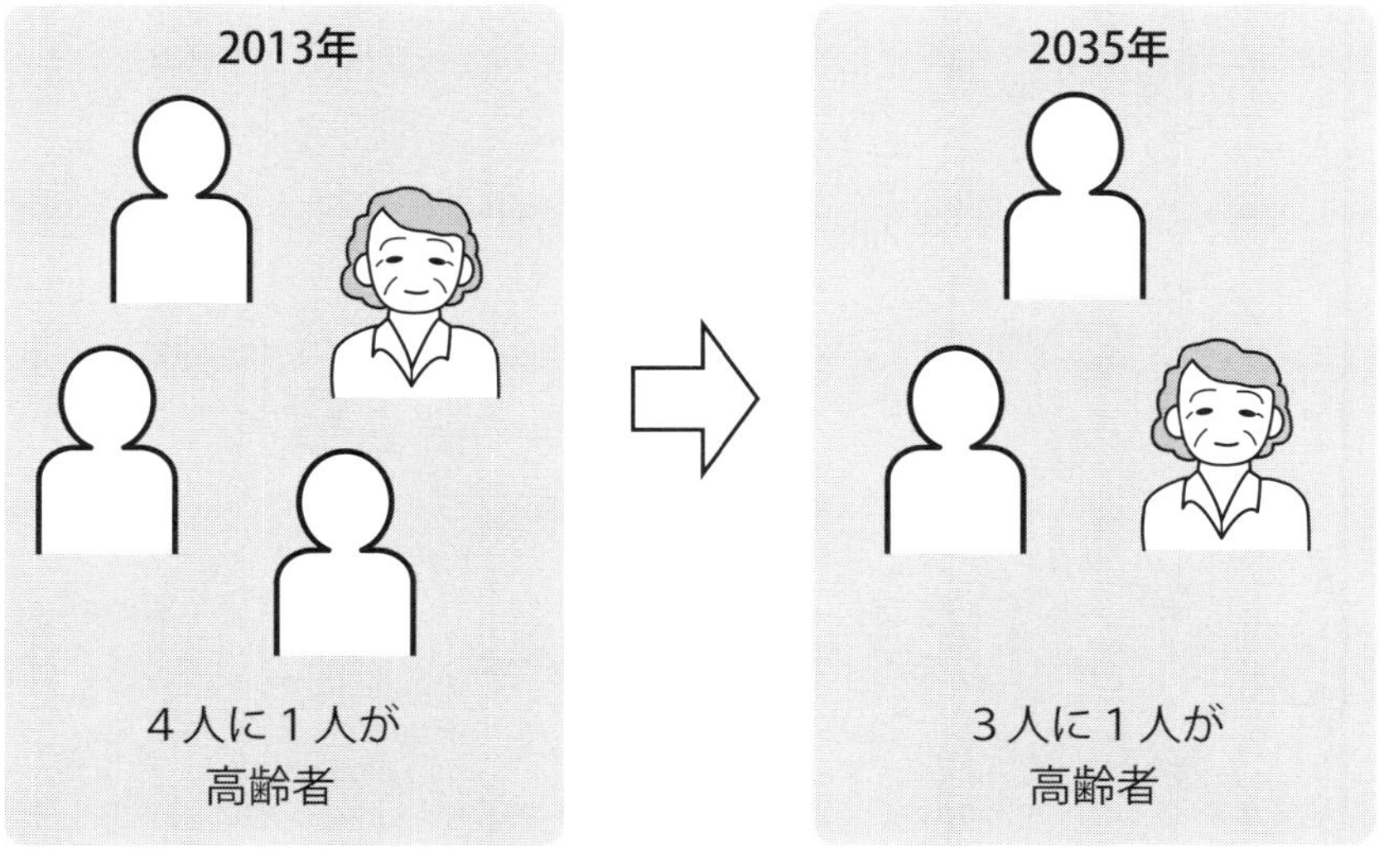

❸低価格と高品質の二分化に

●なるべく安く購入したい層

商品価格に関しては、今後完全に二分化するものと予想します。

巷ではクーポンやポイントなどを利用して、なるべくお得に購入できるように工夫して買い物をする消費者が増加しているかのように言われていますが、実際はそんなに増えているとは言い難いのが実情です。当然、安く買えるなら安く買いたいという消費者もいます。なるべく安くお得に商品を購入したいという層は、全員ではありませんが、品質より価格重視のお客様です。

なるべく安く商品を購入したいお客様をターゲットにするのであれば、他社より安く価格設定をしなければ売れません。そして他社が価格を下げれば、それに勝負できる体制も必要になってきます。ここまで本書を読まれた方なら、こうした層をターゲットに事業展開するのはかなり無謀なことだとわかってもらえると思います。

●高くても質のよい商品を購入する層

もう一方は、高くても質のよい商品を購入する層です。今では百貨店もその数を減らしていますが、百貨店で購入するか、スーパーで購入するかの違いと同じです。

高くても質のよい商品を購入したいと思っている消費者は、百貨店で取り扱っている商品は、スーパーで販売されている商品よりも高品質だというイメージを持っています。たとえそれがまったく同じ商品でも、です。

東京や大阪の都市圏にある高級スーパーは、連日賑わっています。前述したように安く買いたい層は多くいますが、同じようにこだわりを持ってよい商品を求める層も多くいるのです。

高くても質のよい商品を購入する消費者は、不景気になっても決していなくなりません。3章で説明したように、「付加価値」をつけることで、少々高くてもよりよい商品を求める層に訴求できます。

今後は「なるべく安く購入したい層」と「高くても質のよい商品を購入する層」の両極端に分かれるでしょう。その中間をターゲットにしても、あまりよい結果が出ないと思われます。

「高くても質のよいもの」「とにかく安いもの」に二分化

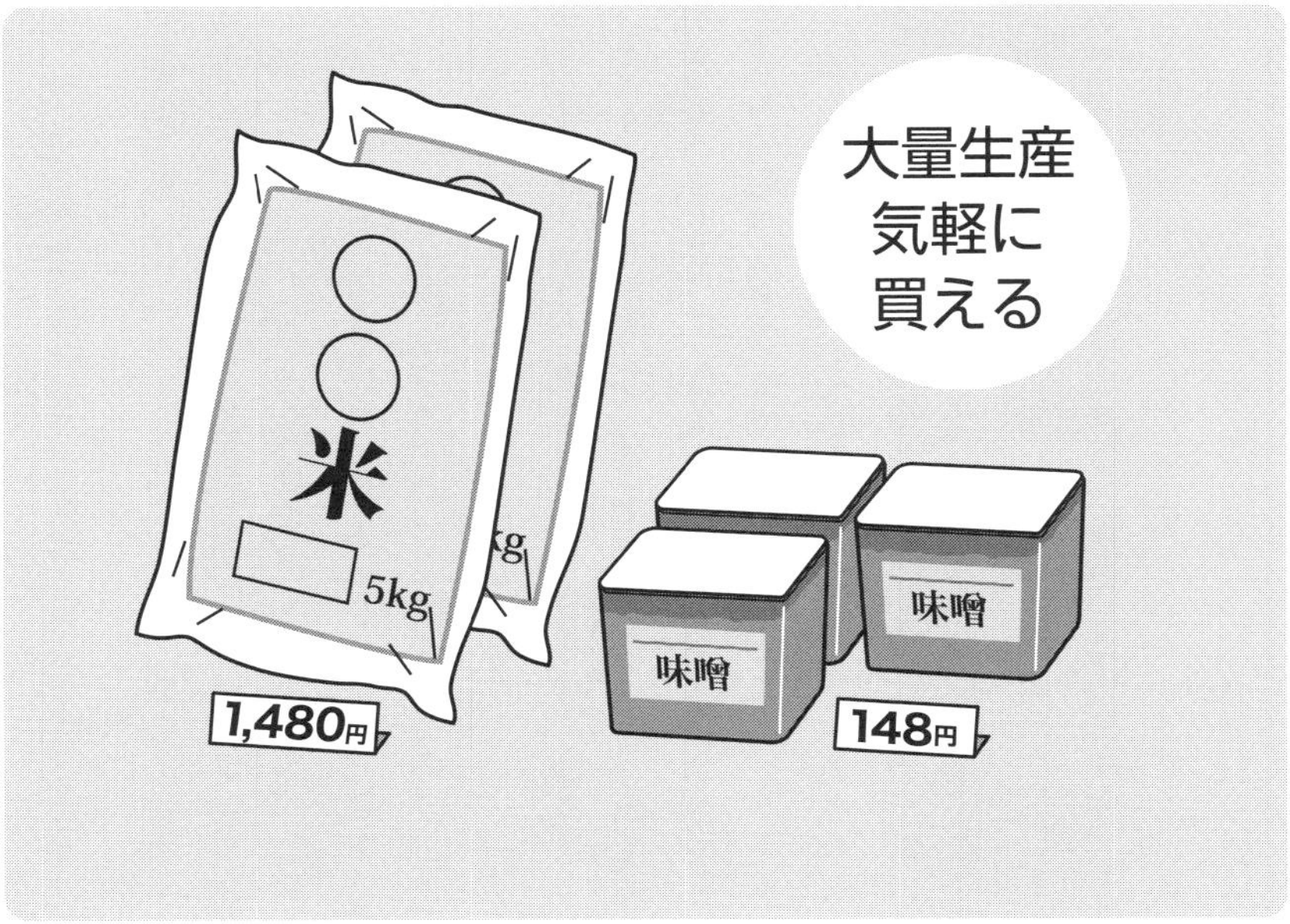

❹さらに他業種からの参入が盛んになる

●目立つ、異業種からの事業参入

ここ数年、もともと食品や化粧品等を取り扱ってきた業種以外の企業による通信販売への参入が盛んになっています。今までの販売手法では売上が伸びないため、成長分野である通信販売事業に転換しようという考えによるものと思われます。

異業種から通信販売事業に参入する企業の特徴は、資金力を持っている大手企業が多いということです。通信販売事業に対する誤った認識のひとつが、「通信販売への事業参入には多額の資金が必要」というもので、このために小規模の企業はなかなか通信販売事業に参入しようとしません。ですから、現在コツコツと事業を展開している小規模の通信販売企業は、コンセプトを明確にし、通信販売の正しい知識を理解した上で事業を展開していかないと、新規に参入した大手企業の煽りを受けて、事業継続すら難しくなっていきます。

●大手企業と競い合えることが必要

このように資金力を持つ大手企業が、今後ますます通信販売事業に参入してくるでしょう。資金力があるということは、新規顧客を獲得するために儲けを無視して広告展開することも考えられます。まず新規顧客をできるだけ多く獲得しておいて、その後じっくりリピートさせていけば、初期の赤字はすぐに回収できるのですから。

このような展開で事業を成長させたのが、お酒や飲料の製造メーカーであるサントリーです。サントリーは2003年に通信販売事業に参入しました。参入直後、新規顧客を獲得するために、本来販売すべき商品と同等の商品を無料で提供するキャンペーンを実施しました。そのキャンペーンによって獲得した顧客をしっかりリピートさせることで、売上を着実に伸ばしていったのです。

他に、ここ数年よく見かけるのが、新規顧客獲得のための「化粧品のお試しセット」です。商品を入れる可愛らしいポーチをセットにして展開していますが、どう見ても提供価格以上の原価になっているはずです。これらの〝大手だからできる手法〟で泣いた小規模の通信販売企業は少なくはありません。

異業種からの参入で注意すること

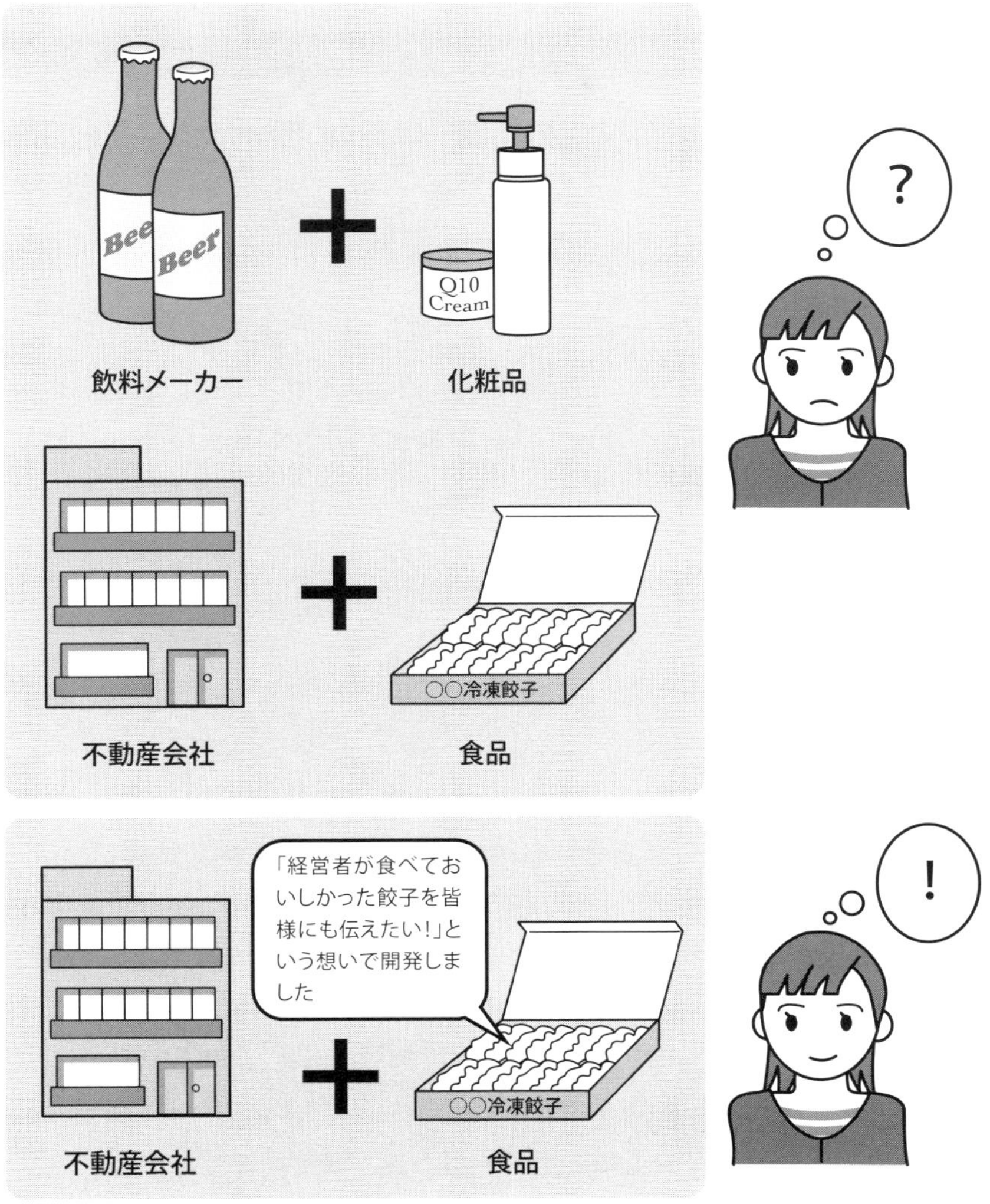

CHECK 本業で取り扱う商品とかけ離れたものを通信販売で売るとなると、お客様は商品のよさをイメージすることができないため、購入を控えてしまう。「なぜ、この商品を売るのか」をお客様に説明し、受け入れてもらう

Column

“通販飽和状態”の中で生き残る２つの方法

日本の人口は減少傾向にあるのに、通信販売企業の数は年々増加しています。この流れに伴って、顧客を獲得するコストは20年前の5倍になりました。このままだと、10年後には20年前の10倍を超えることもあり得ます。

なぜなら、通信販売で売られている商品の多くは画期的な新商品ではなく、同じような商品を何十社もが取り扱っているからです。商品によっては完全に飽和状態の中にあって、新規顧客を獲得するのが非常に難しくなってきています。

その飽和状態の中で生き残っていくためには、

①これまでとまったく異なるターゲットに、訴求内容を変えて販売する

②他社の顧客を自社の顧客にする

という方法が有効です。

①については、たとえば「マカ」という商品があります。マカはほとんどの会社が男性向けに精力剤的な訴求で販売していますが、実は「マカ」の効果は「ローヤルゼリー」に似ていて、女性のホルモンバランスを正常にし、更年期障害に対するホルモン治療の効果もあるのです。なので、男性向けから女性向けへとターゲットを変更することは十分に効果的です。

②を実践するには、他社にはない差別化要素を見つけ出し、他社の顧客をブランドチェンジさせることが必要です。この場合、他社と同等の差別化商品を取り扱っていることが前提条件となります。

たとえば、ブルーベリーを取り扱っている場合、他社が北欧産のブルーベリーを原料にしているのなら、自社は国産のブルーベリーを原料にするという手があります。それにはブルーベリーそのものの成分や成分の含有量が、北欧産のブルーベリーと同様かそれ以上のものを使っている必要があります。

【著者がお勧めする通信販売支援会社】

“新聞全般”に強い広告代理店

株式会社東京アド
〒105-0013　東京都港区浜松町2-1-17 松永ビル5F
TEL. 03-5405-1871
担当者：衣川智志

株式会社読売神田広告
〒103-0025 東京都中央区日本橋茅場町1－11－9 山本ビル 4F
TEL. 03-5652-3405
担当者：篠田聡、岡本知之

“クローズドメディア”に強い広告代理店

株式会社シャイニング
〒107-0062 東京都港区南青山1-15-39　Y'sハウス南青山201
担当者：松尾茂樹

“受注・分析システム（EXCEL）”の設計・構築

有限会社アディットプラス
〒421-0115　静岡県静岡市駿河区みずほ2-12-1
TEL. 054-269-5145
担当者：遠藤史朗、池田久美子

【参考文献】

『図解　「通販」業界ハンドブックＶｅｒ．２』財団法人店舗システム協会編／東洋経済新報社
『図解　通信販売のしくみ』香西俊範監修・原島健一著／ＰＨＰ研究所
『ゼロから教えてクレーム対応』古谷治子著／かんき出版
『広告の社会心理』大石準一著／世界思想社
『広告論概説』大石準一著／世界思想社
『失敗しない単品通販』株式会社ダイレクトマーケティンググループ／ブイツーソリューション

【写真提供】

オリヒロプランデュ株式会社、株式会社河野メリクロン、株式会社再春館製薬所、株式会社マツモトキヨシホールディングス、マルマン株式会社、株式会社明治

売)。顧客からのオーダーにより、それぞれの顧客に異なった仕様の商品を販売する手法。パソコンや写真アルバム企業に多く見られる。

フルフィルメント
受注から商品発送、代金回収、アフターサービスまでの一連の業務

ページビュー（→インプレッション）
ウェブサイト、またはウェブサイト内の特定のページが閲覧された回数。アクセス数。ウェブサイトがどのくらい閲覧されているかを測るための最も一般的な指標。

メール便(→ゆうメール)
宅配便のシステム(配送網)を利用して、書類や商品カタログなどの、郵便法上の信書ではない軽量な荷物を運ぶ、運輸業者による輸送サービス。

ゆうメール(→メール便)
日本郵便株式会社により提供されている、冊子とした印刷物(書籍やカタログ)や電磁記録媒体を割安な運賃で送付できる、郵便に含まれない運送サービス。

ランディングページ
インターネット広告や、検索エンジンの検索結果からのリンク先となるウェブページ。広告を見る人にとっては、広告(または検索結果)をクリックすると最初に表示されるページ。

リードタイム
顧客が商品を注文してから届くまでの期間。短いほどその後のリピート率が高くなる。受注から48時間以内に手元へ届くことが望ましい。

ロールプレイング
教育方法のひとつで、役割演技法とも言う。 実際の仕事上の場面を設定し、各々の役割を演じることで、実務上のポイントを体得する訓練法。テレマーケティングの現場ではお客と実際に応対する前段階としてロールプレイングでトークのスキルを確立させる。

1ステップ
資料請求やお試しセットを介さず、直接商品を販売する手法。

から離脱してしまう割合。

2ステップ

2段階でお客様にアプローチする方法。広告などで資料請求やお試しセットを購入してもらい、その後、本商品購入してもらう方法。

DM

ダイレクトメール。お客様に直接届けられる販促ツール。封書の場合、開封を促すことも必要である。

テストマーケティング

いきなり大規模な広告や広範囲の広告展開をすることなく、限られた小範囲エリアで小規模な告知を行なうことで、効率のよい広告展開方法を見つけ出せる。通信販売事業の大きな特徴のひとつ。

テレマーケティング

電話を利用した企業のマーケティング活動を指す。TelephoneとMarketingを合体させた造語。

20−80の法則

多頻度利用顧客の重要さを示すビジネス用語。全顧客の20％で会社の売上の80％を占めているというもの。効率的な販促を行なうためには、この20％の顧客を手厚くフォローすることが必要である。

ハウスリスト

自社内に蓄積された顧客リスト。通信販売事業においては最も重要なリストである。個人情報保護法の観点からハウスリストの管理を徹底する必要がある。

バナー広告

ウェブページ上に、画像やテキストを貼りつけるタイプのインターネット広告。主に画像タイプのものをバナー広告と呼ぶことが多く、テキストのみのバナーはテキストバナー広告と呼ばれる。掲載先のウェブサイト(ページ)のページビュー、インプレッションが多ければ多いほど、掲載料金は高くなる。

パブリシティ

企業のＰＲ活動のひとつ。一般広告と違い、お金を払わずに新聞や雑誌に情報告知できることができるが、編集担当者の一存で掲載が決まるので確実性は低い。パブリシティ広告を出すためには新聞社や雑誌社の編集担当窓口へリリース広告を送る。パブリシティ掲載率アップを請け負う広告代理店もある。

PL法

Product Liability（製造物責任法）。製品自体の責任だけでなく、誤った使い方をしないように事前防止する必要がある。

BTO型通販

Built To Order（オーダーによる製造販

コンパイルドリスト
一般的に販売されている顧客リスト。個人情報保護法制定後は一般的に流通できなくなった。

サンクスレター
商品購入時のお礼状。商品に同梱するお礼状と別送するお礼状がある。

CPR
Cost Par Responseの略。1件の反応を獲得するのに掛かったコストを指す。注文だけでなく、問い合わせや資料請求件数も含める。

CPO
Cost Par Orderの略。注文1件を獲得するに掛かったコスト。お試しセット購入や資料請求の件数は含めず、あくまでも本商品を購入した件数。

CS
Customer Satisfactionの略。経営戦略のひとつで「顧客満足」を指す。

CR
Customer Relationの略。顧客が購入した商品やサービスにどのくらい満足しているかを判断する調査手法。

JADMA
The Japan DirectMarketling Association（公益社団法人日本通信販売協会）の略称。

CATV
ケーブルテレビ。

CTI
Computer Telephony Integrationの略。電話系通信システムと情報系システムを統合して相互に連携できるシステム。

スーパーバイザー
コールセンターのコミュニケータを効率的に管理指導するスタッフ。

スクリプト
電話応対を円滑に進めるマニュアル（台本）。

スパムメール
不特定多数の相手に対して、受信者の承諾なしに送りつける広告目的のメール。迷惑メール。受信者の承諾なしに広告目的のメールを送信する場合、「特定電子メールの送信の適正化等に関する法律」に定められた表示義務を守る必要がある。この規則に従わない場合、行政処分の対象となる。また、違反を繰り返した場合は罰則、罰金が課せられる場合もある。

直帰率
ウェブサイトに訪問した人が、入り口となった最初の1ページ目だけを見て、サイト内の他のページに移動せずにサイト

LTV分析
Life Time Value（顧客生涯価値）分析。新規に獲得した顧客のその後のリピート売上すべてを計算し分析する。

OJT
On the Job Trainingの略。職場の上司や先輩が部下や後輩に対し、具体的な仕事を通じて仕事に必要な知識・技術・技能・態度などを意図的・計画的・継続的に指導し、修得させること。

OPI
Order Par Investmentの略。本商品受注に要した販促費に対する売上高の比率。お試しセットなどの売上額は含めない。

オファー
販売側が顧客に対して提供できるもの。通常は特典やサービスのことを指す。

オペレータ(→コミュニケータ)
マニュアルに則って決められた手順を行なうスタッフのことを指す。

クーリングオフ
購入契約をしてから８日以内なら契約を破棄できる制度。通信販売にはクーリングオフの制度はないが、多くの通信販売企業が自主的に設定している。

クロスセル
商品を販売する際に関連する別の商品を提案し、セットで購入してもらうように働きかけること。

検索エンジン
インターネット上にある情報を、キーワードで検索する機能。日本では、Yahoo!の検索エンジンやGoogleの検索エンジンなどがよく利用されている。

考査
広告の内容が法律などに触れておらず問題がないかをチェックすること。

コミュニケータ(→オペレータ)
マニュアルに則るだけでなく、自分の意志で顧客とコミュニケーションするスタッフ。テレマーケティングの現場ではオペレータではなくコミュニケータとしてお客様に応対することが求められる。

コレクトサービス
商品配送時に集金・決済を行なうサービス。

コンバージョン
商用目的のウェブサイト上で獲得できる最終的な成果。オンラインショッピングサイトならば商品購入、情報提供サイトやコミュニティサイトならば会員登録などがコンバージョンにあたる。サイトへのアクセス数に対して、コンバージョンに結びついた件数の割合をコンバージョンレートと呼ぶ。

アウトバウンド
テレマーケティングの手法のひとつ。企業から顧客へ発信する業務(→インバウンド)

RF分析
Recency（直近購入日）とFrequency（累計購入回数）の２つを組み合わせて顧客を分析する方法。

RFM分析
Recency（直近購入日）とFrequency（累計購入回数）、Monetary（累計購入金額）の３つを組み合わせて顧客を分析する方法。それぞれにポイント数を付与し、トータルポイントで顧客状態を分析する。

RM分析
Recency（最終購入日）とMonetary（累計購入金額）の２つを組み合わせて顧客を分析する方法

アナリティクス
Googleが提供する、高機能な無料アクセス解析ツール、Google Analytics。Googleアカウントを取得すれば、誰でも月間アクセス500万ページビューまで無料で利用することができる。

アフターサービス
販売後の返品、交換、商品保証、部品等の対応の業務。

アフィリエイト
ネット広告の課金方式のひとつ。ウェブサイトＡが広告主のウェブサイトにリンクを張っておき、閲覧者がそのリンクを経由して広告主のサイトで商品を購入した場合、ウェブサイトＡの運営者に、一定の報酬が支払われる仕組み。

インハウス
自社内にコールセンターを持つこと。

インフォマーシャル
広告兼情報番組。Information（情報）とCommercial（テレビ広告）の造語。

インバウンド
テレマーケティングの手法のひとつ。顧客からの電話を受ける業務。注文だけでなく、問い合わせやクレームも受ける(→アウトバンド)

インプレッション(→ページビュー)
インターネット広告が表示(露出)される回数。ページビューが、ウェブサイト(またはウェブサイトの中の特定のウェブページ)が表示された回数であるのに対して、インプレッションは「広告そのものが表示された回数」。

MGM
Member Get Memberの略。顧客からの紹介で新規顧客を獲得する手法。

AIDAの法則

1920年代に米国のE・K・ストロングが論文中に示した、セールスにおける顧客心理の段階。

・Attention（顧客の注意を引く）
・Interest（顧客に商品を訴求し関心を引く）
・Desire（顧客に商品への欲求があり、それが満足をもたらすことを納得させる）
・Action（顧客に行動を起こさせる）

AIDMAの法則

1920年代にアメリカ合衆国の販売・広告の実務書の著作者であったサミュエル・ローランド・ホールが著作中で示した広告宣伝に対する消費者の心理のプロセスを示した略語。AIDMAの法則では、消費者がある商品を知って購入に至るまでに次のような段階があるとされる。

・Attention（注意）
・Interest（関心）
・Desire（欲求）
・Memory（記憶）
・Action（行動）

AIDCAの法則

通信販売でのレスポンス広告における顧客心理の状態を表わしたもの。「C」を「Conviction（確信）」とするケースもあるが、通販の場合、お客様に「今買う必要がある」と思ってもらわなければならないことから、著者・大石は「Caution」を提唱している。

・Attention（顧客の注意を引く）
・Interest（顧客に商品を訴求し関心を引く）
・Desire（顧客に商品への欲求があり、それが満足をもたらすことを納得させる）
・Caution（顧客に注意、警告を与え、今買う必要があることを告知する）
・Action（顧客に行動を起こさせる）

AISASの法則

ネットでの購買行動のプロセスモデルとしてAIDMAに対比されるものとして電通が提唱。

・Attention（注意）
・Interest（関心）
・Search（検索）
・Action（行動、購入）
・Share（共有、商品評価をネット上で共有しあう）

アウトソーシング（→インハウス）

外部に業務を委託すること。通信販売業界ではコールセンターの運営業務を専門業者に任せることが多い。

著者略歴

大石　真（おおいし まこと）

株式会社エムズソリューション代表取締役、通信販売実務コンサルタント

1963年兵庫県尼崎市生まれ。大学卒業後、大手電機メーカーの技術職を経て、1995年株式会社ミコー（現・株式会社山田養蜂場）に入社。売上が8億円から160億円に伸びた5年間に在籍。企画室に籍をおき、社長の側近として企画から各部署の管理・指導を経験し、通信販売に関するすべてのノウハウを身につけた。退職後、通信販売の実務経験を活かし、通信販売実務コンサルタントとして独立。2006年株式会社エムズソリューション設立。実務経験に基づいた業種・商材に拘らないアドバイスが強みで、これまで約500社の支援実績がある。コンサルタントの他、全国各地で通信販売に関するセミナーも開催している。ミラサポ（中小企業庁委託事業）専門家。

ビジネス図解

通販のしくみがわかる本

平成27年1月29日　初版発行

著　　者 ——— 大石　真

発 行 者 ——— 中島　治久

発 行 所 ——— 同文舘出版株式会社

東京都千代田区神田神保町1-41　〒101-0051

営業03（3294）1801　編集03（3294）1802

振替00100-8-42935　http://www.dobunkan.co.jp

ISBN978-4-495-52961-1

印刷／製本：三美印刷

Printed in Japan 2015
